· 教育家成长丛书 ·

姜怀顺
与全人教育

JIANGHUAISHUN YU QUANREN JIAOYU

中国教育报刊社·人民教育家研究院　组编
姜怀顺　著

北京师范大学出版集团
BEIJING NORMAL UNIVERSITY PUBLISHING GROUP
北京师范大学出版社

图书在版编目（CIP）数据

姜怀顺与全人教育/姜怀顺著；中国教育报刊社人民教育家研究院组编. —北京：北京师范大学出版社，2016.11（2018.4重印）
（教育家成长丛书）
ISBN 978-7-303-21323-8

Ⅰ.①姜… Ⅱ.①姜… ②中… Ⅲ.①小学教育－教学研究
Ⅳ.①G622.0

中国版本图书馆 CIP 数据核字（2016）第 238102 号

营 销 中 心 电 话　010－58802181 58802123
北师大出版社高等教育教材网　http://gaojiao.bnup.com
电 子 信 箱　gaojiao@bnupg.com

出版发行：北京师范大学出版社　www.bnup.com
　　　　　北京市海淀区新街口外大街 19 号
　　　　　邮政编码：100875
印　　刷：大厂回族自治县正兴印务有限公司
经　　销：全国新华书店
开　　本：787 mm×1092 mm　1/16
印　　张：16.25
字　　数：280 千字
版　　次：2016 年 11 月第 1 版
印　　次：2018 年 4 月第 2 次印刷
定　　价：35.00 元

策划编辑：倪　花　　　责任编辑：戴　轶
美术编辑：焦　丽　　　装帧设计：焦　丽
责任校对：陈　民　　　责任印制：陈　涛

教育家成长丛书

编 委 会

总 序

　　教育是国家发展的基石，教师是基石的奠基者。古人云："国将兴，必贵师重傅。"兴国必先强教，强教必先重师。党中央、国务院高度重视教师队伍建设。2013 年教师节，习近平总书记在给全国广大教师的慰问信中指出："百年大计，教育为本。教师是立教之本、兴教之源，承担着让每个孩子健康成长、办好人民满意教育的重任。"2014 年，在第 30 个教师节前夕，习总书记到北京师范大学视察并发表重要讲话，指出："一个人遇到好老师是人生的幸运，一个学校拥有好老师是学校的光荣，一个民族源源不断涌现出一批又一批好老师则是民族的希望。"《国家中长期教育改革和发展规划纲要（2010－2020 年)》也明确提出，"有好的教师，才有好的教育"，要"努力造就一支师德高尚、业务精湛、结构合理、充满活力的高素质专业化教师队伍"。"倡导教育家办学"，要创造有利条件，鼓励教师和校长在实践中大胆探索，创新教育思想、教育模式和教育方法，形成教学特色和办学风格，造就一批教育家。"两个一百年"奋斗目标的实现、中华民族伟大复兴中国梦的实现，归根到底靠人才、靠教育，而支撑起教育光荣梦想的，是千百万的教师。

　　时代呼唤好老师。有一流的教师，才有一流的教育；有一流的教育，才有一流的国家。出名师、育英才、成伟业，是时代赋予我们教育战线的神圣使命。"大学者，非有大楼之谓也，有大师之谓也。"好学校、好教育的最重要标准，就是要有好老师。一所学校、一个地区乃至一个国家，如果教师有理想、有爱心、有学识、有高超的教育艺术，那么硬件设施即使有些简陋，家长、学生也会心向往之。教师是中国梦的奠基者。教师的重要使命，就是为每个孩子播种梦想、点燃梦想，并帮助他们实现梦想。每一间平凡的教室，每一节朴实的课堂，都不仅是知识的传递，更是人类文明精神的接续、人生梦想的起航。正是有亿万个孩子梦想的放飞、绽放，中国梦才更加光彩夺目。如果说中国梦最坚实的土壤是在学校，那么教师就是最伟大的"筑梦师"，他们用默默无闻、孜孜不倦的智慧劳动，让每一颗年轻的心灵都与中国梦激情相拥。

倡导教育家办学，造就一批好老师，首先要尊重、珍惜我们的本土智慧、本土创造。教育家不是凭空产生的，而是扎根于自己的民族文化土壤，同时吸收一切人类文明成果，从而创造出独特而生动的教育实践、教育智慧和教育文明。五千年源远流长的中华文明，不但形成了有我们民族特色的教育理论话语体系，而且涌现出了千千万万优秀的教育家，有被推崇为"大成至圣先师""万世师表"的孔子，有"匹夫而为百世师，一言而为天下法"的韩愈，有"捧着一颗心来，不带半根草去"的人民教育家陶行知，等等。改革开放 30 多年来，随着教育改革的不断深入，教育战线涌现出了一大批杰出教师。他们痴情教育事业，坚守理想信念和教育良知，在三尺讲台上默默耕耘、刻苦钻研，同时以敢为天下先的精神大胆创新，不断进取、不断超越，形成了各具特色的教育思想和教学风格。正是他们的成功探索和实践，创造了具有中国风格的教育经验，丰富了具有中国特色的教育理论宝库。原由教育部师范教育司组织编写，现由中国教育报刊社人民教育家研究院具体组织编写的《教育家成长丛书》，就是要向这些可贵的本土创造性的教育经验致敬。

当前，教育领域综合改革正在深入推进，考试招生制度改革的大幕已经拉开，立德树人、培育和践行社会主义核心价值观成为大中小学教育的头等任务。可以预见，中国教育将发生深刻的变革，将从"中国制造"向"中国创造"转变。"没有革命的理论，就没有革命的运动。"没有适合中国土壤、具有中国智慧的教育理论，就不可能为未来的中国教育改革提供有效的指导。我们的教育要向"中国创造"飞跃，必然要首先创造属于我们自己的教育理论，而不是"言必称希腊"或者老是贩卖欧美的教育理论。170 多年前，美国思想家、诗人爱默生发表了著名演说《美国学者》，号召美国知识界："我们依赖旁人的日子，我们师从他国的长期学徒期时代即将结束。在我们周围，有成百上千万的青年正在走向生活，他们不能老是依赖外国学识的残余来获得营养。"由此，美国迈入精神立国阶段。

如今，我们也面临与爱默生同样的情形。随着我国 GDP 已从世界第二向第一迈进，我们的经济崛起已成为事实，但在道德文明、文化精神等方面，我们还需急起直追。没有文明的崛起，经济崛起就难以持续。当务之急，是我们需要化解内心深处的文化自卑情结、摆脱对他国文明的精神依附，自觉养成强烈的"中国意识"、独立的中国文化品格，并由此去俯视世界，去改造本土实践，去创造属于我们自己的精神养料——这在教育界显得尤为紧迫。《教育家成长丛书》，就旨在把我们本土教育实践中蕴含的中国智慧提炼出来，从而形成具有时代意义的中国特色的教育话语体系，再以此去观照、引领、改造中国的教育实践，为伟大的教育改革提供经验、理论支持，也为未来的教育家提供丰富、可资借鉴的精神养料。

让我们为中国教育的伟大未来一起努力吧！

2015 年 3 月 9 日

前　言

　　见证着中国基础教育半个世纪的春华秋实，代表着中国基础教育教学成果最高成就的"首届基础教育国家级教学成果奖"中，闪耀着李吉林、窦桂梅、吴正宪、张思明、洪宗礼、唐江澎、邱学华、于永正、孙双金、薄俊生、龚春燕等一大批优秀教师的名字，而上述这些中小学教师的杰出代表恰恰都是《人民教育》"名师人生"栏目中最受读者喜爱的名师，都是《教育家成长丛书》的作者。

　　《教育家成长丛书》（以下简称《丛书》），是在第 20 个教师节前夕，"为了研究、总结、宣传和推广我国众多优秀中小学教师的先进教育思想和鲜活的宝贵的教育教学经验，培养造就一大批德才兼备的优秀教师和杰出的教育家，促进教师队伍整体素质的提高，根据教育部党组安排，由师范教育司组织编写"的一套凝聚着一大批教育家成长智慧的大型教育丛书。

　　《丛书》自 2006 年问世以来，不但得到国务院和教育部领导同志的高度重视，而且先后印刷多次尚不能满足广大读者的需求。这其中的奥秘何在？

　　当你翻开《丛书》，每一部著作都讲述着一位教育家成长的故事。这些著作主要从"成长历程""思想概述""课堂实录"和"社会反响"等方面全景式反映其教育思想、教育智慧、专业精神和专业人格的形成过程和教学实践过程，这是教育家成长的基本素质所在。

　　当你沿着教育家成长的足迹走近他们的时候，你会融进这些带有"草根色彩",扎根中华教育实践大地,充满田野芳香的真实感人的教育故事中。

当你从《丛书》中,从这些当年和自己一样的普通教师,成长为今天受人尊敬的教育家的成长过程中受到启迪,当你触摸着自己的爱心,把学生的成长和祖国的未来紧紧连在一起的时候,你会真切地感受到教育家离我们并不遥远。

当你用整个身心蘸着自己的生活积累去品味《丛书》中的每一部著作的"成长历程"时,在其浓缩着一位位名师在不断学习、不断超越自我、不断超越学科教学的求索足迹中,你会读懂"教育是事业,其意义在于奉献"的丰富内涵。

当你研读《丛书》中的每一部著作的"思想概述",和每一位名师展开心灵对话的时候,都会深深地感受到,一个教师对教育独立的理解与执著的追求有多么重要。从一位普通的教师成长为受人尊敬的教育家的过程中,你会读懂"教育是科学,其价值在于求真"的深刻含义。透过《丛书》,你会看到一代代教师用爱与智慧塑造民族未来的教育理想。

随着我们从"知识核心时代"走向"核心素养时代",教师教育教学活动的视野已拓展到人的生存与发展的方方面面。作为一名教师,要结合自己的教学实践去感悟"教育理念是指导教育行为的思想观念和精神追求",应该把爱化为自己的教育行为,让爱充盈课堂、触摸到一个个灵动的生命,让爱产生智慧,让爱与智慧在学生心中留下岁月抹不去的美好回忆,让教育者和受教育者都感受到教育的幸福,这是《丛书》给我们的启示,也是每位教师应有的胸怀和视野。

时代呼唤教育家。为了进一步把我们本土教育实践中蕴含的中国智慧提炼出来,从而形成具有时代意义的中国特色的教育话语体系,以此去观照、引领、创新中国的教育实践并在更大范围加以推广,《教育家成长丛书》将由中国教育报刊社人民教育家研究院继续组织编写,希望能够在更广大教师的心田中播种教育家成长的智慧,从而出更多的名师、育更多的英才、成就中华民族复兴的伟业,这是时代赋予广大教育工作者的神圣使命。如果广大教师能在每位教育家成长、探索教育智慧的过程中受到启迪,形成自己的教育智慧,则实现了我们编辑这套丛书的初衷。

《教育家成长丛书》
编 委 会
2015 年 3 月

自　序

让良好教育惠及每个学生

　　教育，是人之为人的事业，坚持以人为本、促进人的全面发展是其核心要义和本质要求。只有"为学生的终生幸福着想，为学生的持续发展奠基"，才能培养"志趣高远、人格健全、基础扎实、特质明显"的学生；才能在发展学生的同时，成就教师，壮大学校；才能为建设创新型国家、建设人力资源强国做出应有的贡献。由此，作为一校之长的学校 CEO，需要立足儿童的当前，又要着眼儿童的长远，全力整合各方资源为我所用，提高学校育人效果，提升学校办学品质。

一、增强吸引力：创学生爱学的校园

　　基础教育不是选拔适合教育的学生，而是创造适合不同学生的教育。一切为了学生的健康成长，创造适合每个学生的教育，才能增强吸引力。我一直坚定地认为，一个义务教育阶段的教师，其首要任务是深度理解和认识儿童，这是一名教师的真正专业；其次是重塑儿童的价值观，这是关乎中华民族未来生死存亡的要害大事，非如此，教育将毫无意义；再次是要像耕耘土地和孕育幼苗一样培养儿童的良好习惯和探索习惯培养的科学方法，前者很重要，后者比前者更重要；最后是基于儿童真实成长的个性化育人之道，团队不是个性发展的桎梏，个性也不只需要突破共性才能实现，共性和个性的辩证统一只有在哲理和诗性的教师手里才能汪洋恣肆。化平庸于灵动，化腐朽为神奇，才能让学生生活

在教师的关爱中，生活在丰富多彩的活动中。

二、增强亲和力：当教师钦佩的校长

苏霍姆林斯基说过："如果你想让老师的劳动能够给老师带来乐趣，使天天上课不至于变成一种单调乏味的义务，那就应当引导每一位教师走上从事研究这条幸福的道路上来。"教师群体是一个巨大的宝库，蕴藏着无穷的智慧和力量，每个教师都是一颗金子，就看校长有没有慧眼去发现其价值，有没有胸怀去海纳百川，有没有驾驭这个群体的能力和艺术，能不能把学校建成教师实现其生命价值的家园，并以此赢得教师的信赖和赞许。一名校长，要能真正地担当起民族和国家、家庭和儿童、教育和教师的蓬勃向上的引领及孵化作用。他永远不能被环境和流俗所羁绊，不能被功利和性情所改变。当代捷克著名作家米兰·昆德拉说过："只有必然，才能沉重；所以沉重，便有价值。"人承重，与大地亲近，生命才有质感；人务虚，心灵浮向空中，生命就会漂泊流浪。无论什么身份职位，只要活着，就得工作！人最诗性的空间和最快乐的栖息地永远是劳动岗位，摆脱一切苦恼和烦扰的出口就是奉献和创造。

三、增强公信力：办社会满意的教育

多年养成的爱好读书的习惯使我能从中外众多的教育著作中不断地吸吮知识营养，在和专家对话的过程中逐步开阔自己的视野，从而寻找解决现实问题的金钥匙；爱钻研的个性使我能从繁纷的教育现象中捕捉到促进学校发展的星星之火，并通过努力使其逐渐成为燎原之势。工作中牢固树立"育人为根本，质量是生命"的思想，正确处理学生升学和幸福的关系，要求教师确立"教学生一时，想学生一生"意识，始终为学生的终身发展和幸福着想。"教育一个孩子，引领一个家庭，影响整个社会"。

多年的教育实践，使我深深认识到，作为一校之长，只有"从科学管理中寻求方法，从人本管理中寻求力量，从文化管理中寻求智慧"，才能事半功倍；只有坚持规模和内涵协调发展，才会有持久的生命力和竞争力；只有"聚精会神抓管理，一心一意谋发展"，才能让良好教育惠及每一个学生。

多年的教育实践，使我深深感觉到，作为一校之长，只有始终充满仰望星空的希冀，才能带领全校师生不被一时的喧嚣掩饰，才能让现实的教育向理想的教育逼近；只有始终坚持脚踏实地的求索，才能让理想的教育扎根发芽开花结果，才能让现实的教育充满人本的意蕴。

多年的教育实践，使我渐渐明白，作为一校之长，只有每一天都蕴含着一种自我感动的情绪，才能让崇高的职业信念在学校一天天的变化中自然地生长着。因为，对智慧的校长而言，教育不仅是劳作，更是创造；对创造的校长而言，教育不仅是付出，更是幸福；对于幸福的校长而言，教育不仅是瞬间，更是永恒……

多年的教育实践，使我真正理解，作为一校之长，发挥的影响是永恒的，连他本人也无法预料这种影响何时会终结。因此，回到原点看教育，才会发现不一样的风景，走出别样的路，培养出杰出的人。一位校长，既应有登高望远、仰望星空的旨趣，也要有钩深极奥、脚踏实地的精神，始终向着"哲学家的高度、政治家的气魄、诗人的情怀、散文家的风格、专家的水平、大家的风范"目标逼近，创造属于自己的生命精彩，塑造属于自己的教育未来！就像《人民教育》报道我校办学实践成效一文文末的那句话一样："教育，必须遵循生命本身的逻辑和教育教学深刻的内在合理性。我们所做的一切，不过是希望离真正的教育近些、再近些。"

本书的点点滴滴，忠实地记录了我的所思所想和在实践中的创造。也就是在这不断的"思考—实践"的往复中，我渐渐感悟到，教育不仅是知识的传承，更是智慧的创造，仅仅围绕知识的教育是不全面的。智慧的生成和提升需要将学生置于教育的核心，从满足人的发展、促进人的发展、帮助人的发展着手，促进社会发展动力的不断丰盈。如此说来，面向全人的教育，实现全面发展的教育，才是值得追求的教育。正是有了这样的追问和求索，"全人教育"在我的脑海中从无到有、从小到大、从单薄到丰满，渐渐清晰起来。所有这些，算是我为智慧的读者提供了一种来自实践的视角看教育，以便我们共同为伟大的教育增光添彩！

目 录
CONTENTS
姜怀顺与全人教育

我的成长之路
——我思故我在

一、人类进步需要每个人的担当 …………………………… 3

二、教育需要正视教师个性价值 …………………………… 11

三、卓越教师团队是学校最重要的资源 …………………… 22

四、从教学走向教育乃立德树人之道 ……………………… 30

五、至简的教育历久弥珍 …………………………………… 36

六、且行且思熔炼出全人教育 ……………………………… 44

我的全人教育观
——仰望星空的希冀

一、全人教育的基本内涵 …………………………………… 49

二、全人教育的实践困境 …………………………………… 54

三、全人教育的域外启示 …………………………………… 71

四、全人教育的历史镜鉴 …………………………………… 89

五、全人教育的理性观照 …………………………………… 95

六、全人教育的师资祈求 …………………………………… 103

七、全人教育的管理策略 …………………………………… 118

八、全人教育的现实追求 ………………………………… 126

九、全人教育的家庭责任 ………………………………… 134

全人教育的实践
——脚踏实地的求索

一、唤醒教师本源力量 ………………………………… 139

二、助推教师力攀高峰 ………………………………… 144

三、升华教师职业追求 ………………………………… 147

四、建设个性优质课堂 ………………………………… 150

五、优化学校课程体系 ………………………………… 169

六、夯实习惯培养基础 ………………………………… 181

七、催生学生担当精神 ………………………………… 184

八、实施多元异步评价 ………………………………… 199

九、营造良好文化氛围 ………………………………… 209

十、缔造新的传奇 ………………………………… 213

社会反响

一、姜怀顺：做逆风而行的理想主义者 ………… 李　帆 221

二、转身，从走近他开始 ………………………… 苗凤珍 223

三、是谁赐予我成长的脊梁 ……………………… 高金德 228

四、人生路上的关键几步 ………………………… 上官景进 233

论文、专著及科研成果

一、教育文章 ⋯⋯⋯⋯⋯⋯⋯⋯⋯⋯⋯⋯⋯⋯⋯⋯⋯⋯⋯ 239

二、教育专著 ⋯⋯⋯⋯⋯⋯⋯⋯⋯⋯⋯⋯⋯⋯⋯⋯⋯⋯⋯ 239

三、研究成果 ⋯⋯⋯⋯⋯⋯⋯⋯⋯⋯⋯⋯⋯⋯⋯⋯⋯⋯⋯ 240

四、媒体报道 ⋯⋯⋯⋯⋯⋯⋯⋯⋯⋯⋯⋯⋯⋯⋯⋯⋯⋯⋯ 240

后 记 ⋯⋯⋯⋯⋯⋯⋯⋯⋯⋯⋯⋯⋯⋯⋯⋯⋯⋯⋯⋯⋯⋯ 241

我的成长之路
——我思故我在

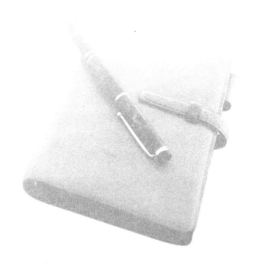

在临沂第二十中学每年一届的"十月枫"艺术节上，我看到学生演出时天真烂漫的笑脸，触景生情，写下《永远和童年在一起》这首诗歌，借以思考教育的原点在哪里，教育应该走向何方，真正的教育应该什么样。下面是该诗中的一段：

最神奇的音乐
是婴儿无邪的哭声
那是赤子失去自由后的纯真呐喊
最优美的画面
莫过于柳芽所映照的绿色里
小儿用冻红的小手去摆寻鹅黄绒毛的鸭仔
那是一个生命敞开他全部的胸襟
来表达对另一个生命的亲近和悦纳
最有意义的学习
犹如儿童看蚂蚁上树
乐此不疲又焦渴地向往着下一次
那是孩子对未知世界的极端专注
最杰出的老师
是让学生和他一起哭、一起笑、一起激动、一起跳跃……
一起走进史密斯的神秘岛
英子依恋的那片芦花
骆宾王的红掌拨清波
和苏大学士的那轮明月
……

在我看来，真正的教育始终就摆在那里，只不过是被人们有意无意地漠视而已。每当静夜深思回顾我的人生历程时，感觉到挥之不去的就是"童年"情结。童真童趣是儿童与生俱来的灵性，自然健康、脱离了一切功利性和目的性的举止，幼稚但不可预测的思维，单纯而多向度的快乐，是想象力之本，是创造力之源，是成长的不竭动力。但是，经过岁月的稀释、教育的雕琢、社会的导引，珍贵的童真正在成为稀缺资源，渐行渐远。

童年何求？教育何为？明天的世界如何更美好？今日的我们应该怎么办？崇真向善、求实创新的性格，促使我在实践教育的同时，不停地追问，不断地思索……

一、人类进步需要每个人的担当

担当，就是主动并负起责任，它是学生健康成长的基因，是托起学生生命大厦的基石。由此，教育就不仅是一份职业，更是一份事业。只有涉猎其中，精耕细作，方感人生的价值无限，生命的意义无穷。

（一）初涉教坛生发担当萌芽

1981 年，我"大中专"①毕业后，在临沂西高都中心校②开始了初中教师生涯。那时的学校条件差，没有什么特别的绿化，宿舍外面却有杨柳树几棵，我特别喜欢。因为我知道当年丰子恺在春晖中学白马湖畔建"小杨柳屋"的典故。虽然我所在的乡村中学没有盈盈的白马湖水，没有青青的象山山麓，没有赏心悦目的湖光山色，甚至还算偏僻闭塞，但是却有宁静可爱的校园。

正如丰子恺的感受，杨柳树上好像挂着几万串嫩绿的珠子，在温暖的春风中飘

---

① 中专是"中等专业学校"的简称。当时招收高中毕业生的中专称为"大中专"，学制二年；招收初中毕业生的中专称为"小中专"，学制三年。

② 当时县内学校实行三级管理。县级教育行政部门管理辖区内的高中、初中、直属小学，公社（相当于现在的乡镇）的教育行政管理部门为"中心校"（有段时间也称"教育组"），管理辖区内的联办初中（简称"联中"）、联办小学（简称"联小"），一般与公社驻地的联办初中同处办公。联中管理本区域内的村小、教学点。

来飘去，飘出许多弯弯曲曲的 S 形曲线来，这种植物确实美丽可爱。柳树不像其他的植物，只顾蒸蒸日上，似乎忘了根。千条万条细柳越长越不忘记亲吻大地母亲。

杨柳依依，年轻志远，我不时地思考着儿童的无限可能，更加意识到作为教师的责任，意识到我踏上教育岗位后要有所担当，决心循着前辈的足迹，在这柳芽所映照的绿色里做出一番事业，追逐一生梦想。在多年后写下的《永远和童年在一起》中，多少也存有那时所思所想的儿童的影子，或许这就是我心中永远抹不去的柳芽，还有上面那晶莹的露珠。

我上"大中专"的时候数学成绩非常好，来到学校后却依"学校需要"安排任语文教师，虽与初衷有异，也不是自己的长项，但丝毫没影响我干一番事业的雄心壮志。为了教好语文，我大量阅读，背诵经典，钻研教学方法。在阅读的过程中，我特别崇敬屈原的华美辞藻和爱国情怀，欣赏欧阳修的磅礴大气与飞扬文采，迷恋苏东坡的清雅豪健和哲理意蕴……大师们那种顽强乐观的信念、超然自适的人生态度、敢为天下先的担当，深深感染着年轻的我！

在课堂上，我经常让学生先自主学习，讨论交流，最后才引导点拨，这是把课堂还给学生的尝试。也就是在那时，我在全镇上了一堂语文公开课——欧阳修的《醉翁亭记》。课上，或高声诵读，或细致串讲，或旁征博引，整堂课"一气呵成"，我一个人的独角戏同样获得满堂喝彩。

"你那堂课，我无论如何也是上不出来的。"邻居孙老师每次看到我都是如此表达钦佩之情。而我却不这么认为，老师的精彩最终要体现在学生身上，如果只停留在讲课或者展示的精彩上，那一定是伪精彩，所以我给自己的那堂课打了不及格。

正因为有大家的鼓励和自己的反思，我在内心深处不断寻找心目中的好老师：好老师应该是学习型的老师，眼中有学生的老师；好老师自身的专业知识要过硬，表达能力要强；好老师应该是能在各种环境下都保持清醒的头脑，不被荣誉和掌声所迷惑的老师；好老师应该是有智慧、有个性、有创造力的老师；好老师的课堂应该是学生绝妙的学堂，是学生的乐园。好老师的课堂应该是学生迷恋的地方，那么好学校也应该是学生毕业时留恋不舍、毕业后时常怀念的地方。

1982 年，英语被列为山东省中考科目，所有初中学校同时开设英语课，但绝大多数学校都没有英语老师。老师们觉得我语文教得好，年轻，接受能力强，就推荐了未经培训的我教英语。我自己都没有学过英语，怎么教？我很感为难，但为了学

生的学习，为了自我的一份挑战，我开始变身为一位英语教师。为此，我花"巨款"220元(相当于当时5个月的工资)买来了收录机，买来了英语磁带。每天早晨和晚上坚持收听英语广播。每次英语课，都是我先学，然后教学生，是名副其实的现炒现卖，边学边教。一个"蹩脚"的英语老师，教学成绩也不赖。

这成了日后我时常反思的一件事：因为我的英语弱，就只好更多地与学生一起学习，学生的自学能力反倒获得了大幅度提升。歪打正着，这和当下强调的自主学习不谋而合。

学习如此，班级管理也是这样。由于我放手让学生自主管理班级事务，班级工作样样出色，远比严防死守的"专制"好得多。点滴成绩不仅说明开局不错，更重要的是不断强化了我坚持以人为本的信念。现在回想起来，这也许就是我多年后在临沂第二十中学发起"担当教育"的萌芽。

(二)初任校长渐解担当内涵

1984年，临沂塘崖中学需要一位校长。在学校教师全票的推举中，我来了一次"跳级"，从一位普通教师直接走马上任正职校长岗位，开始了第一所学校的校长生涯。

就在那个时候，我第一次接触到《陶行知文集》，我视若至宝，夜以继日研读。那时候条件差，晚上读书用电很奢侈，还经常停电，我就买了很多根蜡烛准备着，说来不怕大家笑话，就差囊萤映雪了。但蜡烛下的光阴却是打开我教育思想大门最宝贵的时光。

五四运动之后，中国出现了一位努力践行平民教育的人物，并根据"生活教育"的理论创办了各类新型学校，他就是被毛泽东同志誉为"伟大的人民教育家"的陶行知。他提出"生活即教育""社会即学校""教学做合一""在劳力上劳心"等教育理论，目的是要"发展学生的生活本领"。只有把学生置身于整个生活和社会中，才能让每一个富于自己独特个性的人找到自己发展的方向，才能有施展自己、表现自己的空间和机会，否则必然会有部分学生在纯粹的应试教学中迷失自己、迷失未来。我经常思考，教育到底最需要什么？到底怎样的教育才是真正的教育？

后来我先后到临沂付庄中学、册山中学担任校长，扎根农村教育，也都是以陶行知的生活教育为标杆，尽自己的最大努力干好本职工作。

2002 年我来到临沂第二十中学当校长，专门在大门上方设置了醒目的四个大字"爱满天下"，就是在警醒着学校的所有老师。当然，这也是我做教育的座右铭。做教育就是要像陶行知一样，爱满天下。到底如何去爱？还是要向陶老先生学习。

陶行知曾多次提到学生的自我管理问题，他说："如果厉行自治的时候，大家不愿争权，而愿服务；不愿凌人，而愿治己；不愿对抗，而愿协助；不愿负气，而愿说理，那么，自治之弊便可去，自治之益便可享了。"现在回想起来，先生对我的影响还是蛮大的。

（三）偶然巧遇催生担当教育

多年的学校管理生涯养成了我早晚巡查学校的习惯。记得在 2007 年暑假后刚开学不久，我走到校园一角，发现一位初一学生早早就在那里打扫卫生，就在他即将把垃圾堆成一堆的时候，组长来了，问他："你怎么打扫了别人的卫生区？"听到这话，他随即用大扫帚将垃圾用力一扫，将垃圾打回了原形，刚打扫好的地面又是一片狼藉。

我没想到孩子会这样处置，他的举动也引起了我对教育深深的思考。我由此联想到当今学生的成长环境和历程及其未来的发展，在学生的大脑深处，有类似想法的学生远非个别。德育、智育"两张皮"和德育低效问题一直困扰着我们，束缚住我们的大脑，捆住了我们的手脚，使我们的教育老是走不出低效的"漩涡"。

如何根据目前初中学生的特点，创新德育方式，统整德育与智育，使学校教育走上一条"省时，低耗，高效"的育人轨道？对，"在担当中生活，在做事中成长"，才是正道。只有如此才能激发学生生命内在的情感需求，让孩子在对平凡小事的担当中在心里埋下"责任的种子"，是真正的为孩子的健康成长服务。为此，我提出了"有担当的新生活"这一全校性研究课题，力争让新时期的学生，从做好一件小事开始，从内化开始，从自悟开始，从"要我干"到"我要干"开始，把"担当"从学校延伸到家庭、社会等日常生活中，不断在其内心世界增加对责任的理解和感悟。

担当的范围，从班级到校内，从校内到家庭，从校内到社区。校内的担当从班级主管到学习主管，从卫生到维护团结，甚至可以小到一块玻璃的管理等；家庭中的担当，可以从帮助父母买菜到洗衣，也可以小到刷碗、叠被子等。

在担当教育中，老师的工作更加细致和耐心。我亲眼看到一位老师处理一位学生未能完成清理痰盂任务的场景。

"痰盂内侧陈旧的污垢擦不掉对吗？我们去买洗洁精。"

学生摇头。

"你从来没清理过痰盂，不会？来戴上橡胶手套，我来教你。"老师已经开始演示。

学生摇头。

"早上来晚了，时间来不及？"

学生红着脸，还是摇头。

"哦，我知道了，你是不是觉得干脏活会被同学鄙视，不屑于干这样的'低贱'的活？"老师小心翼翼地问。

学生的脸更红了，头低下来，刘海遮住了眼睛。

然后老师就开始做思想工作了。我故意离得稍远一点，甚至走到花园的大桂花树后面，聆听这位老师的旁征博引，欣赏地看老师以身示范，还说了好多身边的例子。最后看着孩子拿着痰盂高高兴兴地向水管走去，马尾辫也一蹦一跳的。正是秋意浓的时候，看着这场景我竟忘了那浓郁的花香。是的，这正是我所引领和希望看到的，我们的担当教育进行得很顺利。

(四)润物无声彰显担当价值

担当教育是一个从认知到行为的过程，担当教育也需要教师自己主动担当，以身作则。一名优秀教师的担当不仅仅是进行知识的传授，更在于能够善于捕捉各种教育契机，激发学生丰富的内心情感。担当教育是极富内涵的一项德育工作。不管是学生还是老师都在担当教育的生活中不断成长。

有一天早上，才7点，我在餐厅吃完早餐来到办公室。因为雾霾，天空灰蒙蒙的，我感到呼吸有点不畅，刚倒了一杯水要喝，"根系数学"的提出者、多次举行大型公开课的高金德老师匆匆忙忙地来到我的办公室，气喘吁吁的，接过我手中的水一饮而尽。

"姜校长，今天去我们班见证奇迹发生的时刻吧！"

"什么奇迹？"我的好奇心一下子被调动起来。

"我们班怀孕的金鱼应该马上就要生小宝宝了。"高金德老师激动得满脸通红，仿

全国教育改革创新优秀教师、"根系数学"教学创生者高金德

佛是自己的妻子要生孩子了。我的血液也顿时沸腾起来，立即决定今天在高金德班里"蹲点"，和学生一起见证"奇迹"的发生。

在高金德班里听了一天课，直到下午3点，是高金德老师的课，他正在讲一元二次方程。

"老师，生了！生了！"一个红鼻头的小男孩突然跳了起来。学生顿时叽叽喳喳聚到鱼缸周围，然后安安静静地观察起来。我也赶紧凑上去，高老师也放下粉笔跑过来。

只见银白与金黄相间的短小的金鱼妈妈鼓着圆滚滚的肚子，一条条蚂蚁大小的金鱼"宝宝"从妈妈的下腹钻出来……真的是见证奇迹的时刻啊！

"同学们，生命是多么的神奇啊。金鱼在我们的教室里就是我们的一员，我们欢迎新生命的到来！"我不禁激动地带领学生鼓起掌来。

"莎士比亚说，赞赏是照在人心灵上的阳光。同学们，为我们班担当金鱼喂养和换水的同学鼓掌！"高金德老师请两位"金鱼担当"站起来，两位同学颇为自豪地接受了掌声。

是呀，人生有很多东西很重要，物质和财富很重要，因为上层建筑永远都取决于物质基础。但是倘若人单纯停留在物质的层面，人就只是停留在动物的层面了，人之所以是"万物的灵长"，就是因为人有情感的涌动，有哲学的思辨，有审美的追求，有成就感，有幸福感，有在这个地球上舍我其谁的傲气，更有与其他生物和谐相处的本能！

"金鱼事件"不仅让学生感受到生命的伟大力量，认识到生命与生命之间的平等，还进一步认识了担当，认识了我们人类在这个世界上所扮演的角色。真实亲切的道德和规则，往往蕴含于常态的生活之中，不在日常生活中孕育道德品质，无异于缘木求鱼。当学生远离了生活实践，失去了冲动、经验、体悟、直觉，没有了时空的经历变迁和情感的深度体验，完全从间接知识到间接知识，最可怕的结束就是人的精神家园的荒芜、文明人格的缺失和意义生命的死亡。一言以蔽之，离开生活实践，就不会有德行知识和德育。

我们提出从教学走向教育，强化德育为先，尊奉育人至上。但事实上，我们可不可以下这样一个结论：那就是我们在用一个全世界最强大的德育系统实践着一个最低浅层次效果的德育工程，就其代价而言，在整个人类史上也是极其罕见的。人类长河流淌到今天，德育的目标、内容、手段和方式在发生着根本性的变化：独生子女、单亲家庭等所导致的家庭伦理结构的变化；获取知识信息的源头和方式多样性及快捷性所造成的情感投入与身心体验不足的问题；鄙视体力劳动、轻视实践活动、无视团队生活所造成的德行知识形成的无力局面；文化多元所遮蔽的民族历史主题传承虚化现象，等等。人的所有行动必须先搞明白目的地在哪里，只有目标、内容、方法、评价高度契合，才会有好的效果。我们做德育，也必须首先弄清楚我们究竟要培养什么样的人，然后，才有可能依据规律科学地规划它的内容和方法，并且优化好整个过程的全部细节为内化服务。所以，我认为，德育要做好，就必须强化德育中的人性，让学生体悟人的丰富情感，明白做人的生活态度和价值判断；提高德育的真实性和实践性，尤其要增加学生的直接性实践和生活体验，培养学生正确、合理地解决日常生活中遇到的道德问题的能力。德育的逻辑不同于数理逻辑，也非做事的简单程序，人的德行成长只有回到它本来的意义原点上，才有教育的价值和意义。

作为校长，我对担当教育的理解更加深刻，并且坚持以身作则。除了学校管理、学术研究等分内的事情以外，我喜欢深入班级，更喜欢参与到学校的各种活动中去。

天生热爱文艺的我，总是寻找机会在学校的艺术节上表演一番。尽管老师们都对我的普通话不敢恭维，可我却偏爱朗诵。一曲《春江花月夜》让我沉醉其中，促使我走上舞台，让我不怕在全校师生面前"献丑"。配乐朗诵，深情表演，古筝的韵律时缓时急，唐代诗人张若虚的情感在那美好的景色中抒发得淋漓尽致。我的表演虽不够专业，但是赢得了老师和学生们的热烈掌声，这对我的鼓舞很大。

《莫斯科郊外的晚上》《红梅花儿开》等经典歌曲也是我喜欢在各种场合演唱的。王国维说："然人心之知情意三者，非各自独立，而互相交错者。""美育者，一面使人之感情发达，以达完美之域；一面又为德育与智育之手段。"志趣高雅，不仅仅是我对学生的期望，一定意义上也是我自己的人生追求之一。教育，则是对人美好生活的一种唤醒、追索和顶层立意。从某种角度上说，教育的本质就是美。立教之本，就是美育，因为人生的终极层次是审美。艺术是最感性的理性教育，浓缩了的舞台，优化了的环境，孕育了最真实的情感，促进了人性的自然流淌，催生了道德境界的升华，一种唤醒、激扬、涤荡、滤纯的力量使联想、想象、创造与德行一起成长。它是最好的德育、最美的生活和最深刻的教学。发现美、享受美、创造美是德育的最高境界。若想润物无声，就要在艺术活动中成长。

艺术的力量是伟大的，是难以估量的。在台下看学生的表演，有感而发时，我不禁拿起笔来抒写对儿童、对教育的感慨。这篇文章前面所引用的片段，引自我的教育长诗《永远和童年在一起》。那首诗是我在一次题为"春天的诗"的读书汇报会上看表演时有感而发、一气呵成的。后来由学校里的老师配乐朗诵，录成视频。好多老师在听朗诵的时候，潸然泪下。

乒乓球比赛，篮球比赛，演讲比赛……亲手为学生颁奖，说鼓励的话，这都是当校长的最幸福的时刻。刚刚接受完绶带，紧接着上台演讲的同学，因为演讲得投入，肢体语言的加入，导致绶带从肩上落下，挂到腿上，马上要尴尬地落到地上。站在一旁的校长，安静地走过去，在不打扰孩子演讲的前提下绅士地为她把绶带整理好。虽是小事，却是校长的担当。

记得2013年"十月枫"艺术节，我们是以班级为单位进行展示的。两个多星期的时间，每个班级依次进行表演，全程录像。我作为评委之一，马不停蹄连续作战，没有间歇，没有缺席。我们欣赏着，兴奋着。当一个个孩子尽情地施展自己的时候，你能够看到生命的精彩纷呈，听到生命的脉动如钟。你能看到学生除了学习知识，

《山东教育》报道学校办学成果

除了应对考试之外，还是有思想、有情感的活生生的生命。

这是校长的担当。在这份担当中，不仅仅是责任心的升华，更是自我价值的一种体现。在我看来，人，既然活着，就应该有所担当。人生有大脑，会思考，所以出现了哲学、科学、文化、艺术……出现了智慧人生，出现了越来越发达的人类文明。人越有思想，就可能越简约、越质朴、越守真。

二、教育需要正视教师个性价值

教育的着力点在课堂。作为学校管理者，都十分清楚课堂改革在学校发展中的作用与价值，其重要性不言自明。但是，如何寻找突破口，发现切入点，却需要校长巧思量，妙设计。我想，坚持以人为本的方针办教育，就要尊重每一个人，尊重每一个人的个性，尊重每一个人的个性特长。这就需要管理者对每一个教师都要仔细观察、认真思考、积极培养、放手使用，让个性迥异的他们在创造的天地中长袖善舞，书写辉煌。我在培养刘建宇老师的过程中，越发感受到尊重教师个性的重要性。

特级教师、齐鲁名师、"全息数学"教学提出者刘建宇

（一）发现教师个性

教师是活生生的人，教师之间个性迥异，正是这迥异的个性构成了教师群体的丰富多彩。这些年来，我接触过众多教师，见识了每个人独特的精彩。但在记忆深处所存有的瞬间中，现已经成为山东省特级教师、提出并实践"全息数学"教学的刘建宇老师给我的第一印象始终难以忘怀。

那是我到册山中学工作的第二年。闷热的暑天里，我正在办公室查看材料，为即将开学的教师培训做准备。突然，来了一个报到的教师。他，就是刘建宇。

我放下手头的材料，出于应有的礼貌，起身给他倒了一杯水，顺便观察了一番。这个穿着随意、表情木讷的青年，总是低着头，说话的声音也不大，没有青年人应该有的阳刚之气。虽然我深谙人不可貌相的道理，但实实在在地说，看见来了这样一位教师，心中凉了半截。简短地询问后，才知道他是电大毕业的专科生。心想，在学校人才匮乏的情况下，来个专科生，那可是件大事，也有可能是块璞玉，说不定什么时候就会大放异彩。在客气地说了几句"欢迎来、好好干"之类的话后，第一次接触就算结束了。

当时的册山中学，是个烂摊子。教师素质普遍较低，在 80 多名专任教师中，有 30 多人是民师转正的，大都是初中、高中毕业，30 多人是中师毕业，专科以上学历的不足 20 人。由于教师专业发展长期处于散乱状态，教学效果可想而知。面对这样的教师群体，不提高教师素质，办教育也好，抓质量也罢，都是一句空话。因此，我决定从引领教师专业发展入手，试图用先进的教育理念唤醒教师的职业自觉，引领教师发展自己，提高教育质量。着眼点就落在假期集中培训和周六学习上。

每次培训，我都亲自给教师上辅导课，一般用约 3 小时的时间讲一个主题。我结合学校教师实际，对经典教育理论、现代教育理念、优秀教师的做法、前沿的典型案例进行讲解剖析，帮助教师形成最基本的教育理念和教学策略。教师听得津津有味，有些教师在研究教学活动中，有意无意地使用听到的新鲜词汇，慢慢地形成了崇尚先进的意识。教师们通过这个窗口，了解到外面绚丽多彩的大千世界，个别教师甚至产生了跃跃欲试的冲动，有意识地将自己的某些想法落实到课堂教学中，教学研究、理论学习成为教师的主要追求，研究之风渐浓，不良风气渐渐消退。就这样，用了一年的时间，教师发展初步走入正轨。也就是在这个时候，刘建宇成为册山中学的一名教师。

开学不久，就有很多人传言，刘建宇是一位"不会"教课的教师：每节课讲授时间经常不超过 15 分钟，留下大量的时间让学生讨论、交流、自学。对这样一位教师，不少人觉得不太"正常"，认为他是一个没有走上"正道"的教师。有的教师好心帮助他，劝他按教案和教材的要求去讲，否则吃亏倒霉的是自己，他却毫不领情，依然按自己的方式去教学。

反馈上来的意见逐渐增多，我也意识到了问题的严重程度，但我有个习惯，就是不轻易对有关学术方面的问题下结论。为了探个究竟，我决定第二天就去听他的课，看看真实情况。

我去听课，他照样按照自己的设计进行，不一会，就放开了课堂，学生自学、讨论、板演、争吵，表面看确实散乱得不成样子。在推崇课堂纪律是学习保证的年代，这种做法与常规要求相差甚远。但通过观察和思考，我发现了这节课的潜在优势，专注、喜欢、主动参与、问题探究、合作学习等现代教育理论所极力提倡的提高课堂教学效率的要素，初步显现。他在有限的讲授时间里并不仅仅讲知识，而是注重学生学习方法的建构和推进，结合实际，深入浅出。学生参与课堂也不是就题论题重复演练，而是在独立思考和主动学习后发现问题，尔后将自己的见解与其他同学分享，在讨论中完成知识的掌握和方法的建构，做题真正成了学习的辅助行为，让学生想学、会学则成了教师倾心打造的规定动作。听完课后，学生课堂上那兴趣盎然的样子，始终在我的大脑中萦绕。我模糊而敏锐地感觉到，在这散乱的背后有其独具匠心之处，通俗来讲，那就是"形散而神在"。这样的教学设计，符合学生心理发展需求，符合学生认知规律，也符合数学学科原理，只是外观散乱，不合一般人认为的"常规"。

深入课堂获取第一手资料

形成了这样的看法，我决定找他认真而坦诚地谈一次话。我说，有的人觉得你的课在规范性上差一些，这是实情。作为刚入校的青年教师，尚处于教学的入门阶段，情有可原。青年人接受能力强，学得快，今后稍加注意就会逐步规范起来。通过听课，我发现你上课的最大优点是"有神、有魂"，有其他教师不具备的优势，有过人之处。在这方面应该下大力气去钻研，发扬光大，尽快形成自己的特色。他依旧话语不多，但从他的眼神中我看到了他对这些话的认同，也仿佛看到了他被人理解、被领导肯定的满足。

　　话虽这么说，但事后我还是放心不下。课堂呈现的是表面现象，至于其依据是什么，他对教学思考到什么程度，并不是通过几节课就能观察清楚的，着实需要认真探讨。教学不同于种庄稼，耽误不起，想到这些应有的责任，便有了我俩在学校人工湖畔散步中的长谈。说是谈，其实大多时候是吵。有时一吵就是一两个小时。在一次次的唇枪舌剑中，转的圈数越来越模糊，对课堂教学的共识却越来越清晰。

　　通过多次听课和不断地了解、沟通，我渐渐发现了他的独到之处。大部分教师上课都是"抓中间，带两头"，按照中等水平学生的接受程度，依据教材，泛泛地讲，事无巨细，面面俱到，唯恐学生听不明白，看不懂，学不会。这样的教学方式，学习好的学生觉得没有必要，学习差的学生跟不上教师的进度，容易造成"学习好的学生吃不饱，成绩差的学生吃不了，中间类型的学生觉得没有必要"的状况。老师讲得再卖力，总有昏昏沉沉听课的学生，课堂教学效率可想而知。虽然刘建宇在课堂上讲的时间少，也不是每一节课都有固定的程式，有时先讲后学，有时先学后讲，有时也"满堂灌"，有时几天不讲，但他总是讲关键之处，讲学生通过自学讨论后仍然不能很好地掌握的内容，讲知识之间的联系，讲题目背后的学习方法，讲数学学科的思想，讲激励学生学习的相关故事，等等。他为了讲好这些自认为重要的内容，每时每刻都在思考有关数学、学生、教育、生命成长的问题，有时还会上升到哲学的高度去论证一番。

　　他在反复地思考和多次分析、不断总结后认为，教学上的教材统一、学时统一、进度统一、测试统一等做法，追求的是一种形式上的平等和完美，是将学生看成没有差异的个体去施教，这种方式漠视了学生个体之间的差异，因而阻碍了不同学生的个性发展，在很大程度上违背了教育的客观规律与人的生命发展学说。而人们对"全体性"的肤浅诠释——要求所有学生知识技能都达标，既忽视了英才的培养，也忽视了教育的个性化和区域性问题。现实中的无数事实证明，生命个体拥有巨大的内在潜能，求知更是人的一种生理自然行为。因此，如何挖掘这一潜质，让学生在求知过程中产生挥洒生命的灵性与智慧，方是当今教育的真正使命。而要实现这一使命，就必须为学生营造一个自行探索的时空，让他们积极主动地参与求知过程。

　　通过观察了解，我发现了刘建宇木讷表情背后的潜在内涵，感受到了他的过人之处。同时，一个有思想、有性格、有主见、有追求的正直青年的良好形象，已完全取代了对他的第一印象。

（二）支持教师个性

找到了问题的症结，我在心中也慢慢地形成了解决这一问题的思路——关心、支持刘建宇老师大胆地试、大胆地闯，为他提供全方位的支持和全程服务。

学期刚开始的一段时间里，他的教学进度较慢，有些家长通过不同方式反映了他们的担心。面对这一问题，学校做了认真调查，实际上，在我们的"争吵"中也涉及过这个问题。学生从小学来到中学，习惯了教师手把手地教，开始接触这样的教学方略还不适应。让他们从"同中存异、异中存同、八方联系、浑然一体"的哲学层面去寻找知识之间的内在联系，他们会感到茫然无措，一时还找不到方法，这就要求教师结合学习内容有意识地引导学生逐渐探知体验学习方法。在这种情况下，学习进度一定会落后于正常教学进度，这就与学校的统一考试时间、统一考试进度产生了冲突。这个问题实际上是一个教师自己无法解决的。在有些学校，甚至会有人提出这样的"建议"：他不是搞教学改革吗？那就让他考考看，分数面前见高低！那样，学生在进入初中后的首次考试，就可能因为学习进度而受到很大的影响。

面对这样的矛盾，我态度坚定：把对刘建宇所带班级的学生成绩考察周期拉长，两年、三年都可以。在当时，做出这样的决定还是需要一点胆识的，甚至还会承担一定的风险。大家都知道，教育实验不同于其他科学实验，从一定程度上讲，只能成功，不许失败，否则，谁也承担不了这个责任。而这种"优惠"政策，却是刘建宇老师从事教学实验必不可少的条件，不然，这项实验就会被扼杀在摇篮里，再好的设计也将化为乌有。虽然后来通过实验证明这一大胆决策是及时和必要的，但当时我也确实捏了一把汗。

当然，做出这样的决策，我是有自己的思考的。我深知，不是刘建宇所教的学生怕比较，而是学生在学习初期用了更多的时间去改进学习方法，去形成良好的学习习惯，因而在这个阶段用同一试卷考试，这些学生的成绩肯定要受到影响；再说，通常流行的考试题目也不可能全面考查学生的真实能力。所以，这样的考试，对刘建宇所教的学生是不公平的。

而刘建宇偏偏不信邪，他找到我谈了自己的想法。他说，参加统一的考试，学生成绩肯定不如平行班级，但我相信会在下次考试时赶上，升入初二后会全面超过，我坚信"磨刀不误砍柴工"。

第一次进行的期中考试，正像刘建宇所预料的那样，他所带班级成绩比同年级的其他班级略低。个别不明真相的学生家长反映到学校，希望学校施加压力，让刘建宇回到传统的教学路子上，以期尽快提高学生的考试成绩。我则通过多种方式做学生家长的工作，并在教师会议上再一次肯定了刘建宇的教学改革，同时在教学常规的检查等方面给刘建宇开绿灯，不做具体要求，但在科研资料的积累方面，要求更加严格，希望他将各种数据资料及时整理归类，以便从中找到规律性的经验。即使现在看来，在那种情况下仍然坚定地支持刘建宇，也是需要有点勇气的。就这样，在学校的全力支持下，刘建宇得以按照自己的设计，按部就班地进行教学改革探索。

后来，学校做的调查和考试成绩等各种数据，验证了刘建宇的大胆改革尝试。他所教的学生，90%喜欢数学，80%认为数学简单，超过45%在初二下学期开始不久便自学完了初三的全部课程，而且有的学生还学完了物理和化学课程。2000年6月，他执教的5名初一学生自愿参加初三毕业考试，均获佳绩；2001年，他教的2名初二学生参加初三全国数学竞赛进入全区前8名；他执教的67名初二学生破例参加全市组织的数学中考，平均得分比全市初三学生的平均成绩高6.8分，有2名学生还突破了110分（满分120分）。在2001年12月的全国数学竞赛预赛中，该区的前4名均被刘建宇班的学生包揽。在2002年4月的决赛中，他执教的一名学生在全市排名中进入前三名，并获得了国家级竞赛奖。一名学生在升入高中后参加全国数学奥林匹克竞赛，又获得了二等奖第一名，同时还获得了保送一流大学的资格。升入高中后的学生，在高考中其升学率高于同类学生30个百分点。

从刘建宇的成长中我体会到，一名真正优秀的教师，他绝对不会做教材的奴隶、教学进度的奴隶和教学模式的奴隶，他总是依照学生现实的可能和发展的需要以及认知的内在规律，去展开教学活动，实现在学生整体发展目标下的阶段成果。

（三）发展教师个性

学校从刘建宇的教学改革成功中尝到了甜头，我也颇有感慨。我想，现行的教育体制给了教师太多的束缚，很多颇有才华的教师被捆住了手脚。虽然天天都在喊解放学生，给学生自主学习的机会，却很少关注教师。实际上，教师更需要解放，更应该给教师教学改革的机会和自主发展的空间。看到他不断成长，我非常高兴，决定创造条件为其召开教学研讨会，以便在梳理其教学思路的同时，达到鼓励他、鞭策他的目的。由于平时就多次到市区教研室汇报其独特做法，上级领导非常熟悉他所取得的教学效果，也了解学生对他的欢迎程度以及家长对他的肯定，领导大力支持。就这样，在全市历史上首次为一个教师举行的教学研讨会——"临沂市刘建宇教育教学研讨会"如期举行，取得了圆满成功。这极大地增强了他的自信心，也极大地促进了他的进步，对其他教师也有良好的带动和启发作用。

随即，我任命他为学校教科室主任，提供机会让其外出学习，借助外力，提升他的层次，优化他的做法，他的教学理念逐渐清晰起来，针对课堂教学提出的"框架构建、整体推进、全局着眼、局部完善"16 字教学方略逐渐建立起来。这一方略，以体现数学的价值性为发展趋向，以问题简单化为施教原则，以学生科研意识为切入点，通过对知识快速、高效的框架跨越式学习，使学生得以站在整体的高度去领会知识"同中存异、异中存同、八方联系、浑然一体"的本质。

在这一方略的指导下，各种相关措施相继实施，他所教学生的学习如虎添翼。学习进度不再统一，而是自己确定进度，自己确定练习题目，自己出题考查学习水平，学生真正成了学习的主人。因而，在这样的一个群体里，在这样的主动学习的氛围中，老师再泛泛地讲，显然会成为学生学习的障碍，所以，不讲、少讲成为必然。这在他的学生看来是顺理成章的事儿，却不符合有些人的传统观念，由此出现开头所述的所谓刘建宇"不会教课"之声，也就不足为怪了。

因此，我觉得，引领有个性的教师发展自己的个性，形成自己的特色，是一件非常重要的事情。在发展教师的过程中，注重发现其优点，创造机会放大其优点，在每一个阶段提出一些有针对性的要求，是促进教师专业发展的关键。这也完全符合日本教育家小原国芳说的那些话："校长要想统领好属下教师，就要有兼容并包的胸怀，要能洞察每个教师的个性，把握他的特点，调动发挥他们所有的才干技能。……由于教师也是'人'，所以也有缺点，也许教师还是缺点较多的'人'。校长不能把眼光专盯在教师的每个缺点上，而要尽量背对教师的缺点，把目光盯在教师的优点上，寄希望于他们的工作、活动上。"

由于教师的教学工作是创造性的劳动，个性化色彩浓厚，因此，教师的教学理应是教师个性化的表现，在不同教师身上闪现的火花就应该各不相同，特色就应该各异，但这些个性化的表现一定是相通的。学校管理者的重要责任，就是去发现他们的相通之处，探寻所体现的规律，分析产生的原因。通过管理者的细致观察、周密分析和冷静思考，将不同教师的个性化表现进行对比分析，辨明这些个性化的成果是管理制度要求下的合理产物，还是与制度要求有相悖之处，以便不断修改完善管理制度，从制度层面保障和促进有利于教师专业成长的个性化表现发扬光大。

正是基于这样的认识，在当时的册山中学，我着手对教学管理的制度进行了脱胎换骨式的调整。即实施个性化管理，将自主权还给教师。对有基本能力、态度端正的，只要能提出自己的教学试验方案，哪怕是一些"幼稚"的想法，学校就鼓励教师大胆地在教学实践中应用。学校采取"共性之外，个性自由"的办法，除工作量等基本要素统一要求外，对这些教师无日常教学业务方面的检评，解放他们的身心。教师可以自行确定教学进度，选择教学内容，甚至允许不同的学生选择不同的进度和不同的学习内容；自主确定评价的形式与周期；调整教学目标并在教学过程中灵活变化教学目标。教师真正拥有了教学计划的自主权。学校还鼓励教师根据教学内容和组织形式的不同自主选择教学方法，教学的形式也可以"百花齐放"：在空间上，可在室内，也可在室外；可在校内，也可在校外。在时间上，可利用课上 45 分钟，也可带学生利用课外时间专门研究；可用一节课，也可以用更长的时间。在内容上，可以是课本内的，也可以是课本外的。将学校小天地放大到社会大课堂，解决学生个性化发展问题。这样，就把教学方法和教学组织形式的选择权还给了教师。学校还把对学生的评价权交给了教师，教师可以根据学生不同的情况实施分层次评价，而学校实施的教师发展性评价制度更具特色，它不是面向过去，而是总结工作过程中的经验与不足的基础上面向未来；不以奖惩为目的，而是以教师的发展为目的，终极目标是充分调动全体教师的积极性，从而使学校、教师和学生共同发展。

(四)成就教师个性

刘建宇教学改革的成功给册山中学的领导、老师以巨大的震撼，也给教师们上了一堂生动的改革实验课。阿基米德曾经说过，给我一个支点，我就能撬动地球。我想，学校管理工作，不仅要给教师教学个性的发挥提供恰当的"支点"，还要和教师一起打造挖掘学生潜能的"杠杆"，让教师在"撬动地球"的同时，发展和形成自己的教学个性，并且使不同教学风格的教师和谐共进，迅速成长。

我深知，学校的发展，学生的成长，需要每一位教师都具有鲜明的教学个性。因为一个音符无法表达出优美的旋律，一种颜色难以描绘出多彩的画卷。如果在刘建宇的教学改革探索之初，学校不做调查研究，不问青红皂白，就将其改革的思想"扼杀在摇篮里"，最多造就一个"无棱无角"的数学教师，而不会有迅速成长起来的教学特色鲜明、教学业绩突出的刘建宇。同样的道理，如果不是将每一位教师的教学特点发扬光大，促进众多教师的教学个性的生成，也就不会有后来成绩斐然的册山中学，有的只能是一所普通得不能再普通的农村中学而已。这也就从学校具体发展中验证了"共性与个性对立的相对性还表现在其相互转化上，在一定的条件下，共性可以转化为个性，个性也可以转化为共性"的哲学命题。

如何将具体的、单一的教师的教学个性转化为学校的教学共性，进而使之成为相对稳定的学校特色，形成学校文化，是对管理者水平和能力的最大挑战。我不轻信闲言碎语、调查后再发言的做法，恰好为教师的最初成长提供了良好的保护。可以说，没有哪一位校长不想把学校办好，关键是如何办好，如何找到办好学校的"支点"，体现出学校鲜明的共性。实际上，共性的东西总是存在于个别的、具体的事物之中，脱离了具体的事物，共性也就不复存在。共性是事物中共同的、本质的东西，它比个性更深刻，决定着事物的基本性质。而个性体现着共性，丰富着共性，个性的差异性、多样性，决定了它比共性更生动、更丰富。正是像刘建宇这样的教师们的教学个性，才促成了学校教学的丰富多彩。由此看来，事物的差异、对立不是绝对的，而是体现着具体事物间共同本质基础上的差异、对立，这种差异、对立为其共性所制约。共性与个性的辩证关系表明，坚持辩证唯物主义的认识路线，坚持具体问题具体分析，才能搞好我们的工作。正是学校管理者对教师教学个性与共性的恰当把握，才形成了当时册山中学课堂教学"百花齐放"的局面，从而也使教学真正成为师生共度的生命历程，体验到了生活共创的美好。

教师教学风格的多样性应该是学校在促进教师专业发展上的追求之一，也是学校发展进步的重要动力。在人类文明交流的过程中，不仅需要克服自然的屏障和隔阂，而且需要超越思想的障碍和束缚，更需要克服形形色色的偏见和误解。同样，在学校的发展过程中，也要超越思想的障碍，克服对教师独特教学风格的偏见和误解。学校管理者应该积极维护教师教学风格的多样性，推动不同风格的对话和交融，相互借鉴而不是相互排斥，以此成就不同个性的教师创新发展，唯有如此，才能实现春色满园的盛景。

一般来说，每个教师都有自己的教学个性，正由于这些教学个性的不同，才使得学校的课堂教学丰富多彩。但也不可否认，生活在一定文化背景下的教师群体还是有许多共性的，共性也是使学校能长久地生存和形成、延续学校文化的主要原因。册山中学作为罗庄区一所相对闭塞偏远、办学条件并不优越的农村初级中学，正是学校创造的宽松和谐的人文环境和超前的教育管理理念，为教育科研创设了一个可持续发展的优势环境，形成了一支蓬勃向上的教师科研队伍，使学校的发展就像拧紧的发条，后劲十足，佳绩频现。刘建宇老师被评为山东省优秀教师，破格晋升中、高级专业技术职务。现已成为山东省特级教师、山东省十大年度教育创新人物、齐鲁名师。与此同时，在其辐射之下，册山中学有一大批教师迅速成长，专业水平不断提高，学校也逐渐发展成了名冠一方的强校，深受当地老百姓的好评，成为全市农村教育的一面旗帜。1998年全市素质教育现场会在册山中学召开，2002年全市教学研讨会专门研讨推广刘建宇、上官景进的教学思想。正是由于各方面成绩显著，从1998年到2004年，我连续在全市教育教学工作会议上做大会发言，这极大地坚定了教师干好本职工作、发展教学个性的信心。

活化课程的践行者上官景进带领学生进行野外课程学习

乡镇政府看到学校业绩突出，逐年追加教育投入，学校从布局到环境，都发生了天翻地覆的变化，旧平房全部拆除，教学楼、办公楼、餐厅、教职工宿舍都盖起来了，校园风貌焕然一新。教师专业发展迅速，仅市级以上骨干就有 30 多人，学校成为全区最好的初中之一。现在看来，这条以教师内涵发展带动学校外延发展的道路，确实是走对了。

2002 年，我离开了册山中学，来到了临沂第二十中学。面对新的学校，我开始了新的探索。

我通过调查了解到，这里的教师整体素质比当年的册山中学要高，教学水平也要高一些。但随着高中学校扩招，学校有几十名教学骨干被调往高中，加之学校规模不断扩大，补充的新教师逐渐成为学校的主体。在这种情况下，如何培养出"志趣高远、人格健全、基础扎实、特质明显"的优秀学生，成了学校面临的新任务。

我通过刘建宇的成长和册山中学以及各地名校的发展历程看出，学校要发展，关键是有一支师德高尚、作风优良、专业素质过硬的教师队伍。因此，在努力做好教师师德培养和作风强化的基础上，我们提出了"基于教师专业发展背景下的个性优质课堂建设"这一目标，决心让教师走专业发展之路，打造个性优质课堂，实现学校内涵发展。

三、卓越教师团队是学校最重要的资源

教师是教育的第一资源。对这一点，我的认识非常深刻，只有引领教师专业发展，才能让老师们成为推动全校发展的动力之源。这样的教师团队才能成为一个质量过硬、精神超前的团队。

（一）点燃教师发展激情

在临沂第二十中学，我们的老师、我们的课堂，都有一个精神主张，即我们的教育理念，那就是追求创新、追求卓越。这种理念已经融入老师的教学之中，呈现在学生的生命素质里。

一次次的课堂教学改革会议，一次次的"个性优质课堂"实验，都是我们探索的脚印。如今的教育，并不缺少先进的教学方法和教学设备，并不缺少所谓的教育思想和教育著作，也不缺少教育学的教授和指导，唯独缺少有灵魂的教育，关键是缺少苏霍姆林斯基所说的"教育过程的真正能手、艺术家和诗人"。在教师的专业发展过程中，我所得出的感悟可概括为三点，那就是价值引领、个性关怀和理性自由。

一年一次"年度人物"评选，可以说是我们学校最重要的事情之一。

学校"奠基希望"年度人物

"朱老师，不可以被选上，她的基本素质不过关！"

"怎么就不可以？不就是不会处理人际关系、得罪的人多一些吗？"

讨论会上，一位副校长和一位年级主任争得面红耳赤。

"我认为，朱老师可以被选上。早在很多年前她就被中央电视台乡村季风节目报道过，她虽然性格尖锐，但是她心系学生，她的业务水平和成绩都名列前茅，尤其是她富有创新精神，思想和行动从来都不落窠臼！"

最终我拍板，我们通过了朱金欣老师的"年度人物"称号。作为校长，我认为我们不能戴着有色眼镜来看任何一位老师。人无完人，我们要帮助老师拉长他的"短板"，弱化他的缺点，看到每一位老师的亮点和潜力，充分发挥和放大他的优点，点燃他的教育激情。

蔡元培先生说过，"教育者与其守成法，毋宁尚自然，与其求划一，毋宁展个性"，陶行知先生也说过，"不要把学校办成似是而非的、不自然的鸟笼和鱼缸"，一个出色的教师，从某种意义上讲，就是他的个性被张扬到了极致。因此，对教师进行简单机械的评估，只能导致教师工作的简单重复，泯灭教师的生命激情。要让教师学会成长，就需要对教师施以关怀个性、关注差异、关心发展的评价，创造教师发展的良好生态环境。只有这样，才能让临沂第二十中学"满园春色"绚烂持久。

（二）鼓励教师独树一帜

苏霍姆林斯基说过，"不必害怕让学生花一整天的时间到'书籍的海洋'里去遨游。让书籍以欢乐的激情去充实年轻人的心灵吧！那么，我们的社会目前还不能对付的许多棘手问题就会迎刃而解"。在《窗边的小豆豆》这本书里，有一天又运来一辆废旧电车，小林校长把它改造成"图书馆"。在这一天里，大家竟然全都沉浸在阅读当中，那种阅读的境地该有多么的美妙。是的，学生爱上阅读，这是每一位语文老师的愿望吧？这也是每一个语文老师所面临的最大的一个问题，这就需要我们用心去研究了。

从事教育这么多年，特别是对语文、对阅读热爱的天性，让我把阅读放在重中之重。2007年我提出了语文"六大"（大阅读、大写作、大背诵、大复述、大欣赏、大演讲）的教学理念，引领全校展开了热烈的语文课堂改革（属于个性优质课堂建设的一部分）。既然已经认识到教学的问题，我就要进行创新，探索新的教学内容、方法乃至模式。

在一本教材的讲解走天下的语文窠臼面前，听到新的倡议，多数老师还是激情澎湃的。比如在此理念下，视莎士比亚为祖师的王丽花老师进行了"回归阅读与写作本真"的语文课堂改革。王丽花的课堂，有三分之一的时间在研读教材，三分之一在研读莎士比亚，三分之一在研读其他的经典名著。在王老师的课堂上，学生阅读和写作时，静若处子；在交流展示时，学生顿时变得生龙活虎。辩论时，或质疑，或论证；表演时，很投入，很真切；配乐展示精品写作时，学生声情并茂。

进行课堂改革，王老师在课下是下足了功夫的。比如研究莎士比亚戏剧，研究莎士比亚十四行诗，研究解读莎士比亚的书籍，研究莎士比亚传记。除此之外，研读教育书籍，研读教学技能的书籍。平时还要坚持记录一些教学案例，记录学生的读写状态。

可是谁都想象不到，王丽花老师的成长之路是曲折的。起初，我搬着凳子去听

语文"六大"教学策略实践者王丽花

王老师课的时候，虽然学生表现得格外活跃，在读写方面灵气扑人，明显超出其他老师的学生。但是王老师上课说话很少，尤其是公开课上，由于心理素质不过关，有时说话磕磕绊绊，语言表达不流畅。甚至在后来很多次的"个性优质课堂"展示课上，王老师对学生的即时点评也经常跟不上节拍。

我想，对于这样的老师，我们应该尽力去帮助她，让能优秀的老师优秀起来！很多次我们的谈话都是围绕学生阅读和王老师课堂语言等问题进行的。

"在教学理念方面，你的思想已经是超前的，是个性化的。你对莎士比亚作品以及其他文学名著的研读已经远胜于很多外国文学专业教授。与很多老师相反，那些喜欢参加省市级讲课比赛的老师尤其注重研究教学技能，但是容易停留在技能的层面而沾沾自喜，从而远离了'道'。而你却需要在'技'的层面下很大的功夫才能突破自己。"我直截了当地对王老师说。

毕竟是有教育思想、对自己认识很清楚的优秀老师，王老师欣然接受。她买了很多语文教学的书籍，余映潮、于漪、王君等中学名师的书籍摆上了她的办公桌。她还对王崧舟、管建刚等小学语文名师的书籍进行了研究。当然，最近几届"全国名家人文教育高端论坛暨名师课堂研讨会"，我们学校也带领包括王老师在内的老师观摩了现场。王老师在听了许多名家公开课后，终于意识到自己课上的具体问题，深入备课，加之经过"个性优质课堂"的锻炼，终于能够在课堂上和学生进行更深刻地对话，对学生的点评也更加到位，课堂设计也更加艺术化。

莎士比亚的戏剧作品几百年来一直散发着诱人的魅力，反映时代特征的广泛题材、精巧绝伦的戏剧构想、鲜明生动的人物塑造和诗情画意的语言运用，都让读者如痴如醉，欲罢不能。正如本·琼森所说，莎士比亚是"时代的灵魂"，说他"不属于一个时代，而属于所有的世纪。"

应该说王老师的学生是幸运的，我们二十中的学生是幸运的。作为校长，我再次体会到，教育是需要等待的。不仅仅学生的教育需要等待，教师的专业成长除了需要你用心引领之外，更需要你有足够的耐心去等待。

2015年刘建宇调到北京去了，他到北京发展也是我的一个愿望。我一直认为，做老师，就要做刘建宇这样的老师。他眼里有学生，脑中有教学，心内是教育。他用几近农业文明时代的课堂，创造了诗情画意的数学教育，少了喧嚣和浮华，倒多了宁静和深刻。"你举手慢了一些，就离诚实远了一步。"其言不虚，其行可典。不同的人学不同的数学，不同的人用不同的方法学数学，不同的人用不同的进度学数学，一句话，每一个学生都在学自己的数学，高贵品质的教育公平在这里最终实现。

一个教师如果没有他正确的教育价值观、明确的学科思想和高超的学科驾驭能力，仅仅把被自己稀释了的知识让学生反复咀嚼、模仿，这样的课堂是不可想象的。刘建宇是点亮灯塔的老师，他和学生所做的自然质朴的精神对话，以赋予学生真正的价值与力量为生命，考虑的不仅仅是孩子一生中的某一阶段，同时也为孩子的前途与人生发展着想。他是学生学习最大的资源和环境，是学生的第一课本，唯其如此，教育才有价值和希望。

学习刘建宇，没有任何程式可以照搬，只有回归生命本体，回归教育本质。"痛可忍，而痒不可忍；苦可耐，而酸不可耐"，在这样一位名师身边，难道我们会无动于衷或者仅仅做一些可怜兮兮的哀叹抑或做一些动手不动脑的刻意模仿？万事难忘，难忘者铭心一片！

一个人要真心喜欢上一件事情，真心敬畏着一件事情，然后一生心无旁骛地做好这件事情，他怎么可能一事无成呢？所以关键是改变他的态度、信念和价值观，而不是那些看似有道理的评比和约束。

在一次关于教师专业成长的座谈会上，我曾经这样写道：

是谁打乱了他的春天，

是谁吹皱了他的平静，

是谁剥离了他的信念，

是谁遮蔽了他的远方；

一次次的检查评估，

一次次所谓的虚假程序，

一次次的从证书到证书的选拔；

失却了本真，

忽略了事实，

远离了目的；

评比已经成了教师灵魂的绞肉机，

证书已经蜕变成一件可怜的遮羞布！

(三)期待教师破茧成蝶

《学记》有言："未卜禘，不视学"，意思是说，夏祭未实施以前，不急着到学校去视察，为的是让学生有充足的时间发展志向。其实对于老师的教学效果也是如此，教师被种种评估，特别是考试和进度捆绑得没有了自由之身，更遑论更好地发展了。更加可怕的是，一些评估已经异化，搞得教师不知所措，以至于有的评估还会产生副作用。所以，少一点评估，多一点引领，可以给教师更多自由发展的空间，让他们更好更快地成长起来。每位老师都有自己的特色，学校一定要给老师提供充分的时间和空间去发展自己、提升自己。一所学校，校长很重要，除了自身的人格魅力、学术修养、领导艺术、专业作为以外，学校运行机制应是校长领导力的常态呈现。所以，在我们学校，像王丽花这样的老师有很多，他们成长的过程就是蜕变的过程，破茧成蝶也必定可期！

破茧成蝶既需要内生的力量，也需要适宜的环境。没有一定的温度、湿度、空气等，蝶变不会成为现实。学校在激励教师本源力量的同时，也要创造适宜的发展环境，让教师在活动中感悟，在体验中思考，在创造中前行，在一次次的心灵撞击中实现蝶变。在我校，每次为外来参观学习的省内外同行举行课例研讨，我校教师都要参加听评课等交流活动，授课者是首席，听课、议课者都是重要角色，没有旁观者。正是这样全方位的参与，每个教师都乐在其中。在其中的一次活动中，我校刘孝宗和高金德老师分别执教了一节课，之后和听课的外校教师进行了研讨。刚刚调入我校的韩永霞老师参加了本次活动。在活动后上交的反思中，她这样写道：这两节课，是我听过的最好的两节课，既有高度，又深入浅出。

市级优秀班主任、市级教学能手韩永霞

　　她说，听课时，她就在思考，这两节课好在哪儿，设计好、引入好、效果好、理念好，这么多好，最后她只思考了一个问题：给学生留下什么？也就是说，影响学生的什么？一段时间以后或者多年以后，这节课还剩下什么？老师不是学生，只能凭自己的感觉，把自己当学生。众多的"好"汇聚起来，就是改变了学生对数学的认识，形成了学习数学的方法，学会了相应的数学思维。

　　就本节课的学习任务来说，学习者要具备以下几个要素：积极的心态，坚定的信念，持续的热情，前置的知识。刘孝宗老师引导学生思考一棵小树如何长成一棵参天大树，让学生意识到学习也是如此。高金德老师则告诉学生要用大师的眼光看数学，用数学家的思维研究数学。"太阳从东边升起，你想到了什么？"不同的眼光，不同的思维，"看"到的自然不一样。

刘孝宗执教的《从算式到方程》这节课，从古老的"鸡兔同笼"问题开始，比较算式与方程的优劣，将方程的建模思想"润物细无声"地浸润到学生的大脑之中，实现了学生从算式到方程的思维跃迁。之后，巧妙变式，围绕"鸡兔同笼"提出问题，让学生再次体验方程的思想。从知识的跨度上，从算式到方程，从一元一次方程到二元一次方程组，再到分式方程，每一次深入都是不露痕迹，自然流畅。"览群山阔视野，孕灼见育真知"，学生的视野开阔了，思维打开了，再次看方程，便会有一种"会当凌绝顶，一览众山小"的感觉。

市级学科带头人、市级教学能手刘孝宗

数学是什么？学数学有什么用？如何学习数学？这是作为一名数学老师要时时思考的问题，也是从教生活要解决的问题。这些问题，答案早就有，或者说一直没有答案。一节课仅仅是一节课，几十分钟而已，一节课岂止是一节课？一节课的背后是老师的理念、经验、智慧，一节课的课后是给学生的影响。

教育是什么？德国的哲学家雅思贝斯说："教育就是一棵树摇动一棵树，一朵云推动一朵云，一个灵魂唤醒另一个灵魂。"可能是老师唤醒了学生，也可能是学生唤醒了老师。

正是这些积极思考、善于钻研的老师，在一次次的蝶变中不断提升自己的境界，为同行展现了高水平的课堂教学，为学生提供了广阔的思维场域，学生也就乐在其中了。

透过我校优秀教师群体的卓越表现，我总结了二十中教师所必需的特质：帮助学生建设远大的人生目标，强化做人的信念、荣誉和责任，并且不屈不挠地帮助学生实现人生目标，在趋向目标的过程中实现其人生价值；能够培养学生的阅读兴趣，启发学生的理想、信念、热情、志趣等非智力因素；有持续的学习热情和能力，在研究的状态下工作，提升自身的职业品位和生命质量；从容达观，自身的幸福指数高。像凯鲁亚克所说的"永远年轻！永远热泪盈眶！"教育需要丰富的安静，也需要强烈的审美冲动。

泰勒·本·沙哈尔说："幸福不是拼命爬到山顶，也不是在山下漫无目的的游逛；幸福是向山顶攀登过程中的种种经历和感受。真正的、持续的幸福感，需要我们为了一个有意义的目标而去快乐的努力与奋斗！"是啊，优秀老师把教育工作作为一种终生的事业追求，而不是每天被迫要做的职业。校长，不也是如此吗？这就是追求卓越的我，不仅要自己创新，还要带领整个团队创新；不仅要自己追求卓越，更要建设追求卓越的团队！

四、从教学走向教育乃立德树人之道

一名教师如果理不清教育和生命的关系，教学、教师、学生之间的关系，他就永远走不进学生的心中，也就永远教不好他所任教的学科，成为不了一名优秀教师。

（一）教学与教人不仅是一字之差

从某种程度上讲，一个孩子的课外生活会影响到他一生的作为。我们的孩子在课外都在做什么？做作业。是的，作业的布置对孩子来说至关重要。2006 年，我听了一堂张娜娜老师的生物课，这堂课引起了我深深的思考。现在回顾那堂课的片段：

"这是我们组韩硕同学在家做的爱心酸奶，欢迎品尝。"一位小组长颇为自豪地说。

"这是我们组李心怡同学做的草莓味酸奶，欢迎她为我们介绍制作过程，传授制作秘诀！"组长说完，只见李心怡同学像模像样地介绍起来。因为理论和实践相结合，女孩颇为自信。

"这里有一杯制作失败的酸奶，是我昨天失败的作业，谁愿意品尝一下，并猜测失败的原因。"一位同学故作神秘状，仿佛一个顽童在故意挑起大家的好奇心和探索欲。

省级讲课比赛一等奖获得者张娜娜

个子高挑的张娜娜老师面带微笑，为了缩短和孩子的距离，她微微弯着身子，眼神里充满的是对孩子的肯定和鼓励。

在此之前，我一直在思考一个奇怪的问题。你若问一位老师，"你是教什么的？"所有的老师都会说自己是"教语文的""教数学的""教英语的"……没有说自己是"教人的"，倘若有老师说自己是"教人的"，大家肯定会感到很奇怪，会认为这位老师神经质。

听了这堂课以后，我就想，我认为这样的作业，这样的课堂就是"教人的"。于是评课的时候我提了一系列的问题：为什么张老师的家庭作业是制作酸奶？是不是更多老师会布置一些有关酸奶制作的理论的作业？为什么制作酸奶会让学生兴奋不已？上课品尝和分享劳动成果，交流制作心得，学生又是多么的有成就感？这样的作业哪个学生不喜欢？又有谁感到有负担？制作酸奶的过程中，孩子是不是会研究诸多的知识，并且反复实验？为了成功制作口味独特的酸奶，孩子们是不是还要去采购水果，要询问家长一些生活常识，甚至要家长帮忙操作？亲子感情是不是也随之更加亲密？

由此我想到了更深层次的一些问题，比如学校和老师能不能将综合实践活动进行系统分类并据此形成基于差异发展需要的能够让学生自主选择的系列化的课程体系。要深刻地认识到："课程不再是一个事物，也不仅是一个过程。它应成为一个动词，一种行动，一种社会实践，一种私人的意义，一种公民的希望。课程不只是我们劳作的场所，也是我们劳作的成果，在转变我们时也转变自身。"要倡导学生游学，鼓励学生接触大自然，从事项目学习，开展网络课程学习等课程开发手段，为学生提供多样化探究和体验式学习的途径。有些课程完全可以走出去，到自然界去，让学生通过直接的活动来熟悉世界、发现世界，通过各种实践活动获取更多的德行知识。

（二）学生发展有无限可能性

听完张娜娜老师的课回到办公室后，我提笔写出临沂第二十中学"教学十条"，其中第一条就是"从教学走向教育"。强调"先学后教、以学定教"，并妥善处理以学定教和以教定学的辩证关系。教即"教化"，要把学生已有知识、经历、态度、情绪、兴趣、习惯、思维等课堂要素有机纳入教学设计；一切教学活动必须围绕学生现实的可能和发展的需要展开；从教学走向教育，强调深刻的内在合理性；注重效率和结果，更注重备课和过程。从教学走向教育，就是要让教师和学生一起呼吸，让教学变得有体温、有色彩、有情感、有价值，成为解决教育原本性、实质性的课题。

我始终认为，学生今天的学习并不单纯是接受，也应是发现和创造！学生的身心成长、人生智慧，乃至在某一领域的创造发明，决不单纯依赖于其拥有的知识信息总量和认知经历长短。如果在完成对数学基础体系的认知后，才开始发现和创造，那么高斯 17 岁得到了数学史上极其重要的结果，就是《正十七边形尺规作图之理论与方法》，18 岁发现了质数分布定理和最小二乘法，19 岁为流传了 2000 年的欧氏几何提供了自古希腊以来的第一次补充，这又该由做何说明呢？刘建宇在数学课上根据学生情况进行分层教育，一层的学生知道解法，二层的学生讲求思维，三层的学生能清晰知道思维产生过程，更高层的学生形成学科思想和做人做事的文化，借以明了学习的真正内涵。他的一个学生总结了关于解方程的打油诗："式中各项都乘到，分子整体加括号，括号外面加负号，负负得正错不了，移项要变号，最后一步不颠倒，保证做题错不了。"学习能到这种内化的程度，其深刻性以及享受数学美感的愉悦是教条主义教学能达到的吗？

当我们仍试图让学生浸没在题海中挣扎，而仅仅为了几个知识点的记忆和对做题技巧进行巩固的时候，我们是否应该重温爱因斯坦的话："教育是什么？教育就是把在学校里学到的东西都忘掉后剩下的东西。"剩下什么？学习习惯、思维品质、身心修养和探索精神！那忘掉的是什么？是知识、定理、公式、法则那些教育的载体！那结论呢？我们苦苦追求的东西恰恰被人生进程过滤掉了，而我们在不经意间蓦然丢失的东西恰恰是学生发展最关键的血脉和营养。

（三）负担过重必然导致肤浅

解决中小学生学业负担过重的问题，不只是量和强度的问题，更重要的是尊重生命和尊重规律。芸芸众生，万千差别，唯其如此，才构成了丰富多彩、生生不息、文明递进的人类世界。尊重生命，首先意味着尊重个性，因为它是与生俱来的天性，基于个性创造的自我实现，是人生命本身的必然要求，也是人类长河滚滚向前的本质力量。尊重规律，也应该首先搞清楚什么是规律。规律具体到真实的人、事和情境，它的可操作的内容是哪些？从表面上看，各科知识自成体系，但它是否真正揭示了知识之间前后左右的深层次联系？死的知识与活的生命相遇是否存在序列严格的逻辑对接？我们对学生的智能结构和智力类型有多少了解和把握？很多时候，我们是在用一种智力类型强迫所有的学生按同一个方式接受学习。事实上，我们明明知道不同强势智能的学生的学习方式也是有所区别的。尊重人才，更要尊重人才的差异性和多样化，引领和服务于学生的差异性发展需要，是最大的教育公平。基于差异性发展需要的校本课程建设和学生自主选择的学习资源供给应成为优质学校创办的重要特征。

很多时候，我都提醒老师们要注意以下几个方面，尤其是在一次高层次研讨会后，我感觉在目前的教育教学状态中这几方面要引起大家的高度重视。

第一，关注学生的智力类型。凡是学过教育心理学的人都知道，人的智力类型是不一样的，用一把尺子，尤其是用"语词能力和数理逻辑能力"一项去度量所有的学生，是不科学的，也是不道德的。

第二，关注学生的生活经验。学生的生活经验是学生成长和发展的基础，也是课程生成的重要组成部分。亚里士多德说："有经验的人比有感觉的人更有智慧，有技术的人比有经验的人更有智慧，思辨科学比创制科学更有智慧。"现在的问题是，我们太不重视学生已有的生活经验，甚至将其排除在课程之外，知识的建构缺少了生活的直觉经验基础是不完整的，也是不稳定的、低品质的。

第三，关注学生的学习方式。学习方式是个性化的，每个人的学习方式是千差万别的，如果一律是简单的聆听、联系、回答问题和记笔记，那么作为发现学习、体验学习就成为一句虚话。教师要适应学生学习方式的多样性，得以尽情地发挥。

第四，关注学生的心理感受。要将学生的兴趣、情绪、态度、认知基础、智力类型、学习方式均纳入教学设计。学生都不想学了，都抗拒老师了，我们的劳动还有什么意义！

第五，关注男孩与女孩的学习区别。男孩和女孩在学习过程中的性别特征是明显的，问题是我们在教育教学过程中总是用女孩的发展标准去要求男孩。长此以往，不能调动男孩学习的积极性，发挥出男孩的优势，不利于其个性发展。

(四)懵懂的学生需要宽容

宽容对教师这个特殊的职业，不仅是态度，也是品质和能力，尤其面对调皮、任性、恶作剧和特殊性格的孩子，宽容更是一种忍耐和疼痛的过程。教师育人的最高境界和专业水平往往体现在对特殊孩子的研究和培育上，优秀教师总是把他相当的精力聚焦于班内看似个别但却影响一大片的"孩子王"身上，谁又能断定这几个"孩子王"将来不会成为各行各业的翘楚呢？哪里有创造，哪里就有个性。贝多芬、莱布尼茨、牛顿、康德、尼采、莫泊桑、马雅可夫斯基等都是奇才！所以穆勒说："一个社会越是具有宽容精神，越能容忍怪癖，这个社会就越是生机勃勃，越有创造性。"所以，"你的鞭子下有瓦特，你的冷眼中有牛顿，你的讥笑中有爱迪生"，不是谎言！

生命有多复杂，教育就会有多复杂，单纯线性递进式的教学过程有违于天性，无关乎大局。正如我在《永远和童年在一起》中所写的那样：

春风亲吻大地的和煦

秋雨敲打树叶的凄婉

都会激活儿童的镜像神经

形成生命首次的伟大教育

一个敢于搏击任何大海的精灵

不见得是富有经验的水手

甚至不会是胸怀大略的弄潮儿

他只能是儿童

是一个只想亲近那片水

那个好像蓝月亮的地方

……

曾经读过房龙的《宽容》，让我想起纪伯伦的话，"一个伟大的人有两颗心：一颗心流血，一颗心宽容"。还有一句歌词说，"相爱总是简单，相知却难"。世界上最折磨人的是人际关系，给人类带来毁灭性痛苦的也是人际关系，影响人的发展进步的更多的还是人际关系。从这个意义上讲，人，最高贵的品质就是宽容。孔子说，"吾道一以贯之"。孔子之道，"忠恕而已"。在我理解，"忠"就是责任，"恕"就是宽容。没有悦纳万事万物的雅量，人就自己做"小"了。

海纳百川，有容乃大，一朵浪花都容纳不了，怎么可能成为宽阔的大海呢？宽容别人，最重要的就是谅解别人犯的错误。从认识论上讲，一个人的生命行程无法重复，出现错误是不可避免的，更何况有时候表现更多的不是错误而是个性不同而已。宽容是哲学思索的果实，世界的多样性和非对称性表明，人只有容得下和自己不一样的人，才有可能成功和强大，一个政治人物如此，一个教师更需如此。雨果说过一句名言，"世界上最宽阔的是海洋，比海洋更宽阔的是天空，比天空更宽阔的是人的胸怀"。人因宽容，所以他囊括了整个宇宙。基于人性和思想的宽容，绝不意味着无原则的妥协，它的前提是对自身、他人和整个人类的责任。

在这里，我想起了我国历史上著名的"管鲍之交"的故事。管仲在评价鲍叔牙时是这样说的："吾始困时，尝与鲍叔贾，分财利多自与，鲍叔不以我为贪，知我贫也。吾尝为鲍叔谋事而更穷困，鲍叔不以我为愚，知时有利不利也。吾尝三仕三见逐于君，鲍叔不以我为不肖，知我不遭时也。吾尝三战三走，鲍叔不以我为怯，知我有老母也。公子纠败，召忽死之，吾幽囚受辱，鲍叔不以我为无耻，知我不羞小节，而耻功名不显于天下也。生我者父母，知我者鲍子也。"

倘使没有鲍叔牙的宽容，怎么可能出现名满古今的管仲？一个民族的成长，它的胚胎在教育之中。教师在关注少儿真实地拥抱世界、创造未来的成长中，是否在用普世悲悯的人性胸膛，去呵护我们民族的未来，包容他们"纤细的根、柔嫩的茎、鹅黄的叶、羞涩的蕾、灿烂的花、恼人的针刺和沉甸甸的果实"？须知，孩子的启蒙教育掌握在今天中小学教师的手里啊！

所以，从教学走向教育是当前课堂改革迫切需要关注的问题，所有的老师必须记住，我们是"教人的"。

五、至简的教育历久弥珍

简单不是敷衍了事，也不是单纯幼稚，而是最高级别的智慧，是成熟睿智的表现。完美的常常是简单的。简单就是真理，简单就是聪明，简单是厚积薄发的力量。学会了简单，其实真不简单。做事情复杂烦琐往往是因为智慧没有到位。再大的事情"一分为二"就很简单了，再难的事情从简单入手、循序渐进就能做成。大道至简，悟在天成。

（一）向儿童学习

写到这里，一个念头蓦然闪过。岁月流年，五十已过，才明白我们实在应该向儿童学习。一次，我同几位小学校长外出学习，路过道教祖庭的龙虎山，倾慕张天师之美名，中间做短暂停留。一日，游览海拔千米以上的高空峭壁栈道。上时，童心大发，豪情万丈。谁知，登上栈道以后俯视万丈深渊，星罗棋布之城镇，车流、行人如蚂蚁点点，人在壁立狭窄之栈道如悬空之伞，向前看峰峦如聚一线串，往后瞅人来单行无期盼，进退维谷，命在一念，拐弯之处，更是胆寒。腿颤股栗无奈，只得闭眼扶壁一站，悠悠我命，此奈何极！正在心潮起伏后悔当初冲动之时，一童子之音飘然入耳：

> "你怎么了？"
>
> "我不舒服。"
>
> "病了吗？"
>
> "没有。我害怕！"
>
> "你害怕？你怎么会害怕呢？"
>
> "太深了，不敢看。"
>
> "你不敢看？后面的快来呀，这儿有个胆小鬼！"

　　这个孩子真"可恶"！他居然引来他的同伴来嘲笑我这个"胆小鬼"。围了四五个叽叽喳喳小鸟般的孩子左顾右盼，我不得不强打精神与他们一起前行，受他们的感染，我的血脉又贲张了一些，觉得龙虎山好像更美了几分。交谈中我了解到，他们一群是鹰潭市第一实验小学的学生，这是他们的一次有计划的社会实践活动。

> "过去没来过龙虎山吗？"我问。
>
> "来过好几次了！"
>
> "那为什么还来呢？"
>
> "看栈道。栈道是刚安装上的，老师让我们体验在栈道上观察龙虎山是什么感觉。"
>
> 这时一男孩靠到我身边，一副讨好我的架势，他要求道："你能配合我完成一个任务吗？"
>
> "什么任务？"
>
> "我的作业呀！"
>
> "老师给你们都布置了些什么作业？"
>
> "拍一张自己最喜欢的照片或画一张图画；记录自己的登山感受片段；采访一位游客。"
>
> "那你准备采访我什么？"

"谈你为什么害怕呀！"

"我是真害怕，我害怕掉下去。"

"怎么会呢？他们已经做了足够的安全保障呀！"

"我怕假冒伪劣、偷工减料！"

"以前从未有过掉下人去的新闻啊？"

"我怕岩石风化，我怕我是第一个！"

……

访谈之中，我看到在一风景绝佳处，一男孩竟坐在栈道护栏上变换各种角度给一女生拍照，满脸灿烂笑容。难道他不知道后面就是深渊吗？我惊恐万分地喊他下来，他们在谢过我之后，在笑声中跑去。我怔在那里，一种说不清是惭愧还是自怜的复杂情绪涌上心头……

在此后的几天里，我一直有一种忧虑挥之不去。一个小小的栈道，竟把我们好几个大人吓成这个样子，其中有三位同事居然连上都不敢。突然有一种情绪更令我心痛，这群勇敢的孩子由于我们所给予他们的种种枷锁，会束缚他们的手脚，不利于个性发展，那么今天应该怎样做教师？

外出的路上，我想到了郭晓艳老师。她是筹建我校小学部的重要一员。获得山东省优秀教师称号，多次举行省级公开课，现为小学部校长。工作十年，当有的同伴开始疲惫麻木于日复一日的烦琐工作时，她却在这十年里不断地向儿童学习，在积累与磨砺中，慢慢看见自己所雕琢的玉色光芒，梦想已经化成最醇厚的爱，和自己的生命融合在一起。每一节课，她都能感觉到孩子的伟大与神奇。

她回忆引领学生学习一年级下册语文第28课《小伙伴》时的情景。她说，这是一个童趣盎然的故事。故事从春游那天的午餐讲起。当小伙伴们发现玛莎不吃午餐时，都从不同的方面表示了关心。维加说没有午餐吃将是很难受的事，安娜帮忙分析背包可能丢在哪里，并提示玛莎不应该这么粗心。而安东却把一大半面包放在玛莎手里，他关心的是玛莎需要吃午餐了。这些关心，玛莎最需要的是什么呢？这个故事旨在说明一个道理：要用实际行动给予别人最需要的帮助。

在课堂教学中，她很想知道孩子们是如何看待这三个小伙伴的，于是，就问了孩子们一个问题："这三个孩子你更喜欢谁？"本来以为孩子们会毫无疑问地选择献出

省级优秀教师郭晓艳执教《国际文化比较》

实际爱心的安东，结果孩子们的回答却让她着实惊呆了一把。40个孩子中有30个孩子更喜欢安东，因为他给了玛莎最实际、最需要的面包。有1个孩子选择维加，因为他很善良，也向玛莎表达了自己的关心。有9个孩子选择了安娜，原因是虽然维加和安东也很关心玛莎，但是却不能从根本上对玛莎有什么教育，而安娜却在提醒玛莎没有午餐的原因——粗心。憨厚的李国瑞说："人生总是需要一个人来不断地提醒自己，虽然安娜没有给玛莎最实在的帮助，但是却是最深远的帮助，因为她指出了玛莎的错误，虽然没有午餐吃，但是却记住了一个教训。这不是一个面包可以买来的……"课后，她说：当这番话飘荡在我的耳旁时，忽然觉得，我的孩子们长大了，他们开始有自己的判断和世界观，也开始明白自己最需要的是什么，他们学习语文是真的由心而学，而不是一个没有思想的接受者。

　　蔡元培在《新教育与旧教育之歧点》中说："教育者并非以吾人教育儿童，而吾人受教育于儿童。"在蒙台梭利《童年的秘密》中也可读到这样的句子："确实，儿童的爱具有极大的重要性，父母对一切都麻木了，需要一个新人去唤醒他们，用他们不再拥有的那种充满生气的和富有活力的能量再次激发他们。"她认为，孩子是那种馈赠给成人的宝贵礼物，是唤醒我们爱的精神使者。

　　别小看孩子！

这与我在《永远和童年在一起》中表达的感受惊人的一致：

> 你的今天可能不是我的过去
> 我们现在一定也不是你的未来
> 但从你身上我依稀看到自己逝去的影子
> 一个人往往在生命行将飘逝的时候
> 才刻骨铭心地追忆起自己的童年
> 叶落归根
> 我们的根在童年
> 儿童的根结为成人的果
> 铸就了皈依的悲欣
> 站在曾经走过的地方
> 面对一个个成长中的生命
> 耐心倾听
> 学会等待
> 生命的孕育和教育的植入是同步的过程
> 一切探究和学习都将成回忆
> 只有心灵本身才是伟大不朽的作品
> 要让自由、尝试和自我纠错来成就生命的宝贵因缘
> ……

由此，我想起了冰心先生曾写过的一首小诗《可爱的》：

> 除了宇宙，
> 最可爱的只有孩子。
> 和他说话不必思索，
> 态度不必矜持。
> 抬起头来说笑，
> 低下头去弄水。

任你深思也好，

微讴也好；

驴背山，

山门下，

偶一回头望时，

总是活泼泼地，

笑嘻嘻地。

(二)教育就是唤醒孩子本能

迄今我仍记得 20 世纪 70 年代末学习骑自行车的情景：父母为了方便我上学，卖掉原本为大姐置办嫁妆的猪崽为我买了一辆"金象"牌自行车。当时农村自行车很少，骑自行车还是一件很光彩、很神奇的事情，我对学骑自行车也充满了畏惧。父亲为我找到一位资深教练，并且把自行车后座横绑了一根长长的木棍，这不仅仅是怕我摔着，更多的是怕摔坏自行车。教练第一次训练我准备得很充分，他给我提了六七条要点，并反复叮咛，诸如车向哪儿偏车把就向哪儿转，骑车时要目视前方坐正身子……一迈腿脑海中就全是这些法则。即便我全部背下来，仍然如履薄冰、战战兢兢地学了两三天，并且摔得鼻青脸肿，教练和父亲给我下的结论是我没有灵性，太笨！三十年后，我都不知道是什么时候、是谁教会了我儿子骑自行车。有一天我问儿子："谁教会你骑自行车，还骑得这么溜？"儿子很惊讶："骑自行车还要学？不过就是摔了几个骨碌（当地方言，摔倒的意思）吗？"

现在蓦然回首，教育的很多内容是值得回味的。人的生命有着与生俱来的本源性的生存和发展能力，初中孩子的生活经历使他们每天都在接受着教育，以至于这样的教育已经持续了十二三年，在很多方面依靠经验和直觉，无师自通的成分很大。只是我们的老师总是把学生当成了零起点，只是我们太看重自己，感觉学生离开教师就不能学习，现在的老师和我学骑自行车时的教练都在干着同一件事情——一个已经长大了的孩子的保姆和一双少年三年前的旧鞋子！当一个活生生的丰富多彩、情感喷薄的直觉世界经过归纳、概括、抽象，干燥得几近于"无"的时候，当概念化、抽象化、理论化的世界完全取代一个人的生命真实和深刻实践时，这是一个什么样的教育呢？

做了大半辈子的教育，我越发感受到教育的内涵和魅力，值得我们终生去研究和探索。我一直坚信教育的力量，好的教育可以改变一个孩子、一个家庭，甚至一个国家；相反，走入误区的教育必然也会产生恶果。其实教育很简单，就是把学生当主体，唤醒他的本能力量；就是把简单的事情坚持去做好；把正确的事情，联合所有的力量去坚持好。如此而已！

(三)教无定法乃教学之道

现在的儿童，为什么愿意在一起却不愿去学校？为什么来校不是因为喜欢上课，不是因为喜欢老师？为什么他们喜欢语文，却不喜欢语文课；喜欢运动，却不喜欢体育课；喜欢唱歌，却不喜欢音乐课；喜欢动手，却不喜欢实验课？为什么他们私下里眉飞色舞、滔滔不绝，但在课堂上却笨嘴拙舌、郁闷之极？

要让学生喜欢学校、喜欢学习，就应该用学生喜欢的方式，而不是固定的程式。教育的方式应不拘一格，正所谓教无定法。学自行车也好，学游泳也罢，只要把兴趣调动起来，无非就是摔几个骨碌，呛几口水的事情。技能的提高，经过千锤百炼，在遗传基因允许的前提下，甚至能够挑战极限。

在临沂第二十中学，通过读书节学语文，通过 English Party 学英语，几乎都是传统，但也正因为是传统，某个班级学数学有滋有味的学生显得寂寞，于是他们提议举办一次数学文化节。学生告诉老师，告诉我，剧本不用发愁，几个好"吹牛"的同学把平时已经很精彩的一幕稍微"一吹"，瞬间就变得更加丰富多彩了；演员更不用发愁，同学们都争着当啊，谁不想展示一下自己的风采？于是乎，数学节成功举办了。有师生辩论的场景，有奇思妙想的一幕，有峰回路转的精彩，有谈古论今的豪情，还有对现实问题的批判……

毋庸置疑，在这样的活动中，学生们玩乐的同时，他们的注意力、他们的语言表达能力、他们的写作能力、他们的应变能力、他们之间的真挚友谊，以及他们对数学学科的热爱与兴趣等，一定产生了巨大的变化，即使学生一时感觉不到，也有重大的作用，因为潜移默化、耳濡目染是更高阶的学习。

教学活动不应由教师、教材、教学进度的强权所决定，教学的进程永远是非线性的，学生作为复杂的生命体，他们有自己的解读密码和成长逻辑，教育的宗旨和真谛是发现生命、润泽生命、发展生命，让每一个生命体实现人生的价值和欢乐。教育要回归生命，教学要回归常识，教师要善于蹲下身子，仔细地聆听一个个小生命成长拔节的声音。说话不是教师的特权，而应是所有学生与生俱来的权利。教学实际进程的真正决定权在学生，教师只是引领助推和顺势而为。否则，教学就是一个人控制许多人的狡猾手段和家长式操纵的闹剧，教育的伦理即是如此。作为教师，如果乐意诗意地栖居在教育这片神圣的土地上，就必须读懂两个关键词，那就是尊重和热爱。只要形成了尊重、热爱、同情、诚实、守信、友好和善良的情感，只要真正给予了学生价值引领、个性关怀、理性自由，教育的奇迹就会在你的眼前发生。

百年大计，教育为本。但教育又是至简至真的事情。你看，"柳芽所映照的绿色里，小儿用冻红的小手去摆寻鹅黄绒毛的鸭仔"。看似无教育，却蕴含大教育。这样的教育，以人为本，一切为了人、发展人、成就人。这样的教育，就是我理想中的教育。

正像爱尔兰诗人谢默斯·希尼的诗歌《玩耍的方式》所描述的那样，我相信有更多的人和我一样执着于走向全人教育，执着于柳芽所映照的绿色里……

　　　　阳光直穿过玻璃窗，在每张书桌上
　　　　寻找牛奶杯盖子、麦管和干面包屑
　　　　音乐大踏步走来，向阳光挑战，
　　　　粉笔灰把回忆和欲望掺和在一起。
　　　　我的教案说：教师将放送
　　　　贝多芬的第五协奏曲，
　　　　学生们可以在作文中自由表达
　　　　他们自己。有人问："我们能胡诌一气吗？"
　　　　我把唱片一放，顿时
　　　　巨大的音响使他们肃静；
　　　　越来越高昂，越坚定，每个权威的音响
　　　　把课堂鼓得像轮胎一般紧，
　　　　在每双瞪圆了的眼睛背后
　　　　发挥它独具的魅力。一时间

他们把我忘了。笔杆忙碌着，
嘴里模拟着闯进怀来的自由的
字眼。一片充满甜蜜的静穆
在恍惚若失的脸上绽开，我看到了
新面目。这时乐声绷紧如陷阱，
他们失足了，不知不觉地落入自我之中。

六、且行且思熔炼出全人教育

屈指算来，从1981年参加工作至今，我在学校内的不同岗位上历练三十多年了。这点时间在历史的长河中只是一瞬，但对于一个人的职业生涯来说，也不算短。记得刚考上师范的时候，兢兢业业的老校长在学生大会上说过：要好好学习，增长本领，把有限的生命投入到无限的为学生服务之中去，为教育做出当之无愧的贡献。这也决定了我从上班的第一天起，就主动在工作中磨砺自己，在思考中成长自己，在积淀中奉献自己。透过这些年的职业生涯，透过天天的思考，透过时时的追问，我感觉以人为本不仅是一个口号，更需要扎实的行动。人的全面发展不应该仅仅停留在理念的认同层面，更需要用教育者的智慧贯穿到学校工作的方方面面。人的教育不仅仅是知识的习得能力的提高，更需要人格的完善、习惯的养成、智慧的提升、境界的达成。虽然教育可以分步实施，知识可以分类施教，但人的发展是整体的发展，全面的发展，完整的发展，连续的发展，需要始终围绕"基于人、为了人、发展人、成就人"这一核心不动摇。唯有如此，才能担负起培养全面发展的人的重任。就这样，不断在实践中追问，在追问中思考，"全人教育"渐渐从心底萌生。作为一直行走在路上的实践者和探索者，我将会把它镌刻在学校发展的丰碑上，以便使我们的实践，离真正的教育，近些，再近些。

全人教育是一个大课题，需要从人的发展、学校的职能、社会的进步等多个方面进行思考。

教育的目的何在？学校教育的使命是什么？陈玉琨教授曾说：教育是认识人、培养人的伟大事业。教育的目的就是塑造人、陶冶人、培养人，使人有良好的修养和完善的人格，让每一个接受教育的人都有长远发展的持久动力。全人教育强调教育的范畴应该是整体性的、全面性的，这样培养出来的学生才能在做人、心智及体魄等方面得到健全均衡的发展。换句话说，也就是要让学生不仅学习到各种知识，还要接受道德与正确的生命价值观念，并且启发他们学以致用，帮助具备相关知识以应对现实社会的种种考验，更重要的是拥有追求"真、善、美"的人生目标。这就需要教师、学校、家庭、社会共同关注学生是否自觉学、有无兴趣学、能否主动学，做到关注全体学生、懂得具体对待、鼓励全面发展、着眼学生未来。这就需要通过课程建设、师资培训、课堂教学、综合实践活动、家长学校等途径，致力于儿童的心智与体魄的全面发展、和谐发展、持续发展。

从全人教育的视角思考教育教学，就要深挖细找学生发展的动力之源。我深知，内驱力、需要、兴趣、价值观等个性心理倾向人人具备，但层次不同，程度有异，需要发现，需要唤醒，需要助推。从我自身的发展，我感到了担当精神在一个人的发展中的重要作用。担当是全人发展的动力系统，是核心要素之一。有成就的人源于责任，成于担当。

全人教育要尊重学生身心发展的规律。虽然人的成长可以分步实施、分段培养、分学科进行，但人具有完整性，人的发展不可能截然分开。同时，人的发展需要独具一格，人与人之间有质的差异，不论先天的素质，还是后天的需求，都不会相同，尊重个性才能发展人性。尊重个性最主要的一点就是尊重学生的选择，把选择权还给学生，并为学生选择提供条件。从另一方面来看，人的存在是社会性存在，团队精神的培植同样重要。

全人教育需要调动全体教师的力量，需要卓越教师团队的共同努力来实现，单个教师不足以引导所有学生全面发展。同样，唯有教师人人追求卓越，才能从根本上解决教师教学中道与术混为一谈的现象，引领教师从教学走向教育，从知本走向人本。

全人教育需要恰切的课程做支撑。这样的课程要观照学生的生命整体，涵盖学生的全部生活，有充足的选择空间，给予孩子足够安全、自由、丰富的"体验"，其目标是让学生拥有幸福的学习生活，让学生沿着"全人"的方向健康成长，通过自己的努力，成为最好的自己。

全人教育需要多元异步评价。加德纳有一句名言："每个孩子都是一个潜在的天才儿童，只是经常表现为不同的形式。"教育者要客观全面地看待每一个学生，对每一位学生抱以积极、热切的期望，并乐于从多个角度来评价、观察和接纳学生，寻找和发现学生身上的闪光点，关注学生个体间发展的差异性和个体内发展的不均衡性，尽可能按照每个学生所具有的不同智能结构提供发展、成长的条件和机会，让每一个孩子的潜能都得到充分发掘，让每一个孩子的个性都得到张扬。

当然，让全人教育梦想成真，还需要很多，很多……

我的全人教育观
——仰望星空的希冀

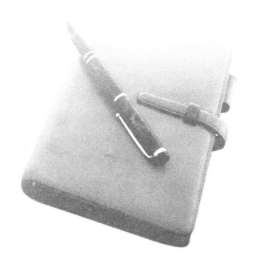

古往今来，哲人的思考、众人的实践，无不表明这样的观点：教育，必须遵循生命本身的逻辑和教育教学深刻的内在合理性，尊重每个人的独立人格和个性特点，弘扬每个人的生命价值。教育者每天所施加的教育，应当被学生视为一件无比高贵的礼物而欣然接受，并成为他们一生的依恋和一世的拥有。在我看来，只有当学生离开学校以后，不管过去多少年，也不管处在什么岗位上，仍然能够以无限恋念的心情怀念老师、怀念母校，充满感情地记起他当年所受的教育，才能说学生受到的教育是理想的教育，得到了全面发展。但是，良好的愿望、丰满的理想往往与骨感的现实存在一定的落差。正是这一落差的存在，才使我们停不下追寻教育理想的步伐，一直向着全人教育的理想境界奋进！

一、全人教育的基本内涵

"全人"思想源远流长。早在 18 世纪下半叶康德就提出了"完全的人"即"完人"的教育思想。19 世纪末日本小原国芳借鉴康德的"完人"教育思想，提出了"全人教育"。小原国芳认为："教育内容必须包含人类文化的全部，因此，教育必须是绝对的'全人教育'。所说的全人教育，是对完全人格亦即和谐人格而言。"20 世纪德国杰出的存在主义哲学家、心理学家、教育思想家雅思贝斯认为，教育能陶冶和生成一代新人，"教育即生成，教育就是人的灵魂的教育，其目标就是培养全人"。五四运动时期，中国共产党早期卓越的领导人、学识渊博勇于开拓的著名学者李大钊就倡导培养全面发展的建设者，1923 年毛泽东提出了"全面发展"教育思想。1925 年我国学者杨贤江提出了"全人生指导"。近年来，"全人教育"的理念被越来越多的教育工作者接受。

（一）意蕴追问

透过先哲教诲，思索当下教育，我认为，全人教育就是培养全面发展、全程发展和谐发展的人的教育。它基于人的生命，为了人的生命发展，伴随人的生命发展全过程。它以学校教育为主导，以社会教育和家庭教育为依托，观照人的整体存在，关注人的智力、情感、社会性、物质性、艺术性、创造性与潜力的全面挖掘，在健全学生人格的基础上，促进个体的生命潜能得到自由、充分、全面、和谐、持续的发展，使学生成为一个堂堂正正的人，一个完整的人，一个对社会有用的人，一个促进人类发展的人，以帮助每一个人找到自己的生命价值，实现以人为本和以社会为本的和谐统一。

全人教育的本然是人的全面发展，但它强调的是人的本然状态和应然状态的高度契合，人的自然属性和社会属性的完美统一，使每一个人都成为志趣高远、人格健全、基础扎实、个性明显的人。

全人教育的核心是个体生命本色的可能性发展，教育引领和服务于这种可能性的实现。既要以不牺牲和发展其终生幸福为前提，也要培养其与众不同的特质，包括毅力、自我控制、好奇心、责任心、勇气和自信等。

全人教育追求的是人的身心和谐发展。因此，它特别重视信念、思想、精神、价值、体魄和审美。信念是一种本质的力量；思想是人最强大的生命力；精神是一个人不断创新进步的原动力；价值是人存在的基础；体魄使人能够存在和发展下去，而且它本身也催动一种向上的精神；审美是人最高的道德境界。

全人教育的课程是多彩的跑道，学生可以根据自己的基因色谱和志趣色谱自由选择，动态调整。不同学生多样化成长的需要和同一学生不同时期特质形成的需要，都要有相应的课程做支撑。在全人教育的视野中，这条跑道与人的生命同长，与人的兴趣同宽，与推动社会进步的原始动力同在。只不过在基础教育这一段，教育者最应该关注的是"跑步者"的起点、方向、路径。对所有学生来说，起点不同，方向一致，路径各异，但殊途同归。通过恰切的课程锻造，每一个人都会在各自智慧的最高处与同行者遥相呼应，各显其美，美人之美，美美与共。

全人教育的课堂，不是"教"堂，而是"学"堂。从"教"为中心，到"学"为中心，都替代不了"人"这一核心，因为知识的堆积不能替代人生的智慧。教，成在趣，妙在法，贵在道。教的全部意义就是为了不教。学，起于体验，成于彻悟，难在由此及彼。学的全部价值就是为了更好地学。只有当学生的学习从生活体验上升到生命体验的时候，学习才会刻骨铭心，收获才能没齿不忘。这样施教，才能正本清源，回归到"人"的教育。这样的课堂，才是有生命体温的课堂、有生命质感的课堂、有生命情趣的课堂。

全人教育的评价，多元而又异步。多元评价，促进学生全面发展，整体发展，德才兼备。异步评价，促进学生正视个体差异，利用个体差异，促进个体差异，使扬长无须避短成为生命自觉。这样的评价，才是直面人的生命、通过人的生命、为了人的生命质量提高的评价。这样的评价，才能促进人的全面的、健康的、富有个性的、和谐的发展。这样的评价，才能让学生各得其乐，乐人之乐，乐此不疲。

全人教育要求学校要成为一个真正的教育社区。这个社区有全体成员包括家长的共同价值诉求、一致的文化认同、真诚的尊重和包容人格以及我就是团队、家庭、学校、社会、国家的健朗厚重的行为特征。每个人都自愿获取一个劳动岗位，每个人都要理性地做好一个社团的角色。最终每个人都能做最优秀的自己。学校既是师生生活的乐园，也是精神的家园，更是远行者的航母和人生的故乡。

全人教育关注一切资源的无穷价值。凡是学生生活的内容和地方，都应引起学校的关注和链接，使人的无限可能性转化为强势智慧及强势智慧的组合，而不是学生成长的牢栏。

当所有学生学有不同、学得其所，所有学生精神唤醒、潜能激发、内心敞亮，所有学生主体性得以弘扬、独特性得以彰显，就是全人教育的理想境地。

(二)理念建构

全人教育是人本的教育。生命的质感、人性的光辉、生活的情趣、思维的灵动、个性的丰富、差异的合理、习惯的力量等一切与人的生命相关的活的元素尽蕴其中。教育从来都应该是以生命本身的逻辑和教学深刻的内在合理性去完成润泽生命的纯美的事业。

全人教育必然是以儿童今天健康愉快的生活为开始，促进他们的一生幸福成长的。我们今天所施加的教育，应让他们当作是馈赠者的一件无比珍贵的礼物而欣然接受，并形成一生的依恋、一世的拥有。

全人教育一定是以教师的职业信念和专业品质作为基础和支撑的。只有教师真正成为学生学习、生活、成长的"课本"，教育的真正意义才有可能实现。

全人教育完全可以毫无愧色地表明它是一个富有创造性的科学属地，而不是单纯地传递、编辑、复制、粘贴……在这片研究的乐土上，我们享受着一切人类文明传承的果实，我们也正在热切地创造着一个更加光明、和谐、有活力的新世界。

全人教育更应该是"使教育成为对社会贡献最伟大的领域"。我们教育出来的学生应该对民族的复兴和国家的命运勇于担当；我们拥有的"教育一个孩子，引领一个家庭，影响整个社会"的崇高情怀，应该落地为社会文明的母机和发酵剂；我们教育的本土——学校，应如阳光普照大地般将他精神的光辉辐射到一切能达到的区域，并形成社会的典范和火炬。

（三）目标析离

作为校长，践行全人教育，首先要思考和实践的，那就是我们究竟要建设一个什么样的学校。

我认为，校长要在思想理念和行为实践上，要在价值认同、策略认同、评价认同和技术认同的思路上，要在学校主管、任课教师、家长和学生的感觉里，建设一种新的学校……这个学校不仅仅是大楼，不单纯是数量，也不只是奖牌和率次，更不依赖于外部人士和内部同行的评价。它更多的是依据学生和老师自己的切身感受——学生感觉在这所学校里学习快乐，老师感觉在这所学校里工作幸福，他们在学校里能健康成长。全人教育学校对旧学校的超越，在于凸显了以师生发展为本的本质，即要求以师生的发展作为衡量学校发展进步的根本尺度，学校发展不再限于某一方面或某些方面的改善，而是以基于人的需要的多面性、多层次性和个性的全面进步。其首当其冲的是价值观和文化问题的全面改造。但是教育文化是一种传承与创新，是围绕教育活动所形成的一套价值体系、思维方式、课程建设、制度约束、行为准则和社会规范，而不是几句不着边际的口号，它的核心是教育信念，教育信念的中心又是教育价值观。要从一所符号上的优质学校走向这样的理想学校，首先要进行的就是教育思想上的革命。

有很多学校，前进时能记住出发点，但行走的过程却经常忘记目的地。所以，任何一所学校都应该搞清楚自己是什么，到哪里去，怎么去。这不仅仅是一个哲学问题，更重要的它是我们教育工作者的职业良心和处世原则。道路虽长，但办学人不能迷茫、不能徘徊，更不能停止前进的脚步，都应该在信念的坚守中向着理想学校目标奋进。

（四）愿景设计

以全人教育作为办学追求的学校，不是虚无缥缈的海市蜃楼，而应是真实可触的学生乐园。假若从社会、教师、学生三个视角观察，应呈现出不同的内涵。

从社会的角度来说，各界人士应能从这样的学校身上看到国家的未来和民族的希望，它是学生家长向往的文明之所，是在一定区域内有相当影响力的道德孵化器，社区组织当有学校的角色参与。

从教师的角度来说，这样的学校要有一位得到教职员工大力支持并愿将自己的时间和精力都投入到团队建设中的校长，学校有明确的愿景和目标，有非官僚化的扁平高效的运行系统和生命愉悦的教育文化，有管理人员和教师共同的绩效认同及强调团队合作与自我实现相统一的评价激励机制，教职员工把每一个学生个体生命看成是最高利益。

从学生的角度来说，这样的学校老师是最受尊重的，学生的同伴关系是和谐的，学校有丰富的可供每一个学生选择的课程，充满着学生喜欢的地方，有学生喜欢的多种活动。在多层次、多角度、多样化的互动体验之中，学生的思维张力、攻坚魄力、智能威力得到最大限度的爆破，学生的生命活力、个性魅力能走向极致。

让每个学生扬起希望的风帆

由此说来，这样的学校应充满人文智慧和关怀，使校园成为学生学习、生活和发展的乐园，成为教师工作和发展的乐园，使受教育者在潜移默化中熏陶渐染，使师生身心得到和谐的发展。让每个学生扬起希望的风帆，让每个教师领略教育的情

趣，让每个父母享受成功的喜悦，让每个人体验到地球村的绝景佳色，让每个人生活在宁静和平的永恒时空。

二、全人教育的实践困境

全人教育有无限美好的愿景，也一定有不能忽略的实践困难。中国的基础教育取得了令世人瞩目的成绩，毋庸置疑。但从与时俱进的角度来审视当下的教育，则倍感全人教育任重道远。从全人教育的高度观察基础教育，就会发现一些不尽如人意之处。

(一)教育变革缺乏制度智慧

我常说，任何一个组织或团体，其制度是否恰切，往往成为事业成败的关键。

下面的故事或许能说明一些问题。

三嫂想改一改三哥晚回家的习惯，给三哥定制度，晚上 11 点前不回家就锁门！第一周很奏效，第二周三哥的毛病就犯了，三嫂按照制度，坚决不开门，结果三哥干脆不回家。三嫂很郁闷，难道制度错了？经过研究三嫂想出了一个新制度：晚上 11 点前再不回家，我就开着门睡觉！三哥大惊，从此 11 点之前准时回家。

微笑之余，我想，规范能否达成，关键还要看有没有一种富含智慧的制度。而制度能否得到遵守也不在于强制，而在于核心利益驱动。

学者黎鸣教授在《中国人为什么缺乏制度的智慧》中说道，制度，说白了，永远都只不过是人类群体(民族社会、国家)为达到某种公共目的的工具、桥梁、手段、条件等。同时，制度也显示出该人类群体的共同的能力，特别是其共同智慧的能力。

作为教育人，我自然联想到教育制度的智慧，我也清晰地感觉到，教育改革需要制度智慧。

1. 基层的实践遭遇上位制度钳制

自 2006 年起，我在临沂第二十中学推进了一项系统改革：基于教师专业发展的个性优质课堂建设；实施以价值引领、个性关怀、理性自由为主要旗帜的校内教师继续教育工程；突出教师对国家课程的二度开发；全面落实多元异步评价，打造有生命气息的真实教育，等等。

这些活动的开展，带来学校生机盎然的改革春天：一个又一个梯次的校内名师出现，一次又一次教学智慧复演，一个又一个教育教学创新……

然而，正当我们计划深入推进改革时，却遭遇了冬天！原因很简单，就是我们学校的制度与外部制度相冲突。在学校内部得到肯定的改革者，在外部的评价体系中却屡屡受挫。

当教师的努力与上层制度严重冲突时，他们很可能选择消极应付和妥协放弃。除了评价制度外，其他的外部制度也困扰着教育工作者：在教师工资统一发放、绩效工资按月划拨、校内奖励不能设置的情况下，出勤、出力、出效之间的差别怎样才能通过酬劳得以体现？在校内量化积分与晋级、工资无必然联系的情况下，学校如何腾挪？

我曾经在一篇文章中写道："一次次的检查评估、一次次的从证书到证书的选拔，失却了本真，忽略了事实，远离了目的。不帮助教师形成自己的价值观，不构建他成功发展的结构平台，不引领他们向内寻找他的精神家园，不服务于他们亟待发展的专业本领，这哪是在做教育？"

学校的发展、教师的成长，不仅需要从上到下一以贯之的制度，更需要从上到下又从下到上的制度产生方式，还需要科学的上层制度为学校基层改革留出足够的空间。

如果没有从下到上的制度产生方式，制度极可能丧失生命和意义；一旦上行权力和下行权力相割裂，就必然导致实践的无序和盲动，教育改革不能落地生根。

2. 学校需要三位一体的管理坐标

教育制度无论是内容，还是运行，都应是一个统一的有机整体。由此，我们才能通过设立制度，造就一种生态的目的。但是，这样的完整思路，时时受到挑战。

纵向来看，制度从上到下落地时，会遇到基层情况的千变万化。尽管要求制度与各地实际相结合，但遇到与上级制度不一致时，现实常常要求下级服从上级，将创造性扼杀于萌芽之中。而制度所谓的从上到下的一以贯之，也会被各级的现实所扭曲。

横向来看，制度的边界不是非常明确。不同层级管理机构出台的制度之间相互交叉、重叠、抵触的现象时有发生。当这种现象辐射到基层时，要么无所适从，要么另辟蹊径，制度的实施效果与制度制定时的初衷常常背离。

现实中，宏观的、中观的、微观的各种制度互相掣肘，矢的相悖。例如，宏观上我们提出"一切为了学生"，以期落实面向全体、全面发展，但到了很多学校具体操作时则简之又简，除了平均分、及格率，就是所有学科所学教育项目对所有学生的统一要求。

在哲学意义上，问题一具体就深刻。"面向全体"，应该是面向任何一个具体的学生；"全面发展"，就要关注每一个具体生命发展的可能性。对着一个颇有天赋的数学精英，却拿他的表达不好来贬低他；对着一个写作高手，非把他的 0 分英语成绩捆绑起来去排名次……此种微观制度与宏观制度之间的较劲儿，不一而足。

如何解决？要牢记，任何时候，制度、个性、自由都是一个统一的坐标体系。任何层面的制度，都应该以保障每一个个体生命的内在活力释放为标的。

教育有教育的伦理，学校有学校的逻辑。那就是师生自主、自治、自律的逻辑和自觉、自然、自助、互爱的伦理状态。让各种权力回归本位：校长的归校长，组长的归组长，班主任的归班主任，家委会的归家委会，社团的归社团，个人的归个人。如此，制度各归其位，人才方能各尽其能。

3. 僵死的制度限制人的个性发展

制度是为人服务的。生命多复杂，制度就有多复杂。

办学大不了就两个字：人和事。人为上，事在下；人做事，事为人。我们绝对不能用僵死的教条制度来限制人的个性活泼发展。

一方面，面对有差异的人，要实施能包容甚至鼓励差异的制度。这个差异包括了个体之间的差异、团队之间的差异以及不同时段之间的差异。另一方面，要从挖掘潜能的角度，对制度不断进行丰富和完善。赵汀阳曾说，不同制度的安排对于当时的语境和条件都是合理的，但任何制度在实施过程中都会出现一些不适，也会出现一些盲区。因此，结合实践，适时、适切地完善制度，才能更好地达到挖掘人的潜能的目的。

像我们学校经过多年探索，形成了"多元异步"的教师评价体系。不对教师搞一刀切式的评价，不做统一要求，而是对教师分不同发展阶段、不同维度进行评价，以避免统一的综合评价导致教师追求上的摇摆和发展上的平庸。

在这种制度下，我们为"回归阅读与写作本真"的王丽花老师设置了"春晖教室"，让学生遨游于书的海洋中；为培植"根系数学"研究的高金德老师特批每周进行一次数学思维展示活动；在各项教学业务活动比赛中，为入职不足 3 年的教师和教龄超过 25 年的教师预留空间……

"多元异步"，让评价有了针对性与包容性，每个人在每个时段的发展都因适时评价而得到认可；让不同教师的不同优势得到了淋漓尽致的发挥，即使在某个节点上一时失误以致失败，还可以在另一个节点上寻求突破与成功；同时，让教师有了更多的自由，不但有了选择的自由，更重要的是有了心灵的自由。对于人的发展而言，有自由与没有自由的状态是有天壤之别的。前者会开启生命个体的潜能大门，后者则会将这个大门紧紧关闭。自由状态下的生命，甚至有可能走进灵感频发的创造天地，从而让个体感到自己的伟大与神奇。

2015 年全国教育工作会议上提出要更加重视制度建设，这是全面深化改革后教育面临的一个新课题。因为改革一进入深水区就会遇到制度的挑战，遇到核心问题就必然会"拷问"制度的顶层设计、结构生态和制度智慧。

我想，当每一位教育工作者都能够在制度智慧的照耀下恣意起舞时，教育盛景就一定会出现。

(二)杰出人才成长缺少沃土

当今世界，一个人借助互联网等现代资讯条件就能影响整个世界经济方式和社会形态已经不是梦想，人才竞争已成必然，杰出人才的培养更是当务之急。每每看到像比尔·盖茨、乔布斯等人引领世界的作为时，反观我国基础教育现实，我感觉到来自"钱学森之问"的撞击就会更加强烈。

面对众说纷纭的基础教育，每个人都应该有自己的独立思考。理想的基础教育，最重要的就是培养合格的公民，并使杰出人才的潜质得以健康发育。目的就是让每一个学生都能成为"最好的自己和最优秀的社会成员"。

毋庸置疑，在现实中，这两个任务都要打上问号，宏观和微观的原因都有。其中就教学的基本运行状态而言，主要原因有三：

一是直觉智慧的培养未引起足够的重视。一味从间接知识到间接知识的分析、记忆和训练，导致学生学习过程缺少体验，直觉思维得不到发展，领悟和顿悟能力得不到提升，原始思维和学以致用被遗弃，感知科学与社会的触角被封闭，学习过程严重扭曲，学习兴趣彻底丧失。

二是学习的完整性遭到破坏。当教学把自己的领地划成了井田，又把本应完整的过程截成了互不相连的片段时，学生思维的连续性、情感的流畅性和思想的深刻性被无端破坏，"自由—尝试—自我纠错"这一理想的学习过程被老师的牵引、搬运、包办所替代，导致学生思维能力弱化，心智欠成熟和创造性被扼杀。

三是作业功能异化。大量重复性作业导致学生身心疲惫，积极的学习心理和主动的探究精神缺失，学生已经沦为考试机器。事实上，奴役性学习不可能培养出杰出人才，更不会造就优秀国民素质。现实的教育需要重新审视教学改革的方向、内容和形式。

1. 直觉智慧是原始思维创新和公民人格独立的源泉

学习者与被认知世界的直接接触和体验，是直觉智慧产生的基础，而直觉智慧是原始思维创新和公民人格独立性的源泉。

叔本华在《作为意欲和表现的世界》中写道："理解力的最初、最简单和始终存在的表现就是对客观世界的直观；这种直观始终是从效果中看到导致效果的原因。因此，一切直观都是属于智力的行动。"叔本华关于直观属于智力活动的论断，不仅具有思想意义，更重要的是它在教学实践中的价值，只不过尚缺生物学的成果做基础。镜像神经元的出现，才真正将直观赋予实际学习意义，也为上述理念提供了生物学意义上的依据。

镜像神经元，20世纪末由意大利帕尔玛大学首先发现，这个发现证明在猴脑中存在一种特殊网络，能够像照镜子一样通过内部模仿而辨认出所观察对象的动作行为的潜在意义，并且做出相应的情感反应。1998年，该校教授贾科莫·里佐拉蒂根据颅磁刺激技术和正电子断层扫描技术得到的证据提出，人类也具有镜像神经元。人类正是凭借这个镜像神经元系统来理解别人的动作意图，同时与别人交流。实验表明，人类正是借助于镜像神经元，不仅能迅速理解他人意图，体验他人情感，还为语言的建立提供了坚实的基础。这就为儿童天生就爱模仿他人提供了依据。美国洛杉矶加州大学心理学家帕特丽夏·格林费尔德表示："镜像神经元为文化的进化和演变提供了强大的生物学基础。如今我们知道，镜像神经元能够直接吸收文化。每一代人都是通过模仿、观察，来教育下一代人的。"

镜像神经元的实验成果给我们洞开了一个更简单、更直接的理解机制，也改变了人们对"思维"的认识。千百年来，人们都认为，"思维所赖以运行的内容就是无数概念的输入、连接、拆分、输出等。没有概念或者没有语言、言语或图画等多种形式所表达的概念，思维将如无源之水，难以运转。"而镜像神经元则认为：人的视觉有思维能力，而且是一种顿悟的思维。可见，源自视觉的直观属于思维活动范畴，而且是更为远古、更为基本、更为重要的思维方式。这使原本建立在"从间接知识到间接知识"的基础教育大厦根基即刻倾斜，瞬间颠覆了人们根深蒂固的认识。所以，亚里士多德干脆说："直觉就是科学知识的创始性根源。"

美国人文森特·赖安·拉吉罗在《思考的艺术》中写道："有一种流行的观点认为感觉是艺术家的专利，而科学家和一些务实的人解决问题时则采用如电脑一样的方法，这种观点饱受学者们的诟病，爱因斯坦也肯定了感觉在科学中的作用，'要发现复杂的科学定律，没有逻辑方法，只有用直觉，直觉能感受到表象背后的规则'。"英国科学家查德威克对中子的发现就是如此。查德威克是卢瑟福的学生，他在 1920 年就开始思考卢瑟福关于中性粒子的假说，并为寻找这种粒子进行过十几年的探索。因而当他于 1932 年看到居里夫妇发表的实验报告后，立即凭借自己的理论背景直觉意识到居里夫妇发现的不是 γ 射线，而是一种新的粒子，很可能就是中子。在这一直觉的指引下，查德威克经过不到一个月的研究，就验证了这种粒子正是中子。所以，法国数学家庞加莱说："所谓发明，实际上就是鉴别，简单说来，也就是抉择，怎样从多种可能中做出优化的抉择呢？经验表明，单单运用逻辑思维，就是按逻辑规则进行推理是没法完成的，而必须依靠直觉。"

北京师范大学陈健翔博士这样描述，儿童教育没有充分认识到"母思维"（直观、直觉、顿悟）的作用和地位的问题普遍存在，过早地、片面地、畸形地培养了儿童的"子思维"（抽象、推理、分析）。在孩子的早期经验中，感性活动贫乏，视觉意象欠缺，他们过早地进入主要依靠抽象推理的学科学习。这一方面使得许多孩子面对高度抽象的词语、定理、公式，由于没有相应的感性材料做支撑而无法理解，造成"学习困难"；另一方面更多孩子的思维只会从抽象到抽象，鹦鹉学舌，形式僵硬，缺乏想象力，更别提思维的创新。思维严重脱离了现实，学术研究变成了"纯语法游戏"。

从以上分析不难看出，直觉思维是对思维对象从整体上考察，调动自己的全部知识经验，通过丰富的想象做出的敏锐而迅速的假设、猜想或判断，它省去了一步一步分析推理的中间环节，而采取了"跳跃式"的形式。它是一瞬间的思维火花，是长期积累上的一种升华，是思维者的灵感和顿悟，是思维过程的高度简化，但是它却清晰地触及事物的"本质"。比如阿基米德在跳入澡缸的一瞬间，发现澡缸边缘溢出的水的体积跟他自己身体入水部分的体积一样大，从而悟出了著名的"浮力原理"。又如，达尔文在观察到植物幼苗的顶端向太阳照射的方向弯曲现象时，就想到了它是幼苗的顶端因含有某种物质，在光照下跑向背光一侧的缘故。但在他有生之年未能证明这是一种什么物质。后来经过许多科学家的反复研究，终于在1933年找到了这种物质——植物生长素。获得巨大成功的乔布斯也曾直言：我跟着好奇心与直觉前进所带来的挫败，事后却成了无价之宝。

长期以来，由于人们对直观、直觉、体验等教育功能认识上的偏颇，尤其是对镜像神经元理论的长期漠视，导致了在儿童教育范式上的一些重大失误。如未能有效地改造孩子早期成长中看到的一切，他眼睛所看到的优雅、良善、礼仪……必根植于他的大脑并形成其独特的行为品格；忽略儿童的模仿及模仿的有效开发，如完整观看伟大人物传记片，参加高品质音乐会、演讲会，师长的率先垂范，体态、口型、指法等的早期模拟训练；忽略学生直接阅读文本及参与高水平对话活动；忽略儿童的人性体悟及德行成长，如考察先进工艺流程、参与祭礼场面、游学、进行综合实践活动等。

2. 思维的连续性是真正学习的灵魂所在

有人以72位中国科学院院士和人文社会与艺术领域的杰出人士为研究对象，通过回顾性地研究他们代表性的创造成就及其思维、个性、个人成长历程，揭示了具有高端创造成就人群的特点。其中，超过82%的创造者被试（59人）提及思维连续性是创造过程中一个非常重要的思维特点。[①]

同样，优质高效的学习也要保证学生的思维"能够充分地从一点到另一点做连续的活动"，只有这样才能带领学生进入真正的、深刻的、有效的思维活动中。而现实中教师把本已肢解的内容经由赶场式的追逐环节的完成而导致的"井田式"教学则会不断打断学生思维的连续性，影响思维向深度发展，使思维一方面陷入紊乱无序的

----

① 金盛华，张景焕，王静. 创新性高端人才特点及对教育的启示[J]. 中国教育学刊，2010（6）.

境地，另一方面又如浮光掠影，不能深入。

我们认为，一堂课成功与否，其前提是建立一个什么样的价值标准。一堂课，短短的四十五分钟，它是教师作品的呈现，还是既定的一个完整程序，抑或是一台话剧的精彩演出？是教师教学的全部，还是教育长河中的一朵浪花？其实都是又都不是。教学过程是由教师、学生、环境、资源等要素交互作用的，目的是一个个生命的真实成长。所谓真实，就是它有独立思考、真情流露、自由专注和思维连续，而思维的连续性是真正学习的灵魂所在。

现在的课堂教学五花八门，但唯独没有真实自我和真正学习。主要原因有：

（1）在教学过程中，教师的强势压抑了学生的主体表达，由教师主宰的课堂程序和秩序切割肢解了学生学习的连续性。

而人们早就清楚地认识到，真正有意义的学习是非线性的，它不是由教师、教材、教学进度的强势所决定，而是由教学系统、由各要素，尤其包括学生的情绪、兴趣刺激等交互式影响所确定的，真正的有序是学生思维的顺畅状态。

课堂，不应该是一个封闭系统，也不应拘泥于预先设定的固定不变的程式，预设的目标在实施过程中可根据需要纳入直接经验、弹性灵活的成分以及始料未及的体验，使知识的生成成为一个否定之否定的过程，成为一个从有序到无序再到有序的过程。每一节课在时间上或许已经结束了，研究的问题可能没有结果，预设的内容也可能没有完成，但是真正的知识却生成了，学生的探索热情、体验疑问会带入下一节课中，久而久之，学生的综合素质就会极大提高，课堂中的每一分每一秒，无论是在沉默，还是在思考，都是知识在生成、在碰撞，让学生扬帆启航。所以，苏霍姆林斯基说："真正的学校应当是一个积极思考的王国。"由此说来，教师的作用也不是固守预设，而是发现教授内容的"灵魂"，找准学生思维发展的"原点"，设计好课堂教学"主线"，在教师、学生、教学材料、教学媒体等方面进行多维互动，以此成为点燃学生想学、乐学、会学的火把！

（2）对课堂完整性的曲解封闭了学生在课堂中所形成的思维的连续性和思想的广延性。

教师赶场式的追逐环节的完成，从间接知识到间接知识的简单传递，打断了学生的感性认知，打断了学生的情感发展，把人推入一条专门化的训练的真空隧道，人越在这些方面有所进展，就越看不清作为一个鲜活的、本质的整体世界，看不清自己，甚至看不清今天原本一目了然的生活。于是就一步步陷入海德格尔用优美的近乎神秘的术语所称的"存在的遗忘"。当社会的前途和人本身迷失在知识表层的游戏之中的时候，人即被可恶的功利主义教育所异化了。这也断送了学生对问题的个性化生成和对问题的持续追问，并由此迟钝了学生对活鲜问题的灵敏触角和对未知领域的积极探索，独创性也就没有了生存的土壤，情感的自然流淌也就被层层阻断，感性认识与理性认识的互动共生、美美与共的局面即刻变得惨不忍睹。正因为如此，就不难理解比尔·盖茨为了保持自己对感兴趣的问题的专注和追问而果断终止学业去达成自己的目的。所以，教师应成为学生连续思维的动力源，而非剪切手。

按照这样的思路推进的课堂才是理想的全人教育课堂。虽然在专家学者看来，判断的指标众多，但有一点是肯定的，那就是理想的课堂首先是学生的学堂，学堂的意义就在于学生的主动学习而达成思维的连续性和思想的广延性。因此，唯有从学生学习的认知基础和情感基础出发，调动学生各种感觉器官，主动让学生暴露思维、优化思维，提升思维，促进知识的建构、思维的发展和方法的生成，才能促进学生的主动学习、主动发展，实现"从技到道"的转化，从学习到责任的升华。

（3）教师总是力求在一节课中解决全部预定的知识任务，从而忽略了教学过程中有价值的生成性问题。

可以肯定地说，预设至上，就是以教师为中心；重视生成，才是以学生为本。生成性问题是思维连续性的节点和递进的生长点，它能长远地影响学生的非智力因素，包括兴趣、情感、意志和性格等。放弃生成性问题的最严重后果是导致学习的浅表化和思维的碎片化。在短时间内解决那么多问题的课堂教学，表面看在追求效率，实际是漠视生命，是不遵循生命成长规律。全息现象告诉我们，一个细胞能克隆出一只羊，那么课堂教学也应穷其一点，点拨其余，对种子知识、生长性知识，要透析、要追问、要点化、要联系、要验证、要发展。就像一棵树，我们浇水、施肥的全部意义不是在于它的枝繁叶茂，而在于它的根系发达，即使一时重视它的一枝一叶的繁茂，也是寄希望光合作用来催生它的根系，因为只有根系发达才能使它主动地吸收周边一切能够吸收的水分和养分，进而成为一棵自由生长的参天大树。实践证明，上一节课的知识未必是下一节课的认知基础，学生学习的主要困难更多地来自心理障碍和学科思维习惯，而非知识的前后逻辑链接，而这些障碍更多是由于老师对学科教学的低浅把握和对教育教学规律的无知造成的。的确，基础很重要，但这个基础更多的不是知识本身，而是态度和爱好，是方法、习惯和思维品质，是责任动机、价值追求和人生目标。

高金德的"根系数学"根深叶茂

爱因斯坦说过："我们经常解决了我们自己用思维方式创造出来的问题。"是的，那是因为我们的思维方式本身就有问题。这种类似于堆积知识的教学，到头来在学生大脑中只能不断形成知识碎片，久而久之，大脑就会成为一个装满杂乱知识碎片的容器，对形成学生有序思维，开发学生智力，起不到多少作用，更为严重的是，当学生记忆不牢或者不愿记忆时，学习的效果就会即刻丧失。这也是有些学生学习而无成效的重要原因之一。学生的学习应从疑问开始，没有认知的冲突，哪有学习的愿望？学生的学习都应该有思维的起点、有发展的路径、有达到的目标。教师不考虑学生这架"马车"的动力、速度、行驶方向、目的地，只是给"车"装货，只是挥鞭子、舞拳头，徒劳无力。因此，应当让学生成为知识开发的主人，让学生在知识的发展过程中找到知识的差异所在，探寻解决办法，在不断建构知识的过程中，掌握解决问题的方法，从而提高学习的兴趣，体验学习的乐趣，形成学习的志趣。

（4）忽略学生生活经验与学科知识之间的杂糅重构。

按照建构主义理论，学生的学习过程，就是在自己的大脑中不断建构新的知识、不断优化自己的知识结构的过程。当然，这一过程离不开学生原有的生活经验（包括学生的学习生活经验）。从某种意义上说，生活经验的不断理性化就是学习。从这个角度讲，学生的心理生理基础、原有经验都是嫁接新知识的母本，需要学习的知识及其结构（简称为"他序"）与学生头脑中存有的相关知识及其结构（简称为"旧序"）在母本的营养中存活、生长的过程，就是新的知识及其结构产生的过程，在此我将其称为"新序"。用奥苏泊尔有意义学习理论看来，"新序"的产生就是"旧序"同化或顺应"他序"的结果。以此循环往复，"新序"不断接纳更新"他序"从而产生新的"新序"，这就是学生知识不断丰富、不断发展的过程。借助于这样的过程，学生的知识、技能、方法、智慧得以完美结合，从而得到真正意义上的生命发展，实现学生的大脑从"容器"到"火把"的跨越。假如只是从自己预设的情境出发，沿着教材内容的原有结构，次第展开，全然不顾学生的实际水平和发展需求。教师考虑的重点就是如何通过"有效"的形式，将教学内容搬迁到学生大脑中。这样的教学，教师特别注重自己的叙说，难以在学习方面为学生提供必要的思索和展示，导致学生的学习见一知一，不能举一反三，更难以统筹微著。所以，现代教学论特别强调学生自主学习，强调学生生活经验，强调学生主体地位。

(5)知识失去了原始兴趣和鲜活的生命能力，变成了僵死的教条和考试的工具。

受升学考试影响，考什么，教什么，学什么，学科教育功能窄化、矮化、异化倾向日益突出。事实上，知识只有在其产生的过程、认识的环境、广泛的联系和学以致用中才能内化成学科能力和人生智慧。从某种意义上，儿童认知的种子流程是不能随意间断的，问题是我们经常将过程截断，将环境割裂，将联系孤立，将学以致用变成简单训练。究其原因，或者是为了所谓的达标效率，或者是因教师的浅薄无知和不负责任。试想，一个初中数学教师不了解小学和高中的数学有什么内容，不详细阅读数学史和数学教育史的书籍，案头上不积累点生动活泼的教学资源信息材料，脑海中没有储存关于数学和数学家成长的哲理片段和隽永故事，只是一味将学习内容锁定在教材所框定的狭小牢栏里，数学还有什么情致、韵味、诗意和深刻？同样，对少年而言，激情有时胜于智力，要养成孩子的专注、坚持和忘我，就必须给他有意义的材料和足够的时间，对那些废寝忘食、忽略时间、专心致志、讨厌别人打扰的学生，除了引领和服务，不要轻易打断他的思路，这不是加重负担，而是真正的教育。

3. 多样化作业是发展学生生命的重要途径

学生课业负担过重现象不仅仅表现为数量问题，也不只是形式问题，甚至不是作业本身的问题，其实质是教育价值观和学科教学观的问题，其核心是以考试为中心的功利主义教育观，其根源是教师对生命成长规律、认知规律和学科规律的漠视。对学生来说，是生命的身心健康重要还是简单地完成教学任务重要？对教学来说，学科教学和人的全面发展、全程发展是一个什么样的辩证统一关系？对教育来说，课业负担、学科能力和生命成长是一个什么样的有机联系？对上述问题的不同回答，构成人本主义教育和功利主义教育的本质区别。

教师不去追问作业的目的，不去研究学科属性和作业形式的应对关系，不去反思作业的真正效果，甚至从来都不涉及学生的智力类型和学习特点，只是一味地、千篇一律地布置一些书面作业，是对考试的简单应对。在他的眼里，教学就是一套加工程序而非生命科学。

教育就是要让本来就不同的儿童更加不同，忽视学生的性格特点和智力类型，以一种作业方式来要求全体学生是不明智的，也是非专业的。走出了20位英国首相的英国伊顿公学，每年250名左右毕业生中，70余名进入牛津、剑桥，70%进入名校。殊不知，在伊顿公学课外作业也是教育系统中极其重要的一项。他们为不同层次的学生设计不同的作业。对于"高班"（该学科的"优等生"）的学生，作业最强调发挥，以提高学生的创造性；"中班"（该学科的"中等生"），要求学生基础知识的学习，外加混合创造性；对于普通学生，作业以掌握知识为主，力求让学生跟上课程进度。

可见，离开生命的情绪、兴趣、态度去追求知识和能力，其可怕的代价恐怕一生都要为之牺牲。不仅如此，即使就考试而言，由过重的课业负担所导致的学生的厌学、厌世、认识新知识的鲜活感和灵敏性减退，恐怕从长远看来成绩也只能是每况愈下，数字刺激的最后结果是学生对学习兴趣的彻底丧失。美国心理学家哈里斯·库柏在1989年对家庭作业进行过一项专门的课题研究，结论是："没有证据显示，任何家庭作业会提升小学生的学业表现。"有一个秘密，医生都知道，那就是大多数疾病都可以不治而愈；也有一个秘密，老师们也应该知道，那就是大多数知识用不着反复巩固和训练。因此，由单纯的间接经验到间接经验，不如二者间或进行。实践—认识—再实践—再认识是形成经验的不二法门，一切真知都是从直接经验发源的。学校教育的目的是把原本不一样的学生变得更不一样。学生，需要人人都做出自己的规划、计划，自选课外学习内容、方法、方向，主动走向丰富多彩的生活世界。

教育是一种改变，核心是思维的改变。教育的最终目的，是让学生能独自探索世界，建立起对知识的好奇，具备探询与解决问题的能力，把找到的解决方法与他人沟通，依托问题的解决从而体现出应有的创造性，成为一个优秀的自然人、社会人。因此，回到原点看教育，才会发现不一样的风景，走出别样的路，培养出杰出的人。

（三）教育理念的偏差误导师生

毫厘之间天壤之别。改革行至今天，许多关于教育教学管理的基本问题需要进一步追问。学会追问，便是学会思想。哲学家笛卡尔曾说，"我思故我在"。就教师这个职业而言，失却了思想，就意味着职业生命的消亡。

1. 教学知识不等于客观知识

许多人认为，教师需要掌握的知识，就是课本上、人类历史上传递下来的各种学科知识，即客观知识。这种知识，教师可以从他的学生时代和就业前培训经历中获得。但我们也常发现，有的老师尽管熟练地掌握了这些客观知识，但教起来却依然艰难和无奈。

这是为什么？因为这些老师掌握的客观知识，并不等同于教学知识。

什么是教学知识？1986年，美国著名教育家 L. 舒尔曼首次提出"教学知识"的概念。他认为："教师专业知识中处于核心地位的是教学知识。"1990年，美国教师教育专家 P. L. 格罗斯将学科教学知识解析为四部分：一是关于学科性质的知识和最有学习价值的知识；二是学生对某一学习内容理解和误解的知识；三是特定学习内容在横向和纵向组织和结构的知识；四是将特定学习内容显示给学生的策略的知识。

我理解，教学知识可以表述为教学法知识、学科知识、课程知识和学生知识的交集。一言以蔽之，即我们常说的教师需要考虑的"教什么、怎么教、怎么学、学得如何"等问题。它不是一般意义上的知识，而是更高专业层次上的新概念。

一个教师仅仅拥有丰厚的学科知识是远远不够的，他必须具备足够的教学知识，如学生的性格特点、学生的智力类型和知识分类意识。就知识分类而言，教师应该知道：有些知识需要记忆，有些知识需要体验，有些知识需要实践，有些知识只是知会一点而已……不一样的知识需要不一样的方法，仅仅使用记忆和训练一种方法来对付一切知识是愚蠢的，也是低效的。同时，忽视学生的性格特点和智力类型，以同一种方式来要求全体学生是不明智的，也是非专业的。面对一个个复杂的生命现象，仅仅用一些物理力学的方法，是有违人性的。

教学知识从何而来？重要来源有三：一是建设与本学科相关的一切自然科学、人文科学、脑科学、管理学、教育学、心理学的广阔视野和信息组合；我校的全国教育改革创新优秀教师、省教育培训专家组学术秘书、"根系教学"的创始人高金德老师在为武汉名校长上了一堂课后，他们问我，为什么高老师能把数学课上得如此行云流水、诗情画意？我回答，高老师是把其他老师研究练习题的时间用来阅读西方教育史、数学史、数学教育史和数学家的故事等东西了。在高老师的课堂上，不仅有数学知识，更有数学家发现这些知识的奇妙过程和这些知识在生活和以后学习的应用意义之中了。二是教师自身的教学经验和反思。三是和同事间的日常学术交流。但我们应该注意，如果没有学校层面的价值引领、个性关怀和理性自由，反思和交流就会在一定程度上失去应有之意。

2. 教育不等于教学

在中国，"教育"源于《说文解字》："教，上所施，下所效也"；"育，养子使作善也"。在西方，"教育"源于拉丁文 educate，本义为"引出"或"导出"，意思就是通过一定的手段，把某种本来潜在于身体和心灵的内部的东西引发出来。实际上，中西方表达了同样的本意，即"教，教化；育，孕育"。只不过在价值取向上，中国表达了更多的施教者的价值引领，西方表达了更强的生命内在自觉。

其实，不管中国还是西方的表述，都间接地表达了另一层意思，即教育不等于教学，教学只是教育的载体之一，或是渠道之一。就教学而教学，脱离教育而言教学，或是为了课堂抓课堂，囿于课堂论课堂，都在使教师和课堂渐渐远离学生的兴趣、态度、习惯、品格、思维质量和创新精神。此时，别说育人的光荣使命完不成，即使是直面考试，也不会有持久的提高。

只有站在教育的高度看教学，在教学实践中不断建设更广阔的视野、更深邃的价值内涵和更大的教育画面时，学生才能在学科学习中尽领风骚，并内化成个体生命的性格特征，教育的真正意义才有可能实现。此时，地理不再是单纯的各种自然现象，而可以是"善于观察自然，学会关注世界，用地理创造美好的生活"；历史不再是冰冷的故纸，而可以是"逆寻本源之旅，形成历史达观，用过去照亮未来"；语文不再是语词的分析，而可以是"终生阅读，以语言创造精神世界；负责表达，用人文彰显真善美力量"……

在这样的坐标系中，教师不能再做教材的奴隶、进度的奴隶和教学模式的奴隶，他们的责任也更加重大。美国有一个著名的民间教育组织叫"美国教育"，经过十几年的研究，它得出一个著名的结论，那就是"老师的作用比学校大"。

古今中外，一个没有思想和灵魂的教师，一个不把学生生命的幸福发展看得高过所有分数的教师，一个只将育人看作教学的附庸，或是仅把教育当作职业标签的教师，不管他的教学技术和手段精湛到何种程度，以此成功和有所建树者，鲜有前例。当代学人郑也夫说过，"教育对社会文化、道德、政治层面的影响很难评估。因为严酷的考试竞争恶化了学习过程，也恶化了学生的心态。此一过程封闭了少年感知科学与社会的触角，几乎吞噬了他们的全部精力"。当以考试为核心的教学压过以培养优秀国民为目的的教育时，我们丧失的仅仅是儿童的幸福吗？教育者本身的理想、信念、职业幸福，又何尝不是因此而断送？

3. 智慧不等于经验

智慧是对事物能迅速、灵活、正确理解和处理的能力，它可分为创新智慧、发现智慧和规整智慧。土耳其谚语说："智慧在市场上买不到。"德国物理学家斯特恩说："一盎司自己的智慧抵得上一吨别人的智慧。"法国作家马塞尔·普纽斯特说："没有人给我们智慧，我们必须自己找到它。"是的，智慧买不来，也学不到，它与经验有关，但绝不同于经验。

一个老师面对几十人的课堂，神采飞扬，滔滔不绝，一气呵成，洋洋自得，但他面对一个问题学生的具体问题却万般无奈、一筹莫展。前者是经验，熟练地重复了一次教材内容而已；后者是智慧，需要把知识类型与学生的真实态度、情绪、经历、基础、性格特点、智力类型以及环境资源等有效地规整起来，优化为一种策略和程序。没有智慧，就没有在现实场景中迅速解决问题的角度、途径、策略、技术和方法。

许多做老师的，习惯于把师承于自己老师和获益于教科书的东西直接运用于实践并做无数次重复，以熟练做经验，并类推为真理。但黑格尔说过，"熟知并非真知"，常识往往不在"思考"的范围内，因为某些常识已化为人们心中不可动摇的精神权威，获得了不受思维审视的豁免权。但是，如果思考的支点是错误的呢？如果将没有反思过、验证过、明辨过的思想变成了持续的经历呢？可怕啊！它一定会窒息人的思想，放松人的警惕，诱导人陷入黑暗！

学生创新力低下，又是为何？这是因为我们的学科教学乐于从间接知识到间接知识，把所谓的"效率"强调到疯狂的程度，以至于实验变成了看课件，"生活化体验"变成了一味追求浅性教材目标，极端鄙视学以致用，忽略从原点出发的过程生成……这种被康德称作"空对空"的思维，被叔本华称作"不生产"的思维，其严重的后果，便是年青一代的思维缺乏悟性，整个民族的创新能力降低。

小心眼、小算盘、小聪明，都不是大智慧。不仅如此，过分在鸡毛蒜皮的细枝末节上精打细算，只会导致一叶障目、不见泰山。教师要养成智慧，就必须在生动丰富的教学实践中，学会高屋建瓴、开阔视野、包容悦纳，并学会从"思考—实践—再思考—再实践"中建设自己的大境界、大画面、大世界，唯有如此，才能真正成为有智慧的教育者。

在这里，我想提及海尔，它的"自非"文化就是一种智慧。海尔认为，客户永远为"是"，而客户的需要是动态发展变化的，海尔要满足客户日新月异的要求，就必须坚持不断地否定自己，与时俱进，自觉接受挑战，才能使海尔产品立于不败之地。如果教师能像海尔那样，面对成长变化中的学生，也能始终坚持以生为本，不断"自非"，我想教师的智慧也会常青不衰。

4. 事业不等于职业

有人说，今天做了，明天还想去做，这是事业；今天做了，明天还得去做，这是职业。在职业范围内，人们大多是从众心理，单纯的职业规则强化约束，无所谓自由，每天劳作尽是磨损；在事业的境界中，由于心灵的打开、情感的灌注，工作流淌在生命的长河之中，自由的王国无限地向你展开。

可见，事业和职业的真正区别在心灵。心灵是否生活在自由王国里，是职业与事业的最大不同。人的自由有三个层次：第一种自由可以使人摆脱自然法则，但不能阻止人选择恶；第二种自由使人可以摆脱专制束缚，但不能清除人的自我中心；第三种自由，依靠信仰及由之而来的仁爱，而这种自由恰是最高层次的自由。第三种自由何其珍贵！当教师获得它时，才能对教育"心向往之，情之所至，修为永恒"。

司徒雷登给燕京大学拟的校训是"因真理得自由以服务"。科学求真，人文向善，艺术唯美，仁者爱人，教师应该在真、善、美、仁的光辉里形成自己的职业信念和人生信仰。通过教育学生，教师把人类的昨天、今天和明天都融汇在了自己的生命里，这种事业是何等壮美、崇高、圣洁！在这里，学生的生命比教师的饭碗重要；学生的发展比饭的多少重要；师生共享的精神之乐比单纯的教学关系重要；学生的未来比教师的今天重要；教师的职业快乐所引致的终生幸福比当下浅表的物理生活重要。

支撑起这项事业的，是教师对于教育的坚定信念。信念退化，哪怕最神圣的事业，也将变得平庸。

张载说，教育是"为天地立心，为生民立命"。一个把生命作为工作对象的人，信念比什么都重要。

生活要简单，精神要丰富。一个老师最好能安静、沉静下来。真正的安静，不是避开车马喧嚣，而是在心中修篱种菊，静静品味得天下英才而育之的快乐。

把握当下，才能实现"精进"。对于教师的成长来说，执行力和计划性同等重要。执行力不是工具，而是工作态度。心猿意马、三分钟热度、阳奉阴违，绝不会有工作的幸福感和人生的发展。

事业并不一定是风景优美、波澜壮阔、千古不朽，它有时表现为一种厚重的单纯和丰富的平静。它首先是一种态度、一种坚守、一种生命哲学。十多年前，日本三井商社在伦敦分行雇了一位英国人守卫。这位守卫是一位做事认真、一丝不苟的人，无论任何人都觉得，让他当一位守卫实在可惜。有一天，分行经理对他说："我想提升你，让你当办事员。薪金也可以多加一点，不知你意下如何？"然而，这位守卫默不作声。过了一会儿，他出乎意料地回答："难道我有什么过错吗？我已经干了二十多年的守卫，我没有任何失职，也没做过一次对不起你们的事情！为什么要把我宝贵的经验一笔勾销，调我去做生疏的工作呢？我认为这是对我无理的侮辱！"故事很平凡，但却发人深省。

三、全人教育的域外启示

每一个国家的教育，都凝结了本民族的智慧，融合了世界各民族的优秀文化成果，加之历史的、文化的、政治的、社会的、地域的境况各异，习传不同，在发展的历史长河中都熔炼出了自己的特色，需要我们博采众长，在观察、对比、思考中发现美好，了解良策，理解妙计，目的就是洋为中用。

（一）视学生生命为最高利益的美国教育

2012年11月，我作为齐鲁名校长培养工程成员之一，随省教育厅考察团赴美国进行了为期21天的教育考察学习。这期间的入户入校听课调查研究，理论和实践的相互印证，使我对美国的基础教育有了一个比较明晰的了解。在这里，我试图对自己所看所思做一个必要的分类：哪些是基于文化和体制原因直接发生的？在对中美社会和教育文化比较之后哪些东西应该能够为我们所借鉴？哪些是教育实践技术层面的内容？我们既不能盲目全盘接收，也不能一味无端拒绝，应在批判的基础上吸纳有意义的元素，坚持有所为和有所不为，格子之外放开思考，格子之内认真做事。一个思考者的存在和一个实干家的耕耘，对今天的中国而言，具有同等重要的分量和意义。思考者不想做事和做事者又不会思考才是做教育的悲哀。

我们选择考察学习当前世界强国——美国的目的是：研究最优秀的国家是一个很好的让自己变得更明智的方式。适当地缩小一下自己，反省一下自己。因为缩小，才能吸纳；因为反省，才能强大。考察美国才有意义。

1. 文化自觉打开教育变革之门

当理想信念和文化自觉的阳光不能普照大众心田的时候，教育应当自觉地担当起社会"道德孵化器"的角色。国家对教育的历史期待、教育者的悲悯情怀要通过重建以教育信念和教育价值观为核心的教育文化来实现。

一个人再穷也离不了阳光、水和空气，一个民族再落后也不能没有自己的生存理念。文化是社会的基因，价值观则是文化的灵魂。历史发展到今天我们生存和发展的理念究竟要做怎样的表达？人类的一切成员都喜欢被爱，但由被爱迁移到爱别人及爱一切的人，则不是人的本能的惯性力量，它只能靠文化。一个民族没有文化，就没有了翅膀。给教育以信念，予教师以尊严，让学校更圣洁，使儿童能发展，远比一些物理现象的改变更有前景。校长和教师应该成为传承中国士人精神、彰显中华民族文化精粹的人，既仰望星空，又脚踏实地的具有使命感的人。

2. 教育者的心中要装满教育和孩子

美国教师的准入制度确保了教师必须是真正爱教育的人，然后才可能成为懂教育、会教育的专业工作者。具备扎实的教学基本功和利益驱动，可能会较好地完成考试任务，但只有爱教育和爱学生才会塑造纯洁的心灵和完美的人生。一个教育家之梦，必须从心中装满教育和孩子做起。

获取第一手资料

美国人的宗教信念、文化视野、就业观点、社会结构和教师的准入制度及教师身份层次，决定了教师对自身岗位的尊重、热爱、专注和对教育的核心要求——对孩子的发自内心的人性及人类理性关怀，这是最高境界的德育、最好的教育和最深刻的教学。

一天中午，在图书室的一个角落里，我看到一位中年男教师在和两个学生共进午餐：亲密无间的样子、窃窃私语的微笑、水乳交融的互助、点通心窍后的开心之乐……这是一幅多美的教育画面。一问校长和翻译才知道，这两个孩子有语言交流障碍，这位老师在对她们进行心理辅导。选择中午进餐时间，只是因为这样更亲近一些、自然一些。吃饭在老师看来，只是一件再合适不过的时机。

一处看似空中特技训练的场景，让我们首先联想到国内的特长生训练。经过核实，恰恰相反，它只是体育教师发现体育课上几个胆怯的学生后，选择活动课时间对他们进行行动和心理调适的强化锻炼。活动开始前体育教师和他的同事们要用2～3小时的时间安装好绳索，结束后还要用1个多小时的时间卸下这些器具，以免学生私下攀登受伤。

在一节阅读课上，学生完全按自己的意愿从阅读教材中选取篇目，然后依照自己喜欢的方式进行阅读。有坐着边读边记笔记的，有与教师读后聊天的，有趴在地毯上默读的……五花八门，形色各异。走出教室一看，还有3个坐在走廊里小声读书的。我以为是因为他们受到老师惩罚，一问翻译才知道，这3个学生需要出声阅读，他们怕影响其他学生，只好选择出来读书。例举这些，不是要大家学习这种外在的东西，仅仅是唤醒大家的思考：阅读课，它的内在特点究竟是什么？

四年级的数学课，老师布置完任务后，即开始4人一组合作探究学习，桌上摆满了塑料花、五角星、橡皮条、小圆球等小物件，教师和教学助理依次参加小组学习活动，还有一组4个孩子坐在室内墙角沙发边的地毯上，对照书面练习题目摆道具、求结果。老师总是在微笑着倾听、提问、点拨，从不打扰学生的表述过程，从不急于表露自己的观点，从不越俎代庖直逼结论……偶尔意味深长地摆弄下道具，比较一下算式，提出一些问题。最后我看了7份练习题，只有一人得了70分以上，有4人只能得到四五十分，分数之低令人瞠目。但最值得我们思考的是：数学课程的学科属性和教育功能到底是什么？它的效果是一时做题的分数能全部表达的吗？

从表面现象看，美国的基础教育对于单纯的掌握知识并不注重，而主张培育学生的探索精神和自主性，使学生未来的发展更具多样性和创造性，因而在高校就能造就出类拔萃的卓越人才。还有更多没有学位甚至高中没有毕业的美国人，也能找到适合自己的职业，在谋生中获得人生的乐趣。美国有所中学的校训就写道："发展个性，提升自我；让我看，我记不住；让我听，我会忘记；让我参与，我就会理解、明白。"

基础教育的高分、高等教育的单向、就业与学习的脱节的矛盾有待思考解决。

丰富的课程

3. 拥有真学问的教师才能意趣纵横

国内甚嚣尘上的改革和实验在美国很少见到，我倒见证了一所学校的教师把两个数学特别有见识的孩子送到康州大学知名教授那里去沟通。知之为知之，不知为不知，是知也。此其一也；知己为无知，且知知在何处，此其二也；知之无知，见贤思齐这便是道也。

永远把学生的个体生命发展当作最高利益。美国的中小学每十位教师中就会有一个特殊教师。他们不是富余人员，他们是一些特殊教育有识之士，包括心理学的、行为科学的、神经医学的、语言文化学的……美国的就近入学制度导致了中小学生的千差万别，美国的移民国家特点又形成了美国学生在此基础上的民族、文化、宗教、习俗上的特殊差异。如果说中国教师对学生的个性关怀面对的是一个数量困难，那么美国的教师可能面对更多的是社会民主、家长自觉和文化差异，那应是更高层次的困难和更沉重的负担。但当一个美国教师为了教好交流障碍的学生而先去驯化一只狗的时候；当一个图书管理员根据自己的观察、了解和研究把不同类别的书籍装进一个个自制的挂包放进不同线路的校车以求学生在路上随意阅读的时候；当一个初二数学教师把自己一个愿意到高中二年级研修数学的学生一周两次送进高中的时候；当在一个门庭宽阔处放置若干个轮椅、拐杖，又在所有通行处包括教室门槛设置残疾人通道的时候……我们应该反思什么？

"以人为本"中的"人"，不是抽象的人；"一切为了学生"中的学生，也不是一个无生命现象的概念。以人为本就是以每一个生命，包括那些孤苦伶仃的、弱智流浪的、性格怪异的任何一个血肉之躯，这些都是国家之本、民族之基和教育之魂。离开了这些，就没有价值观，没有教育信念，没有专业技术，也就没有什么教育的意义所在。

美国亚利桑那大学的教育专家梅克说："我相信，一定会有越来越多的人看到这样一个重要的事实：每一个孩子都是富有创造力的生命，关键在于我们能否发现他们的天赋。我想，文明发展到今天，人类应该已经能够看到每一个生命拥有的价值了。"她确信，每一个生命都有特殊的潜能，而教育的任务就是开掘每一个孩子的创造力。这不只是教育学家的理想追求，而是一个国家的发展需要。她坚定地高呼："没有残疾的孩子，只有残疾的教育！"

我们几乎没有看到美国教师的备课本，但他们已经把教情、学情备在了心里，他们是在用一生的准备来应对每一堂课，服务于每一个学生，从而也成就自己的职业生命和幸福人生。

4. 良好的家教是孩子成功的基石

父母是孩子的第一任老师，也是永远的老师。关键是，家长是否和有些老师一样，对孩子的关怀不仅仅是为了获取分数，还包括生命的健康成长，及其生命对自身、对他人、对社会的意义及实现。美国人在成婚之前相当率性开放，但当组成家庭以后，家庭观念、亲子情怀便变得强烈与保守，以至于美国中产阶级以上的家庭选择把家安置于寂静的乡间。美国的公立学校是没有住宿生的，这就意味着绝大多数孩子从小学到高中大部分时间在家庭中度过。

"孩子是家庭的缩影"，有什么样的家庭文化就会孕育什么社会性格的儿童，这伴随着美国基础教育的始终，成为美国教育的重要组成部分。

现实生活中，美国家长对自己孩子最注重的还是思想自由，做自己愿意做的事，向自己感兴趣的方向发展，提升生活意义和生命创造力。他们希望孩子们能从学习中得到乐趣、增强自信，锻炼独立思考和活动能力，不见得一定要获得多少分数和排到什么名次。

美国人大多数没有名校情结，也没有什么官本位思想，他们按自己的兴趣和爱好去选择学校和就业岗位，家长会顺其自然。美国家长认为只要孩子能为社会做出贡献、幸福快乐地生活，即便没有去名校念书，上了大学没有毕业也没多大关系。"想干什么，这是我自己的事情。"在常态的生活中培育儿童的独立意识、自主能力、冒险精神，形成依赖性少、独立性强、不循规蹈矩、乐于创造的精神，有利于每个人个性的发展，能充分发挥每个人的聪明才智，会给社会带来生机和发展活力。

美国家长投入在孩子受教育上的精力之大令人吃惊，只要孩子表达出对某一个项目的向往和意愿，家长即会提供一切支持和服务，从周一到周五的每一个晚上，到周六、周日上午，每天车接车送，不厌其烦。但请一定要记住，我在美国的日子，所接触的所有家长和学生，他们选择的全部是游泳、篮球、马术、足球、击剑、跆拳道、钢琴、小提琴……而不是数学、外语、物理……这些课外训练和学校教育相互补充、相映成趣，构成了生命和谐发展的完美乐章，由家庭承担的这些与学生个性成长密切相关的项目成为美国基础教育的重要组成部分。

接待我们的前康州教育部官员，现康州校长协会负责人的格拉格·丹尼斯先生，是一位达观、和善、健谈的教育老人。他在请我们吃完当地最有名的比萨后，以极其自豪、兴奋、满足的心情介绍了他的小儿子，他在名牌大学毕业后在哈特福德市开了一个不足 20 平方米的冰激凌店，连老板在内共 3 名员工，都是富有青春活力的年轻人。记住，他们都不是学业上的失败者，也不是就业竞争的落魄分子，他们只是心怀兴趣、充满幻想的热血青年，是不畏困难、乐于拓荒的创业者，这是我最感兴趣和最想看到的。英国前首相撒切尔夫人在任期间曾咨询于日本企业管理大师盛田昭夫，和平时期一个国家怎样才能振兴繁荣。盛田昭夫毫不犹豫地说："足够的工程师和创业者，有成就的工程师会获得社会由衷的尊敬。"

5. 校长的专业化成就好学校

"一个好校长就是一所好学校。"但问题是好校长的标准是什么？一个校长怎样才能成为一个好校长同时又能成就一所好学校？问题一具体即深刻！当我们一接触到现实的教育生活的时候才发现，实施素质教育十多年来，在校长标准制定、校长准入制度、校长发展机制、校长评价与奖惩措施、校长专业化与职业化进程等方面却鲜见成效。我认为现代学校制度的重要组成与校长息息相关，这个问题不解决，好学校和好教育就会是一场空谈。

我所参观的曼斯菲尔德中学（Mansfield Middle School），没有院墙，当然也没有气势雄伟的大门，充溢于整个校园的是自然、活泼、富有生机的人文关怀氛围。它既有家的温馨与自由，又有校园的欢愉和智慧，没有任何额外装饰，使人身处其中处处感受到一种校园与自然、教师与学生、教育资源与教学需求的和谐与完美。曼斯菲尔德中学和其他美国中小学一样，规模比较小，大体在 500 人左右。我发现，小型学校的师生比大型学校的师生有更强烈的归属感，这种归属感能够有效地减轻或消除现代人的疏离感，增强师生员工的和谐、自信、自尊以及对自己的责任感。

校长是一位越南人，只因一牧师的慈悲才使得他从战火中的孤儿成为美国的公民，他的身世和经历使他感到只有做好一名校长才能更好地回报社会。他热爱教育，尊重校长这个岗位，学校就是他的精神家园，是他的第二个家庭。办公室内放着他的球队和家庭的合影，电脑的桌面上放着他可爱的小儿子的照片。家庭和学校，水乳交融般地统一在一起，形成了这位校长生命的两道最美的风景！

这位校长在这所学校刚任职一年，他以自己的就职经历向我讲述了一位美国中小学校长是如何诞生的。前任校长近 70 岁时于去年退休，学校校长岗位空缺后，镇里学区董事会即委托猎头公司将招聘校长的标准、待遇等条目挂在网上，全美所有拥有校长身份的人均可以报名。猎头公司根据标准和报名者情况圈定最优秀的几人入围，然后组成由董事会人员、家长代表、老师代表等参加的评委会，在审定候选人所有提交材料、证书，听取候选人的施政演说后，讨论投票决定出校长人选，然后猎头公司陪同校长人选去面见学监，也就是教育局长，在学监面试后，如果满意就会带这位校长人选到学校与所有老师见面，观察校长人选的现场表现，听取全校教职人员的反映，如果顺利通过就可由学监带领校长人选拜会学区董事会全体成员。学监全面介绍情况，校长人选发表施政演说，董事会人员讨论磋商，无记名投票，多数通过即可确认。然后校长人选对全镇发表电视演说，一段时间公民无质询后，即可由董事会聘任该人选为校长。一年试用，年满经评估考核合格后即确定为正式终身校长。当然，在以后的日子里，校长还要全程接受所有选民、家长、学监、董事会等的监督和评价。但只要不违法，只要大多数家长满意，这位校长就不可能被撤职或弹劾，这样就确保了校长独立自主办学的积极性和稳定性。在经过这样一系列严格程序后，这位校长就从加州来到了康州，当上了曼斯菲尔德中学的校长。

　　在曼斯菲尔德中学考察的日子里，目睹这位教育学博士校长的修为后，我深感汗颜和惭愧。他对全校所有课程开设情况了如指掌；他几乎能叫出所有学生的名字并且在学校的任何一个角落都能和学生促膝交谈；他在走廊墙壁学生生日贺卡上写下那些柔软亲和的祝福话语；他见到每一位教师都会亲切问候并就某一个问题展开讨论或是会心一笑；家长对校长的熟悉和信任使我对他在一年的任期里就达到如此水乳交融的程度感到不可思议；每天早晚两次他都会到门外停车场亲自指挥校车，目的仅仅是尽可能多地接触学生、了解学情；他介绍员工时充满深情和敬重，"他的岗位很重要……他的工作赢得了大家的尊重……"；他的大脑装满了特殊学生的问题及特殊教育的措施，随口就能说出这些孩子的家庭状况和已在实施的家校针对性教育方案；他随和地推门听课并能即席直接参与教学活动；他四十多岁，每天 3 小时的往返车程仍能像小伙子一样精力旺盛、激情四射地忘我工作、快乐生活……这些都是表象，但透过表象，我们看到了一个校长思想者的深刻、行为学者的刚毅、团队领袖的睿智和社会学者的通透以及对教育的一往情深。他就是一面旗帜、一个火炉、一片磁场……他的教育价值观、课程观、人才观无一不印痕在了具体的办学行为和日常的教育生活中，体现在师生的精神状态和生命成长足迹里去了。他自觉地把自己当成是一名普通员工，就是在学校的朴素的点点滴滴中，他赢得了同事、学生、家长的尊重与爱戴，他珍惜他们，他们也不想失去他。当校长默契地和特殊教师一道与特殊学生有说有笑地包饺子时，校长即由神圣变为平凡！

　　"校长"一词的英文直译是"教师的头"，只有先做教师，才能有资格干校长，这是美国法律规定的。学校采取扁平化管理，校长之下没有庞大的领导班子，只有类似中国的校长助理、学科主任或资深教师几个人，他们为校长的工作提供帮助。美国中小学校长的权力随着社会发展发生了 5 次比较大的变化，由"教学性的教师"到"作为经营的学校管理"，到"作为应用行为科学的学校管理"。而实际上，"教学性的教师""经营学校管理"和"应用行为科学"，又作为一种历史传承，互相融通，其职能从未发生本质改变。他们把"教学管理""教师工作评价"和"课程设置"视为自身最主要的三项权力，在管理过程中十分强调士气、团队的凝聚力、合作及非正式组织等方面，而是否协调好公共关系则成为优秀校长的重要条件之一。优秀校长的标准是有领导才干、在社区工作卓有成效、得到教师及家长的认可、能帮助学区其他学校的校长提高水平。我们从中可以看出，校长的影响力立于学校，但又不拘泥于校园。

事实上，校长、教区牧师和志愿者团队领袖一起构成了政府之外的民意基础和发展活力源泉。1997年年初，克林顿总统在《美国21世纪教育》的报告中提出"家长选校"和"学校责问"两项建议，其核心内容就是，家长可以选择学校并参与学校管理，经过家长评审不合格的学校，家长可以要求关闭，由此可见校长的压力之大、责任之重。所以校长特别关注适合学生的教学方法的改革，不断提升教师的教学能力。说穿了，也是一门技术活，不做好理论和实践相结合的文章，即便是满腹经纶，面对复杂万变的生命个体也只是纸上谈兵、尽失街亭。当然这也是美国的实用主义传统，重实干、轻理论。在学校，理论建树再丰厚，面对学生无能为力的确也是枉然，只有要求教师研究学生、发展学生，才能提高水平，建功立业。若不这样，因学生存在才衍生出来的教师这个职业还有存在的意义吗？

6. 权责分明的管理制度造就良好教育

奥巴马就任总统后说过，"美国人的命运掌握在美国教师的手里"。美国是一个一贯重视教育的国家，早在1990年，美国的教育开支就超过了军费开支，达到了创纪录的3530亿美元；1992年美国教育支出占政府支出的14.1%，处于世界最高水平；1999年，美国联邦政府又把用于主要培训计划的经费提高了32%；2011年，美国的教育拨款达到了1500亿美元，其比例远远地超过了世界上其他国家。

但大教育并不等于教育行政机关大，美国在建国后近100年的时间里，联邦政府没有设立专门的教育机构，直到1867年才有专门的行政机构，但也只是挂靠在政府部委的一个二级部门。1980年成立教育部不到一年，里根总统认为没有必要，向国会提议取消教育部，将其归并到其他部门。在美国总统继承法里有明确规定，当总统突然出现意外不能履行职务时，其总统继承的名单里有20多人，而最后一名才是教育部长。因为教育部是最小的层级部门。

美国管理教育的真正权利在州政府，州政府教育部直接领导学区，尽管有的学区公民人数只有几千人、几百个学生、一两个学校，学区的董事会和学监共同领导学校。而学区董事会是由选民直选的志愿者组成，学监部门也只是有几个助理和秘书而已，是一个真正的扁平化的教育行政管理组织。美国的学区各自为政，教科书出版商四处奔跑，到各学区推销自己的教科书；各学区也不停地在各种各样的教科书里选择，并不断根据当地学校学生的应用情况向出版商提出各种新的要求。

学区董事会是区域最高教育领导机关，它向全体选民负责；学监则直接领导校长，向政府和董事会负责；校长全面管理学校，他既要向学监负责，又要向家长、最终是向学区董事会负责；学区董事会负责学监和校长的聘任、教育拨款和教育活动决策，不了解学区董事会机制就不可能真正了解美国的教育制度。

各级教育行政机关小了，学校就大了，教育就活了。当教育机关和它的其他分支机构像蜘蛛网一样把教育套在一个个小格子里的时候，学校就像孤苦伶仃的麻雀退化了翅膀一样，教育的活力和生机也就不复存在了。此所谓教育机关大了，学校就小了；教育机关僵化了、异化了、退化了，学校教育也就教条了、远离教育本质了、失去创新精神了。

在这里，我绝不是倡导无政府主义和极端自由主义，相反，在这个特定的历史时期，我倒极为看重教育主管部门对教育的领导。但那更应该体现为方向性和法制性的，或者类似新课程改革、新技术革命对教育影响等宏观层面的内容，而不是微观细节的面面俱到。教育行政部门对学校的评价应转移到建设以学习者为中心的体系上来，引导学校向内关注一个个鲜活的生命，刺激个体生命的健康需要，满足他们成长的愿望，实现他们生动活泼地发展。否则，教育主管部门干预的越多，学校的惰性就越大，当学校校长只对他的上司负责的时候，学校创造性的活力必将枯竭。

7. 品德塑造贵在融入生活

德育应不同于"政治教育""思想教育"，它应是"如何做人的教育"。在美国，它被称作"品德教育"，实际上就是国民素质教育。他们特别强调品德教育和知识传授的紧密联系，社区、学校、宗教机构和青少年服务团体的一以贯之。美国的中学，包括初中一年级，都没有固定的班级，当然也就没有所谓的班主任。在一个没有班级团队阵地和不开设思想品德课程的环境中，如何塑造孩子们的最基本的人格品质，这是我关注的焦点所在。

请看我们所观察的一组事实：

每天清晨，曼斯菲尔德中学的学生和其他美国中小学生一样，第一堂课上课铃一响，进行的第一项内容就是学生们虔诚地把手放在胸前，庄严地大声宣誓："我效忠美国的国旗和美利坚合众国，在上帝之下，确保领土完整，为万民谋福利的自由正义之国，誓以忠诚……"虽然各学校的誓词没有统一规定，但中心意思都是一样的。这一仪式严肃认真，再顽皮的孩子也不敢捣乱。

学校正门，每一个教室、每一个机关门前，以至很多墓碑前都插有美国国旗。国旗在美国受尊重的程度，以及围绕国旗大肆宣扬民族精神的做法，在世界其他国家是少见的。每年 6 月 14 日为国旗日，各州都要举行各种纪念仪式，并在公共场所悬挂国旗。

曼斯菲尔德中学的孩子和大人一样要过好多节日：诚实节，"怀念为真理屈死的人，他在天堂永生"；感恩节，"应永远抱有感激之心"；新年，"新年决心"；独立日，"自由在人世间的珍贵"；华盛顿纪念日，"诚实是做人的首要条件"；马丁·路德·金纪念日，"理解捍卫种族和人权平等的重要"；林肯纪念日，"人人生而平等"；哥伦布纪念日，"勇敢、耐心与创造精神"……另外还有空军节、海军节、退伍军人节、父亲节、母亲节、劳动节、万圣节、圣诞节、国殇日、国旗日……林林总总，丰富多彩。每个节日都有各自的主题，过节时，学校放假、商店打折，人们其乐融融，精神愉悦。通过过节，不断强化了美国孩子的历史记忆和某个道德概念，而这正是美国社会公民道德和伦理素养的基本来源。

美国的历史很短，不过就是二百多年，但这并不影响美国人对历史的珍爱和尊重，无数破门、残墙、锈钟、土炮，星罗棋布的故居，数不清的博物馆和纪念堂，都作为历史的见证，被小心翼翼地保存下来。不仅如此，20 世纪初的农场马厩，不过三代的鸡窝，甚至是自己幼童时有意义的东西都成为历史的重要组成部分。一个人、一个家庭的历程就这样融入了美国历史，并成为他们精神家园的一朵花蕾。我参观了几所大学，他们的校园本身就是一个朴实的完整的历史博物馆，都顺理成章地给历届学子提供丰富而生动的历史熏陶，激励他们以主人公的姿态拥抱未来，创造历史。需要思考的是美国的历史不是"记问之学"，而是将历史作为人类共同的故乡和精神的家园，赋予历史在个人和公民成长中的重要使命。美国教育最重要的两个目标是：让所有人获得自我完善和满足个人生活的准备，以及民主社会公民的公共生活的准备。就第一个目标，即个人成长而言，历史位居人文学科的中心，它能满足年轻人对认同感以及人类时空感的渴求，而且历史为其他人文学科提供了框架和启发。艺术、文学、哲学和宗教只有在时间发展的线索和社会进化的背景中才能被最好地学习。对于第二个教育目标，即积极且有才智的公民来说，历史为人们在一个错综复杂的世界中提供了广泛的模式和可选择的方法。海德格尔说过"接近本源就是接近极乐"，历史即人类逆流而上寻找本源之旅，我认为走进历史，就是享受了德育的第一丝阳光。

在曼斯菲尔德中学的走廊上几乎每天都贴有某个师生的生日贺卡，人们在贺卡上写满了祝福的话语，温馨、亲切而又浪漫。我亲眼看到校长在一个学生的贺卡上写下自己温暖和善的漂亮文字，当校长签上名字惬意一笑的时候，我想一次深刻的教育已经完成了。

康州中小学的学生每天下午放学上校车井然有序，没人帮他们排队。当我们几次穿越他们队伍的时候，所有的孩子均退后两步，主动让我们过去，并异口同声地说"对不起"！

在学校的一个大厅，围坐着六组学生在逐一发言交流然后热烈讨论，一个仪态优雅的中年女性在巡回参与活动。一问翻译才知道，这是康州大学的各国留学生来曼斯菲尔德中学和初中生们一起进行文化交流，讨论的题目是介绍自己国家的节日，那位气度非凡的女性是康州大学的校长助理、本次活动的领队。没有文化比对，兼容悦纳，哪有全球视野和世界胸襟？

几乎我见到的每一个师生见面都会说"早上好""谢谢""对不起"之类的温暖话语。

下午活动课，一个做面点喂狗的小男孩热情地请我享用他的成果，当我略表犹豫后，他一口吃下并友善地向我摊手一笑。一尝，味道果然不错！

八年级的孩子有资格在学校走廊的墙上作画，作品是清一色的关于探险、友谊、环保、科幻、英雄等内容，而不是没有健康价值取向的作品。

每一个活动项目都会有主持人，但学生对"干部"一词完全是陌生的，大家都是平等的人，怎么会有一个所谓的"领导干部"管理自己呢？

不管是中学还是小学，食堂里只有一两个工人，学生吃饭全是自助，极少有老师给学生们分发食品、餐具，饭后也是学生将剩余部分分类倒在垃圾桶中，然后将盘子放回原处。学生坐过的地方想找点垃圾是很困难的事情，即使吐痰也是吐到纸巾里裹好后放到垃圾筐内，没见过直接向痰盂内吐痰的。美国的这种自助教育理念，贯穿在从幼儿园到中学的整个过程中，而且在制度设计上加以支持，使得学生真切地体验生活之道，理解父母艰辛，自主性、独立性、实践能力得以加强。真实亲切的道德和规则，往往蕴含于常态的生活之中，不在日常生活中孕育道德品质，无异于缘木求鱼。古代中国人也说过，"人必自助而后人助之，而后天助之""天助自助者"。

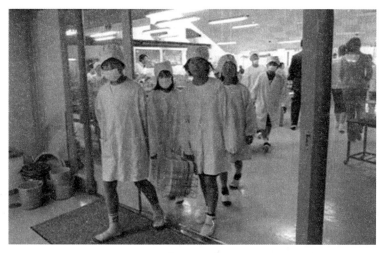

美国学生的自我担当

　　我曾随房东参加了一个高一新生管弦乐音乐会，学生一律穿黑色礼服，男生扎领结，女生戴丝巾，家长表情庄重，济济一堂。开始前，礼堂外的走廊上有几个家长摊点，有卖比萨的，有卖汉堡的，有卖小蛋糕的……令人惊奇的是旁边总是有一个学生在收钱。原来这是家长在家里自己出资做好，然后供应给那些下班后急忙赶来吃不上饭的家长，全部收入包括本金用于音乐会的开支。音乐会分四个乐章，每一个乐章结束，全体家长自觉起立，报以经久不息的掌声，社区媒体小报记者咔嚓咔嚓地照个不停，一派最高艺术殿堂的辉煌之象。说实话，整体演奏水平并不高，但请记住：音乐会是学生自己组织的，服装、道具、乐器是学生自己的，整个费用支出是家长志愿者赞助的，高一新生到校仅仅两个多月……艺术是最感性的理性教育，浓缩了的舞台，优化了的环境，孕育了最真实的情感，促进了人性的自然流淌，催生了道德境界的升华，一种唤醒、激扬、涤荡、滤纯的力量使联想、想象、创造与德行一起成长。发现美、享受美、创造美是德育的最高境界。若想润物无声，就要在艺术活动中成长。

　　总之，美国中小学对学生的道德教育内容很务实，都是根据孩子成长的生理和心理特点，从塑造学生们最基本的人格品质开始，扎扎实实，自然质朴，一步一个脚印地使孩子们走向善良、正直、宽容、勇敢、诚信、感恩、尊重、合作、负责。

我简单地把美国的德育归纳为宗教信仰、价值观、文化生活和法制建设，它的灵魂是价值观，基因是文化，行为保障是法制，基础是家庭、学校、教区、社区志愿者组织、宣传媒体、商业界所结成的德育联盟，它的突出特点是加强法治。美国的学校把许多道德行为准则印成手册发给学生及其家长，如学校常用语言和行为的准则、家庭的行为准则、人与人之间的准则等，使德育教育有了基本的准则。德育的社会化、生活化、具体化成为一种常态。

　　德育，就是从人的自然属性向社会属性的提升。没有社会，就无所谓什么德育。人性是德育的基础，也是最理想的德行。理想的社会是由理想的公民组成的。何谓理想的公民？理想公民的诞生是有阶段性的，但又是趋向归一并一以贯之的。教育的任务就是确立整个国民优秀素质引领之下的学校德育目标、从幼儿园到高中毕业的某一个阶段的重点目标和强化目标、每一个课程要实现的中心目标，然后每一所学校、每一个老师、每一次活动都要统一到这些目标的实现上，最终达成合格的国民素质。在这一点上，美国给我们提供了一些有意义的借鉴。让我们看一下《美国学生品德规范准则》的部分内容：

　　•明确自律的重要性，把自律作为动力，去做我们认为应该做的事，即使我们不愿意。

　　•做到值得信赖。这样，当我们说要做什么或不做什么时，别人能相信我们。

　　•讲真话，尤其是在讲真话对自己不利的时候，更要这样做。

　　•一生中，在所有的问题上都要诚实，包括在工作上和与政府的关系上。

　　•独自一人时，要有勇气；当有人要我们做自己应拒绝做的事时，不要矫揉造作，弄虚作假，但要显示出自己最佳的自然状态。

　　•用不侵犯他人权利的正当方法达到个人和集体的目的。

　　•在注重道德行为的场合，大胆地表现自己。

　　•要有勇气承认错误。

　　•具有良好的体育道德，认识到，虽然求胜的愿望很重要，但赢得胜利并不是最重要的。

　　•在与他人的交往中，做到谦恭有礼，包括认真倾听别人的发言。

　　•要像自己所希望受到的对待那样对待别人，确认这项原则适用于对待所有的人，不分阶层、种族、国籍和宗教信仰。

- 认识到没有一个人是生活在真空中的，那些看起来纯粹是属于个人范畴的行为，实际上常常会影响到自己周围的人或影响到所处的社会。
- 牢记我们身处逆境时的表现就是对自己的意志和是否成熟的最好考验。
- 不论干什么工作都要干得出色。
- 爱护他人财产——如学校财产、企业财产、国家财产、公有财产。
- 养成有益于身心健康的习惯，制止那些有害于达到这些目标的活动。
- 避免产生性早熟的经历，形成与家庭生活准则相适应的对性的认识。

8. 各得其所才是重要的学教之道

美国的学校很少用"教"（Teach）这个词，而更多的是讲"学"（Learn）。所谓"教"就是以"有学案为前提，由知道答案的人来教别人"。但在 21 世纪的今天，世界上充满了没有具体答案的问题，"要孩子们自己学"远比老师认真"教"更有价值。曼斯菲尔德中学的老师就曾表示，老师最感欣慰的是，"全班每个学生都有自己的答案"。

绝大部分家长对孩子读书都有一种超乎寻常的狂热，遍察曼斯菲尔德中学，几乎不见任何教辅资料和习题集之类的东西，而充塞教室的是各式各样新陈不一的图书资料。尊重孩子的读书选择，尊重孩子的自由阅读，建设孩子的精神家园，拉启孩子的思想引信远比简单重复做几道题更重要。

美国的图书馆是人们文化生活必不可少的公共设施，它与学校教育相辅相成，老师开出的图书书目，一般都可以在本地图书馆找到。到图书馆借书或查阅资料自然成了孩子和家长们的选项，也节约了学习成本，使孩子的自学和研究成为可能。

曼斯菲尔德中学的学生进入高中或大学研修某个项目或某个学科是正常的活动，也是校长和老师们再快活不过的事情，车接车送不说，有时还有专门老师陪同前行。而这恰恰没有任何升学相关的功利所求。

经常看到的是，在校园某个房间的一个角落，两个老师在辅导一个学生研究某一个问题；个别高中的学生在自己的教室里做蛋白质分类实验，也就是我们所说的 DNA 亲子鉴定。

大体在 2∶50 以后，学生会进入他们自己的个性爱好圈子。或篮球，或乐器，或厨艺，或工艺制作，或计算机编程，或探究实验；或在学校，或在家里，或到邻近的科研部门，或去法院做义工；或小伙伴一起做，或一个人独自发呆……每一个孩子都会有他的百草园，每一名教师都会有他的安琪儿，每一位家长都有他挥洒热情、想象和希望的旷世原野。不受约束的想象才能显示思维的质量，后天的因材施教才能适合个性成长。

美国的中小学除核心课程"语言、数学、社会学习、科学"外，非核心课程非常广泛，而且选修课的个别化、综合化、生活化倾向明显突出，单纯记忆和训练的内容很少，主要是把广泛纵横的知识给予你，使它成为记忆中的一个符号，以此去探索更高深的知识，思考视角、方法论、思维品质的东西多一点，此所谓"授之以鱼，莫若授之以渔"。正如埃德加·富尔在《学会生存》中所说，"未来的文盲，不再是不识字的人，而是没有学会如何学习的人"。可以设想，一个连在学校都不会学习的人，怎么可能成为创造性的人才？

美国有占中小学数量5%的高度学术性和选拔性的英才私立学校，无论是教师层次还是课程开设，抑或教育改革实验，都是美国教育不可或缺的重要组成部分，它的声誉要比它的数量大得多，许多有造诣的政治家、科学家、艺术家都来源于此。

康州前教育部长向我们提到过一个有趣的名字——"磁石学校"，顾名思义，就是"有吸引力的学校"，又称为"特色学校"。它办学特点鲜明，针对儿童特殊兴趣爱好开设富有特色的课程。学生可以学习读、写、算基本技能，也可学习特殊专才的学科，如音乐、戏剧、电脑、法律及视觉艺术等。磁石学校的学生在各学科如数学、自然、写作等方面明显高于其他公立学校的学生，如高智天才学校、蒙台梭利学校、科技学校、艺术学校等。

评价多元、全面，重个性全面发展。即使是高校录取、SAT满分者，因课外活动成绩不突出而落榜也是常事。在美国，学生成绩、名次属个人隐私，教师不能随便公开。通常中小学学科成绩分五个等次：A（杰出）；B（好）；C（满意）；D（需要再努力）；E（不能令人满意）。学生的档案袋内装有平时书面作业、手工制作、所获奖励及教师对孩子的行为观察记录。评价保障了教育的自主性、多样性和发展性，为美国社会发展提供了丰富的人才储备。

不管是价值取向，还是制度设计、课程建设、课堂改革以及综合实践、艺体活动、研究性学习，尤其是评价，都应该促进学生的多元个性发展。按照自己的智能构成，遵循属于自己的学习方式，成就最完美的自己，整个人生的愉悦幸福及社会和谐繁荣的基因莫过于此。

（二）创造优质教育的芬兰教师

从 2000 年开始，世界经合组织（OECD）每三年举办一次 15 岁学生能力评估测验，即"国际学生评量计划"，芬兰连续两届在阅读与科学两项评比中称霸，芬兰学生解决问题的能力和数学能力则位居第二。2008 年 8 月，世界三大新闻通讯社之一的路透社怎么也想不到，它传给全球新闻界使用的俄罗斯在北极海底插国旗的照片被一个住在芬兰北方小镇的少年赛罗丁拆穿。这些从一个侧面让我们见证了该国中小学教育的巨大成功。从 1979 年开始，芬兰就要求中小学教师必须是硕士学历，这几乎是全球最严苛的规定。高中毕业录取率的前 10％的学生进入师范学校学习五年，师院体系的唯一任务是培养有能力的老师，并发展必要的专业质量，以确保教师生涯能够持续进步。"有能力学习，才有能力创新教学，教育才能不断提升。"在芬兰，老师是一种"最爱学习的动物"，大学暑假开课，座中最多的是中小学教师，教育部长最头疼的是缺中小学教师，年轻人最向往的行业就是做中小学老师，其受民众尊重的程度大大超过大学教授。在芬兰虽然做中小学教师的门槛很高，但他们的工资却不高，因为他们坚信，"做老师不是为了钱，是因为我们真的相信这份工作对芬兰很重要"。一个依靠智力、知识和思考来维生、担负着人类文化承续的教师，有时缺少的恰恰便是对自己教育人生的反思、感悟、提炼和升华。一个人不可能把自己没有的东西奉献给别人，一个没有健康的职业态度、专业精神和教育智慧的人，是无法将学生送向幸福的彼岸的。学生真正的课本是教师，教师的情感态度价值观对学生的人格修为、生命状态和人生旅程起着引领、熏陶、矫正和指导定向的作用，并会沉淀到孩子的成长过程之中。所以，它是育人效果高低的关键。

（三）文化巨匠辈出的皇村学校

诗人普希金在他的诗歌《永远的皇村》中写道：

　　在那儿
　　我的青春和童年交融
　　在那儿
　　被自然和幻想抚养

我体验了诗情、欢乐和宁静

　　　　……

　　　　无论命运把我们抛向何方

　　　　无论幸福把我们向何处指引

　　　　我们——还是我们：整个世界都是异乡

　　　　对我们来说，母国——只有皇村

　　作为"俄罗斯诗歌的太阳"，普希金为何如此钟情于皇村中学，并将其称作是他的母国呢？不仅如此，"俄罗斯诗歌的月亮"——阿赫玛托娃在离世之前，也念念不忘她就读的皇村中学。

　　这所学校不仅培育了普希金和阿赫玛托娃，普欣、丘赫尔别凯、杰尔维格、伊利切夫斯基、莱蒙托夫、丘特切夫、安年斯基……一大批文化巨匠皆出于此，它为何拥有如此经久不衰的魅力呢？

　　皇村中学，位于圣彼得堡南郊 24 千米处叶卡捷琳娜宫殿的对面，由沙皇亚历山大一世于 1810 年创办，当时主要招收贵族子弟，是为俄国未来培养精英的学校。学校教育大纲是当时著名的改革家斯别兰斯基制定的，除了常规文化课外，还开设了神学、逻辑学、法学；俄语、法语、拉丁语、德语；修辞学、艺术和体育课，包括习字、绘画、舞蹈、击剑、骑马、游泳。亚历山大一世 1811 年 10 月 19 日亲自出席该校首批 30 名学生的开学典礼，12 岁的普希金是皇村中学首届学生中的一员。

　　皇村中学的学生生活是非常艰苦的。当时，学校管理十分严格，有的家长 6 年没能来看望过自己的孩子，学生每年只放一次假，而且只能在学校度过。普希金当时住在只有六七平方米的 14 号宿舍——一张窄小的单人床、一张桌子和一把椅子，而且一住就是 6 年。就是在这样的条件下，普希金写下了 120 首永垂青史的经典诗歌，并在心灵深处刻下了梦幻一生的不朽雕塑。他认为皇村"这，不是皇村花园，她是美丽的北国天堂。"在普希金的眼里，学校的内容远不止是亭台楼阁、小桥流水、山岗草场这些具体化的自然事物，还有一种只能感觉而难以言表的东西，它像圣彼得堡的冬天和夏天一样，是一种既鲜活又抽象的味道，而置身其中的更有不可拒绝的人性气场。他在《皇村回忆》中这样写道：

在这里，俄国人踏着每一步
都能够引起往昔的回忆；
他只要环顾四周，就会叹息着说：
"一切已随着女皇逝去！"
于是满怀着忧思，坐在绿茵的岸上，
他默默无言地倾听着轻风的吹动。
逝去的岁月会在他眼前一一掠过，
赞颂之情也浮上心中。

　　是什么特殊的东西使皇村中学成为当时俄罗斯英才的摇篮，成为普希金和阿赫玛托娃坚不可摧的永恒记忆？有一则事例或许可以解开我们心中的疑窦：在皇村中学，普希金的法文、俄文、绘画和击剑成绩很好，而其他课程的成绩却很差，数学考试几乎都是零分。当时学校规定，学习好的学生坐在教室前排，普希金因多门功课不好，经常是后排就座。即便如此，为什么未因此断送文学巨人的成长？为什么没有毁掉他对母校一生的眷恋和向往？答案只有一个：圣洁的品性和思想的光芒。俄罗斯文学泰斗查尔查文校长 1815 年亲自登台朗诵他的学生普希金诗作《皇村回忆》后泪流满面、赞赏有加并夸下海口，"普希金虽然只是个中学生，却已经超过了俄罗斯所有的诗人。"一瞥可测一切，我们还需要深究那些枝节末梢的表层细节吗？

　　我想，当我们和学生一起欣赏中学课本所选的普希金名作《假如生活欺骗了你》《致恰达耶夫》《致大海》的时候，千万别忘了皇村，别忘了查尔查文。皇村中学所孕育的这些种子已生长成俄罗斯民族的精神和性格，凝固成俄罗斯民族特定的发展基石，升华为俄罗斯独有的民族理念。虽历经专制与动荡仍不减活力和颜色。

四、全人教育的历史镜鉴

　　任何一种教育现象的出现，都是对社会共同教育价值取向及方法论体系的综合反映，都是对这一时期政治、经济、社会、文化等的回应。教育需要有一种大的格局，既仰仗社会，又依赖学人。历史上宝贵的教育财富应当成为今日教育改革创新的有益借鉴。

(一)闪耀着人性光辉的学校要求

我国 20 世纪初的基础教育界有很多深受后人敬仰的教育家，他们的探索给世人留下了宝贵的财富。比如当时的淮安新安小学，它是按照陶行知生活教育思想来办学的乡村小学，该校 1934 年度的《淮安新安小学第六年计划大纲》分四部分：经费、生活、环境、口号。"生活"部分有下列五项"生活目标"：康健的体魄，科学的头脑，艺术的兴趣，生产的技能，自由、平等、互助的精神。为了保证这五项目标的切实贯彻，大纲又详细地制定了"生活的方法"，并进一步分为"个人生活"和"团体生活"。前者共 29 项：

- 每天做内体运动一次。
- 每天整洁一次。
- 每天写日记一篇。
- 每天喝开水五大碗和豆浆一大碗。
- 每天大便一次，且有定时。
- 每天看本埠和外埠报各一份。
- 每年种痘一次。
- 每年洗澡约八十次到一百次。
- 每年和国内外小朋友通信十二封。

……

- 要认识环境中最易见的动植物各十种以上，并且要观察各一种以上的生长过程，及对人类的关系。
- 要认识每晚容易看见的恒星和行星十二颗以上，并能懂得风云雨露等自然现象的成因，和人生的关系。
- 能欣赏名歌名画和自然风景。

……

- 会运用十种以上的普通药品。
- 要认识社会生活，并择一种构成社会生活之基本的工人生活，如种蒲田者、瓦匠、木匠、铁匠……的生活，详细观察，并加记载，为研究社会科学的基础。

• 要学会游泳和撑船。

在"团体生活"部分规定了如下一些内容："每日轮流做主席和记录""每日轮流烧饭和抬水""每年长途旅行一次""养鸡五对狗两只""征集社会批判"等。

从《淮安新安小学第六年计划大纲》可知，新安小学紧紧围绕生活确定教育目标和教育方法，而按照这样的生活目标和方法培养或教育的学生能自然而然地养成良好的生活方式或习惯，形成良好的生活态度、情感和价值观，明确和彰显生活的意义，形成或提升融入生活和创造新生活的能力，进而可以持续地提升其生活的质量和生命的价值。如果我们将以生活为核心提高生活素质乃至生命素质的教育称为素质教育的话，那么陶行知的生活教育或者七十多年前新安小学的教育就是典型的、实实在在的素质教育。

孩子的成长体现了人类进步的脚步声，就像一年的四季一样有迹可循。教育的每一个学科、每一个门类，也应像四季的内容一样，有色彩、有温度、有个性、有差别……以一个标准，评价四个不同的季节，和用一朵玫瑰与一棵桉树进行比对，一样愚蠢可笑！

有人说，第三次世界大战已经发生，地点就在中小学的课堂里。中国的教师，究竟应该为这个国家做哪些准备？我想，著名教育学者肖川教授写过的一段话，对所有教师都会有很大的启发：

> 有心的地方，就会有发现；
>
> 有发现的地方，就会有美；
>
> 有美的地方，就会有自由；
>
> 有自由的地方，就会有快乐；
>
> 有快乐的地方，才会有远方！

（二）崇尚求实创新的职业信仰

教育与其他学科一样，需要研究。研究，就要求实创新。著名历史学家傅斯年在《历史语言研究所工作之旨趣》一文中说："凡能直接研究材料，便进步；凡间接地研究前人所研究或前人所创造之系统，而不繁丰细密的参照所包含的事实，便退步。凡一种学问能扩张他所研究的材料便进步，不能的便退步。凡一种学问能扩充他做研究时应用工具的，则进步，不能的则退步。实验学家之相竞如斗宝一般，不得其器，不成其事，语言学和历史学亦复如此。"

傅斯年特别强调："一分材料出一分货，十分材料出十分货，没有材料便不出货。""我们不是读书的人，我们只是上穷碧落下黄泉，动手动脚找东西！"他以惯有的"大炮"性格振臂高呼："要把些传统的或自造的'仁义礼智'和其他主观，同历史学和语言学混为一谈的人，绝对不是我们的同志！要把历史学语言学建设得和生物学地质学等同样，乃是我们的同志！"

研究历史语言学的人尚且如此，教育科学又何尝不是这样？教育是科学，科学的意义在于求真。"真"在哪里？"真"在实践中。如果教师想享受这个本该生动活泼、意趣纵横的职业生活，而不是在简单重复中死干活，就应该自豪勇敢地走上研究者的道路！

作为教育人，我们得时常告诫自己：我们是在科学的殿堂里工作；我们可以建设自己的典型样本；我们应该保留我们丰富精彩的教学片断；我们引以为自豪的成功的经验要经过科学验证固化成可以重复、可以示范、可以放大的文化力量；我们身处最感性的教育研究资源之中，我们完全能够概括、抽象出规律性的东西；我们需具备发现问题的品质、研究问题的能力、解决问题的坚贞、提升问题的学养；我们应该尝试进行教育实验；我们要创造属于自己的作品。我们要做课程的开发者和建树者，而非单纯的执行者和工具；我们要拥有具有自己知识产权的案例集和教辅资料；我们要依据学生的实际发展吸纳一切有意义的信息资源，对教材进行必要的增删整合，直至形成自己的教材。

(三)无限广阔的教育世界

2012年5月20日上午，我在济南听了中国人民大学附中王君老师的两节课：《老王》和《纪念白求恩》。说实话，这两篇课文并不好讲，但听过之后，即有茅塞顿开、豁然开朗之感，原来语文可以这样教，原来语文应该这样教……

王君的教学之道是以学生的生命发展为本，她关注学生真实的生命状态和真切的成长要求，不是依据考纲、考题的范式要求去聚焦知识本身，而是亲切自然地挽起孩子们的手，走进了生命的原野。当人生的感悟变成一个个问号和叹号在心潮涌动，当生命之美、人性之美，哪怕是悲悯的美、沧桑的美、哀婉的美、哲思的美、柔润的美……溢满心田变成一条小溪自然流淌的时候，你还会像往常一样抱怨语文课板结僵死的无聊和痛苦吗？

　　王君的语文世界是开放的、宽阔的、健朗的，一切与文本相关、与生命相连的素材都构成了语文学习的应有内容。她绝不拘泥于课文本身，也不受制于自掘之井或人为之程式。当杨绛、老王、时代、环境、文本，还有最现实的老师和学生展开一次比一次深入的课堂对话的时候，老王就不仅仅是个小人物，他也是一个大世界；白求恩也不只是过去的政治符号，而是人类精神的化身。当一往情深的作者和有血有肉有格的主人翁一起走来的时候，学生是在学习课文，还是在臧否人物，抑或反思自己？文道合一，文不载道，一纸死文；道不美味，空为说教！当学生饱含着感情去体悟作者白开水式的文字的时候，文字就完全变成了一个灵动丰满的生命世界。它真实而不虚伪，完整而不片面，鲜活而不呆板，健朗而不晦涩，学生浸润其中，生命真善美的人性基调得以成长。

　　王君教学的精妙之处在于评价，她的课堂评价促进了全班同学的主动发展、个性发展和生动发展。应当说她的评价是及时的、真实的、亲切的和专业的。当一个较为孤独、坐在最偏僻处的孩子被递进式评价四次后，久闭的心花完全打开而且被自己的表现感动得满脸通红的时候；当活泼的俚语"你真爷们！"变成各种语气和句式叩开学生心门的时候；当"节奏""语感""旋律""风格""诗意"……这些属于学科文明和专业领地的词语一次又一次地激发学生的表现欲、成就感和创造精神的时候，及时有效的评价促进一般人的一般发展和特殊人的特殊发展就成为课堂最现实和最伟大的力量。评价作为教师教育价值观和学科教学观的深层次呈现，不仅体现师生关系、课堂氛围，也体现学科兴趣、思维品质、学习习惯和创新精神，更为可贵的是生命情感的孕育和人性光辉的升华。

　　王君老师本身就是学生学习最好的课本，不仅仅是她渊博的知识、绝佳的口才、传神的表达，也不仅仅是学科魅力和她的课堂驾驭能力，更重要的是她对学生的热爱和尊重，无丝毫的矫揉造作和居高临下。尊重是人的高层次需要，尊重是人性的产物，尊重因行动而动人，尊重使生命得以觉醒。它不仅仅是存留在心底的意识，它更应该走进我们老师的教育生活，在举手投足、一言一行中自然表现，并成为我们的教育性格。有一句广告语说得好：风，使树活起来；潮汐，使海活起来。我想，让学生在每一次教育活动中受到尊重，使他们感受到成长的愉悦，教育就会"活"起来。不尊重学生的学习起点、生活经历、智力类型、个性表达、心理情绪，怎么可能获得王君老师那样的教学成功？另外，王君老师像大海一样的心胸和潮汐般涌动的热情，促进了学生强烈的自信和创造欲望的形成。她一次又一次地把话语聚焦在学生的心灵深处，把目标定位在对主体精神的关怀和思想的无限超越上，不拘一格，因势利导，学生的兴趣、爱好、特长、天赋得以助推喷发。真善美的一切皆因教育、练习、习惯而得来，正如苏霍姆林斯基所说，"在每一个年轻的心灵里，都存放着求知好学、渴望知识的火药，只有教师的思想才有可能去点燃它。学生生活在思考的世界里——这就是教师点燃起来的勤学好问、渴求知识的火焰。只有教师才有可能向儿童揭示出：思考，这是多么美好、诱人而富有趣味的事。只有当教师给学生带来思考，在思考中表现自己，用思考来指挥学生，用思考来使学生折服和钦佩的时候，他才能成为年轻的心灵的征服者、教育者和指导者"。

王君老师的课大气而不虚空，情致而有韵味。语文是人文，也是工具；语文里有道德，但不能充塞政治；它有综合的一面，但不是泛化的公民课；它兼容了文学的功能，但也不是独立意义上的文学课。一花一世界，一叶一菩提，穷其一点，放大其余。王老师没有面面俱到地对课文做完整的分析，但在情感孕育处、思想升华处、语感培养处让学生做一次又一次的配乐诵读；在价值生成处、问题质疑处、能力形成处让学生做一次又一次的辨析、研讨、表达；经典片段坚定不移地让学生背诵；情感萌动之处及时让学生写作倾诉。一个活的语文，可触摸、可运用又可创造的语文，展现在大家面前。

教育的真正意义是人的变化和发展的意义。人在学校接受教育不只是单纯接受知识，更是在接受一种文化精神的教育。苏格拉底的"精神助产术"以崭新的思想定位了老师的作用，真正意义上的教师是精神的航标、点燃火炬的火种、唤醒学生生命自觉的灵魂。王君老师做到了，我们由此看到了学生的变化，他们的眼神、表情、渴望、展示，已证实了这一点。我想表达的是：

一个只关注现实需要的老师是教不出胸怀远大的学生的；

一个思想肤浅的老师是教不出有深度思维的学生的；

一个拘囿于考试成绩的老师是教不出有创造力的学生的；

一个没有灵魂的老师是教不出有生命质感的学生的……

五、全人教育的理性观照

思辨是学习和实践之间的纽带，是一种可贵的品质，它传承精华，去除糟粕，孕育智慧。层次分明、条理清楚的分析，清楚准确、明白有力的说理，必定使人受益无穷。全人教育需要在思辨中启动，在思辨中匡正，在思辨中发展。全人教育需要用思辨来支撑，也一定会因思辨而拓展！

（一）深度思考生发无穷力量

没有宏观的思考，难有细节的完美。只有善于思辨，深度思考，才能在某种程度上接近事物本来面貌，找到自己的安身立命之所。因为，人们所做的每一件事都取决于自己思考的质量。如果思维不清，势必被人左右。

中国历史上伟大的哲学家之一，被誉为"近五百年来儒家的源头活水"的王守仁说过，心是天地万物的主宰，心外无理，心外无物。"心"是思考的器官，"心"即是思考。思考体现了人之所以为人的本质。正因为如此，就更加迫切地需要探讨思考的意义、路径、影响因素和永恒价值。

1. 思考的现实意义

思考一直是伴随着人类这个生物体而产生的附带品，也是人区别于其他动物的一个显著特征。人的独立精神价值和社会存在意义就在于思考。台湾大学为纪念已故第四任校长傅斯年而建的标志性纪念物"傅钟"，每天只响二十一下。原因是被誉为"中国历史上最有学问、最有志气和最有修养的伟大的知识分子中的一个典范"的傅斯年说，"一天只有二十一小时，剩下三小时是用来沉思的"。

作为一个现代公民，学生首先要学会拥抱思想，学会思考。简单地说就是一个人在遇到问题或困难时，能提出自己的见解，尝试解决问题，形成自己的见识。因为只有当你抛开了外在已有答案，同时也抛开了内在已有答案的时候，才是真正意义的思考，这种思考就是一种洞察力的思考，是一种透过现象看本质的思考。

思考在学生发展中的地位和作用是任何其他活动都代替不了的。没有思考就没有内化，没有内化就没有独立人格，失去独立人格、只依附于团队和其他人的公民是没有风骨和创造活力的。

德国哲学家怀特海早就这样表达了他的忧思，"凡是不注重训练智慧的民族，都是要失败的。所有你们的英雄行为、社会魅力和机智，所有你们在陆上还是海上的胜利都不能改变这个命运"。智慧从思考中生成，创新在思考中实现，国家在思考中发展，文化在思辨中繁荣，民族在哲思中前进，而思考是在母亲的怀抱里、幼稚园的玩耍中、中小学生的教室里完成它的习惯养育。

2. 思考的理想路径

(1)思考源于自由

历史的经验一再证明，"百花齐放，百家争鸣"的自由状态是孕育思考的沃土。自由是一个人不被动接受别人给的观点，也不轻易将自己纳入别人的评价体系，而是在别人告诉我应该怎么做了以后，自己能够思考，想通了以后才接受，然后去实践。

自由不是为所欲为，也不是谁都不在乎，自由必然带来理性，理性思考后再做选择，这才是真正的自由。自由的悖论恰恰在于自由的保障，来自对自由的限制，但自由之于思考则是绝对的。没有自由，思考毫无意义。哲学意义上的自由本身既是人的目的，也是伟大的创造力源泉。

思考没有自由，思辨没有安全，生命就会失去创造，社会就会缺乏活力。当然这里所谓自由，不是动物性自由，而是社会理性自由，就是在任何事情发生时，都要保持心灵开放，理智地把握自己的观点。

没有自由的时间和空间，完整意义上的思考根本就不存在，即使有一些碎片式的思考，也会因牵引和服从而失去应有之意。受法国哲学家亨利·柏格森影响很深的 20 世纪法国最伟大的小说家之一、《追忆似水年华》的作者马塞尔·普鲁斯特特别推崇自由联想，他说："不由自主的联想，是非理性的，非逻辑的，看上去甚至是毫无道理"，但却是一种最神奇的创造力量，会使人有一种舒坦的快感传遍全身，感到自己超凡脱俗。

所有这些，都昭示我们：教育能不能尽可能多地给孩子一些"发呆"的时间？发呆不是发傻，那是在塑造一个个鲜活的生命。

（2）思考成于科学

思是格物致知，考是敲击察辩，它本身有规律可言。思考可能始于胡思乱想，但不能止于胡思乱想；思考源于自由，但也不是有了充分自由，就有了思考能力和品质的不断提升。一直到现在，人们对思考本身，对思考的习惯培养方法，对思考的角度和技巧训练，对思考的哲学提升，都仍处于一个较低的自然层次。

人们一直认为，学生通过学习某些学科，尤其是数学和科学，自然学会思考，除此之外，不必再专门进一步研究它的规律，或者说，即使是在学科教学范畴，人们也缺少对有关思考的认识和研究。例如，在因果、递进、正反等逻辑关系的理顺中；在表达、沟通、批判的构思建设中；在想象、联想、顿悟的孕育期待中；在整理、编辑信息资料和组织活动中；在分析、综合、决策的行为策略中；在计划、行动、反思的领悟过程中；在对比、类比、归纳推论的演绎推导中；在分类、发散、聚合的信息加工中……肯定地讲，教育意义上的思考不应看成一定是自动完成的活动，它包含了教育者的睿智和驾驭能力！

在自由表达和辩论求真的课堂中，没有也不允许有教师驾驭并统一在一起的主流观点。教师的责任就是，教会学生独立思考、帮助学生独立思考、监督学生独立思考。教师只是提供了材料、提醒了方法，由学生自己充分地思考，在进行一系列比对、回忆、判断、批驳、变换视角、提炼观点、组织语言的过程中，形成对此重大社会问题的观点。

2006 年 12 月，前哈佛大学校长拉里·萨默斯访问中国，在接受中央电视台采访的时候，记者问道："你认为一个优秀的哈佛大学生需要具备的最重要的素质是什么？"萨默斯先生说："正直诚信的品格是我们对学生最基本的要求。除此之外，我想最重要的是思路清楚，分析问题的时候有着非常清晰的思考过程。"显然，"思路清晰"是水到渠成的自然过程，也是训练健康有序的加工过程。要坚信：任何人的大脑运转速度和爱因斯坦的速度完全一样。所以，聪明与否不在于谁的大脑运转快，而在于谁的思考方式正确。对于一个头脑聪明的人来说，"思维快捷"只是表面现象，"思路清楚"才是根本。

3. 思考的影响因素

古人说："业精于勤，荒于嬉；行成于思，毁于随。"在这里，我想强调的是"思，毁于师长"。实际上也就是因为师长过于强势而使学生不得不既而习惯于随时随地随于师长，从而逐渐丧失生命内在思考和主体创造活动。

如果在学校，教师以"高度负责"的态度，直逼面向各种考试的静止结论，除了记忆和训练，整个学习过程面目全非，没有过程，哪有思考？没有思考，哪有智慧！以哲学视角观照现实的教育教学，直觉带给人们的镜像思维、科学带给人们的逻辑思维、艺术带给人们的形象思维，统统淹没在题海的滚滚波涛中，单纯做题技术再深的加工也代替不了大背景下的深思考。一叶障目，不见泰山；蚁穴之中，安生巨人？更有甚者，师长的功利主义评价，使学生的真实性思考迁移成取悦于师长和考试的藩篱，连写日记都成为一种戴着面具的舞台表演，那么，在自由和纠错之间所形成的自我能力就会慢慢消失在压迫和奴役之中。

4. 思考的永恒价值

思考产生力量。哲学家叔本华说："每个人都把自己视野的极限当作世界的极限。"如果说学习是传承和活化几千年以来人类文明的成果，那么思考则是将此成果做无限时空的延展，包括过去、现在和未来。没有思考，人最大的价值和最清晰的坐标就会迷茫于失去自我的雾霾之中。所以哲学家乌纳穆诺有一句名言，"思考的意思是：亲近自己"。人本身最伟大的力量就是思考，人因思考而拥有整个宇宙。自然、社会、星空、人类一切的文明，只有经过思考才能成为你的人格、智慧、修养和你的生命本身。学而不思则罔，行而不思则讷，读而不思则囵，交而不思则流。歌德说："谁无脑子去思考，到头来他除了感觉之外将一无所有。"无论对现在，还是对未来，思考都是一种创造的力量，从某种意义上讲，没有思考，就没有未来。

当前，我国正处于历史上的一个重大拐点，转型期之于教育比之于文化，比之于经济更为敏感。每一位教育工作者都应该坚信，一个人不依附于另一个人，人格才会完整；一个国家不依附于另一个国家，主权才会独立。所有这些，都来源于打上民族烙印的思想体系，都来源于独立思考。只有思考，才能使教学富有意义；只有思考，才能给学生带来智慧；也只有思考，才能使生命焕发活力。思考赋予我们的全部意义，就是恢复生命本来的样子，使生命更有尊严。

(二)精准辨析凝聚丰盈智慧

学会辨析，才能有理性，才能明白更多道理而不会轻信那些似是而非的东西。

法国思想家帕斯卡曾经说过："人不过是一株芦苇，是自然界中最脆弱的东西；可是，人是会思维的。"与动物相比，人类的肢体构造并没有什么特别优越的地方，人类的神奇力量来自人类头脑所独有的思维功能。人类的每一种行为，每一种进步，都与自己的思维能力息息相关。面对教育名词层出不穷的现实，教育者需要深度思考，谨慎而为。

1. 模式与策略之辩

在教学模式广为流行的今天，教师更应该保持清醒的头脑，切不可让其磨掉自己的教学个性。

模式，即事物的标准样式，是前人经验的抽象和升华，是解决某一类问题的方法论。作为教学模式，它是在一定教学思想或教学理论指导下建立起来的较为稳定的教学活动结构框架和活动程序，是教师教学经验经过提炼加工的必然产物。它源于经验，高于经验，提升经验。

任何一种教学模式在其发生和发展的过程中，都存在"去伪存真、去粗取精"的过程。只是发展到一定程度，建立了较为稳定的基本结构框架和活动程序，在教学实践中取得了明显的效果，得到学生的热烈欢迎和同行的广泛认同，才被认定为一种教学模式。因此，教学模式的建立，本身就是教师教学个性发展到极致的一种必然表现。这就给人一个重要的启示：教学模式具有动态开放性，形成的过程如此，完善的过程如此，不断得到创新的过程亦是如此。对任何一位教师来说，不论是学习现有的教学模式，还是创建自己的教学模式，其过程都是教学个性不断得到丰富的过程，而不是相反。

毋庸置疑，教师教学个性的形成，都存在"先入模后出模"的问题。否则，由于不同教师之间，教师专业成长的不同阶段之间，专业能力不同，发现规律、总结规律、应用规律的能力存有一定差异，在初期可能会出现无章可循的问题，造成教学过程的混乱。在中后期就可能会出现固守既有做法的现象，使自己教学个性难以形成，更不用说得到丰富和发展，造成教学过程的守旧，出现教师专业发展的"天花板效应"。因此，有效弥合"教学模式"与"教学个性"，促进教师专业发展，是学校教学管理工作的重中之重。

基于这样的认识，我校在个性优质课堂建设过程中，没有也不可能为全体教师提供一个广泛适用的课堂教学模式或一般教学流程。我们认为，具有极强规范性的教学模式，对处于初识阶段的教师可能有用。但是，一味遵从模式，一直在规范中行走，教师的教改之路和发展之路就会受限。因为个性是一个"区别于他人的，在不同环境中显现出来的，相对稳定的，影响人的外显和内隐性行为模式的心理特征的总和"，让个人特点、教学特色各不相同的教师用统一的模式授课，不能充分发挥教师的实践智慧。一种教学模式，只是侧重于解决一类教学问题。若用单一的教学模式掩盖课堂教学多样、灵动的本来面目，对教师教学个性形成所产生的消极影响是显而易见的。

"三四四"教学策略研讨会

在个性优质课堂建设过程中，我校只是鼓励教师根据课程标准、教学内容、学生特点、学校实际和个人优势，针对不同的教学内容，灵活运用学校提出的"三四四"教学策略。要求全体教师在全面理解、整体把握"个性优质课堂"内涵、外延的基础上，着力按照"三四四"教学策略设计和实施自己的课堂教学。同时，学校鼓励教师在尝试运用他人模式与创造自己的模式相结合的基础上构建属于自己的模式群，并积极探寻和积累极富教师个性色彩的精品课例。这样做的目的就是摒弃"摸着石头过河"的思维，让课堂教学返璞归真。让教师在参与个性优质课堂的实践中，不断形成个性、发展个性、丰富个性。在每节课的目标达成中不断超越自我，享受自我实现的需要被满足的幸福。

在这样的课堂教学中，教师着重培植学科精神、指导学习方法和培养学习习惯，注重在每个环节中引导学生独立思考，让学生站在全局的高度，在前后知识的比较中寻找联系，学会学习。通过启发、探究、体验、感悟，学生有了众多发现，促进了学习智慧的生成。学生想学、会学成为常态，"教是为了不教"的理想，逐渐转化为现实。

所以，"无模之模，乃为至模"。

2. 课堂与学堂之析

刘建宇老师在初中数学教学中有独到之处。刚参加工作就与我成为同事，2007年来到临沂第二十中学又成为同事，从2012年开始了新一轮教学改革实验，期间，我也随机去听过他的课。一次听课后顺便了解了学生的学习心得，不由得内心波澜起伏。我曾自豪地告诉前来考察的天津教科院的陈雨亭博士，刘建宇的实验在某种意义上有可能颠覆传统的教育教学理论和实践程式，他为一切其他学科教学改革提供了依据和可能。

多年的管理实践让我体验到，学生学习的主要困难更多地来自心理障碍，而非知识的前后逻辑链接，某堂课的知识未必是下一堂课的认知基础。而这些障碍好多是由于教师对学科教学的低浅把握和对教育教学规律的无知造成的。唐史学不好，就一定学不好宋史吗？散文单元不想学，小说单元就一定跟不上吗？基础很重要，但这个基础更多地不是知识本身，而是态度、兴趣和爱好；是方法、习惯和思维品质；是责任动机、价值追求和人生目标。刘建宇在课堂上经常将很多知识内容进行有机地整合、删减，对学生暂时无法理解且对下一步教学构不成障碍的内容，能够大胆地告诉学生这些内容不用学，跨过去，而过一段时间水到渠成的时候再提出这些内容，问题便迎刃而解了。同时让学生思考当时为什么不会，让孩子发现规律。刘建宇提出了全息诗意教学的核心理念，把学生的学习态度、心理情绪、方法习惯等一切与学习数学和人生发展的要素，全部纳入其教育教学设计之中，思维所到，剑锋所指，八方联系，浑然一体，创造了诗意盎然的教育篇章，个人成长和团队进步的互动机制促进了一批又一批教师的成长。

我认为，一堂课成功与否，取决于建立一个什么样的价值标准。一堂课，短短四十五分钟，它是教师作品的呈现，还是一个既定的完整程序，抑或是一台话剧的精彩演出？是教师教学的全部，还是教育长河中的一朵浪花？其实都是又都不是。

教学过程中教师、学生、环境、资源等要素交互作用，目的是促进一个个生命的真实成长。所谓真实，就是它有独立思考、真情流露、自由专注和思维连续，而思维的连续性是真正学习的灵魂所在。

课堂完整性的曲解封闭了学生在课堂中所形成的思维的连续性和思想的广延性。在专家学者看来，判断理想课堂的指标众多，但有一点是肯定的，那就是理想的课堂首先是学生的学堂，学堂的意义就在于学生的主动学习而达成思维的连续性和思想的广延性。因此，唯有从学生学习的认知基础和情感基础出发，调动学生各种感觉器官，主动让学生暴露思维、优化思维、提升思维，促进知识的建构、思维的发展和方法的生成，才能促进学生的主动学习、主动发展，实现"从技到道"的转化、从学习到责任的升华。

3. 教材与学材之异

教材无非就是个例子。但是，这个例子，不是一般的例子。它承载了编写者对课程标准的解读水平，体现了编写者对学科体系的把握程度，指明了编写者对教学设计的期望要求，表达了编写者对学习规律的推崇认同。所以，它是一个好例子。当然，再好的例子，也仅是一个例子。当这个"好例"面对不同的教师、学生时，若要发挥最大作用，需要教师这一专业人士根据自己的理解、学校的条件、学生的实际进行创造性地开发。

就目前使用的教材来看，不同学科课程内容的表述方式具有较大的相似性，注重知识的系统性、连续性、科学性，这没有错，但是，这样的表述走向学生时，总给人枯燥的感觉。当然，为了突出课程内容的权威性、标准性，总是在问题后面紧跟着答案。这样的安排不能给学生带来更多的感悟和思考的空间，也截断了学生从感性认识走向理性思考的更多可能的路径。

作为学生，他们的大脑中存有的更多的是一些感性的东西，生活化的场景，朦朦胧胧的认识。因此，在专业语言与生活语言之间存有鸿沟。教育的作用之一就是让学生逐渐从生活中的感性认识走向学科中的理性认识，所以，需要教师从学生生活经验入手，需要有天地万物为我所用的气概，通过多种方式活化教材，变固定的教材为灵活的学材。

教材不是圣典，无须顶礼膜拜，亦步亦趋。创造性使用与科学处理教材，超越教材，是教师的重要担当。如此，"做教材的开发者和研究者"才不至于成为一句空话。

　　正因为如此，在临沂第二十中学，教师们都不再受教材羁绊，而是根据学生需要不断开发出学生乐于接受的学材供学生使用。我们间周一次两节连排的语文专题活动课，可以是"无与伦比的莎士比亚"戏剧表演，可以是"走进春天"的古诗词欣赏，可以是"京剧入门"，可以是"解读欧阳修"，也可以是"走近苏东坡"等。从"大江东去"到一个有体温、可触摸、有故事的风流大学士，到一次中国诗词史、中国文化史、中国文明史的深度追寻，到由对苏轼的倾慕、渴望、崇拜而主动走进更加广阔雄奇的苏氏诗词世界。因为学生从小学到中学，学过几十首苏词，也未必了解、理解、接纳、放大一个完整的苏词世界，单纯量的积累无助于学生形成健全的文化人格和文明品格，孤立的学习无法让学生如痴如醉地进入一个流动的思想王国，专题研究，才能造就一次波澜壮阔的精神之旅。所以，教育不是一种关锁，而是一种打开！

六、全人教育的师资祈求

　　教师发展应该有更丰富的内涵，不应把教师的发展定位在狭隘的"专业"发展上。校长要关注教师的职业态度、生存状态，要建设尊重生命、尊重人格、尊重个性以及平等、民主、公平的学校文化。没有这种价值观的支持，只单纯发展教学能力，是无法胜任全人教育工作的。教师需要具有健康的职业态度、专业精神和教育智慧，才能成就他的学生，才有能力让学生拥有幸福的未来。

（一）教师是教育的第一资源

　　全人教育涵盖人格、智能、体能等诸多内容，其根本任务是培养能独立生存的个体，造就体魄、身心俱健的一代新人，而高素质的教师队伍无疑是全人教育的第一资源。

　　教育是用生命影响生命的事业，教师是教育的第一资源。教师的发展、学生的发展和学校的发展是一个不可分割的统一体。只有教师发展了，才会有学生的发展，只有师生发展了，才会有学校的发展。如此，如何造就与时俱进的教师就成了学校的中心任务，这也对学校管理提出了新的挑战。

"教育大计，教师为本""教师是国家发展基石的奠基者"，既说明教师在教育中的地位，又充分肯定了教师在国家发展中的作用。

在瑞典，国家对教师培养坚持三条标准："要掌握丰富的知识，要具有终身学习的能力，要具有推动社会发展的能力。"这些标准得到欧盟国家的广泛认同，它们普遍认为，"教师是引领社会前进的人"。

不同的视角，不同的社会背景，不同的研究者，得出了相似的结论，足以说明教师在社会发展、学生成长中的重要作用。为此，学校就要创造条件，帮助和促进教师的专业发展。学生真正的课本是教师，不让一个学生掉队的前提是不让一个教师掉队，没有深刻意义上的教师继续教育，就根本谈不上学校的持续发展。当前，我国处于特定的历史阶段，教师如不吐故纳新难以胜任重要的改革任务。如今的教育并不缺少先进的教学方法和教学设备，并不缺少教育思想和教育著作，也不缺少教育学的教授和指导，而是需要有灵魂的教育。我们更渴望对生命的终极关怀，对人的自由、公正和生存尊严的教育。

苏霍姆林斯基说过，"只有当教师的知识视野比学校教学大纲宽广得无可比拟的时候，教师才能成为教育过程的真正能手、艺术家和诗人"。要警惕当前教师中存在的一些问题，如重育人轻育己，重方法轻方向，重成绩轻成长，重效果轻效率，重课内轻课外等。从某种意义上讲，经验是可贵的，也是可怕的。教育需要丰富的安静，也需要强烈的"审美冲动"。因此，学校要把教师的继续教育和职业关怀当成最重要的一项工作，精心筹划，细心呵护，用心培植，既需要仰望星空，又需要脚踏实地，以促进教师的专业精神的形成和实践智慧的丰盈。

（二）教师发展需要价值引领

价值引领就是用正确的价值标准引导师生的价值判断，并逐步形成全学校的价值共识。多元多样多变的当今社会形势，在激发教师无穷的创造活力、强劲的奋发精神的同时，更需要对教师进行科学鲜明的价值引领。

有人说过：要提升一所学校，首先要提升这所学校的校园精神；要提升一个教师，首先要提升他的价值追求；要提升一个学生，首先要提升其人生期望。让教师参与学校发展规划和制度建设，这就是一种引领。引领价值取向，实现文化认同，形成共同意志，让教师个体拥有学校集体。点评课也是一种引领。我校明确规定校级展示课活动，听课者必须参与集体备课，讲课者课后必须表述本课的设计意图、预期效果、成败得失、自我反思；课后必须有权威专家跟进点评，以点评实现引领提升；鼓励教师主动输出，在展示中实现跨越和提升，因为输出相对于简单输入是一种更好的学习和提升。

临沂第二十中学地处城乡接合地区，原有居民早已摆脱面朝黄土背朝天的农耕时代。工业的发达也吸引了众多外来务工人员，暴富心理、致富思想、多样发展、多元诉求等不同程度地影响着教师的职业信念。在这种多元多样多变的社会形势下，学校要在激发教师无穷的创造活力、强劲的奋发精神的同时，加强对教师进行科学鲜明的价值观引领。学校要引领教师确立正确的价值观、学科思想观和科学育人观，用正确的价值标准引导师生的价值判断，并逐步形成全校的价值共识。

基于此，我们确立了教师专业发展的六级之路。它就是"确立教育理念——把握学科精神——定位学生习惯——制定教学策略——设计教学流程——锤炼方法技巧"。以此引领教师生成独具特色的个性智慧，自觉地行走在专业发展的大路上。从确立教育理念切入，坚持顶层设计，直至形成自己的方法技巧，与单纯地从个人的技能技巧出发的反向路径相比，具有特别重要的价值。

作为校长，需要做的不是替代老师，而是创建合乎学校发展实际、契合师生发展需要的平台，引领每一个人发挥自己的个性特长，达成"认识上互通，行动上互促，情感上互融，能力上互补"的和谐局面，将学校发展成为每一个人孜孜以求的生动实践。

对教师的价值观引领，既要有形而上的意蕴，也要有形而下的要求。价值引领不仅体现在"培养什么人，怎样培养人"的核心教育价值观形成方面，更是体现在一些具体的教育教学过程中。学科价值取向的确立，优秀教师标准的形成，教师合理需求的满足，从教学走向教育的跨越，无不考验着教师的认识能力和智能水平，考验着管理者的才能与谋略。这就需要学校在对"一"与"多"辩证关系的深刻把握中，尊重多样而又凝魂聚气，包容差异而又强基固本，继往开来，促进学校工作科学发展。也正是在对根本价值的张扬与遵循中，使一切多样化与变革成为整个学校发展华彩乐章中有意义的音符。

(三)教师发展需要个性关怀

个性关怀就是尊重个体之间的差异，珍视个体之间的多样化。共性与个性的辩证关系表明，只有尊重多样化，才能尊重个性。因为个性总是多样化的，而且多样化中就包含着即使是最好的单一化。

教育是"人"的教育。教育是个性的教育，没有个性的教育不是真正的教育。教育是完整的教育，而不是将人的知识、情感、品德、能力肢解开来的教育。对于教师个人来说，如果没有强求一致的压力，每个人都有发展自己一切天赋、一切本质力量的广阔天地。物竞天择的自然定律说明了一个浅显的道理：每一个有生命的组织其发展的根本前提是，使每个生命个体实现个性优质发展。一所学校如此，一个民族更是如此。因此，让教师和学校一起发展，让教师和学生共同成长，不是一个简单的口号，而应是实实在在的行动。

对教师的个性关怀，不仅要满足教师在物质层面的合理需求，关注教师因性格、性别、年龄、民族、智能结构、学科属性等方面的差异而客观存在的实际需要，更要满足教师诸如被尊重的需要、自我实现的需要等精神层面的实际需要。因为从管理学角度说，满足需求的管理就是最好的管理。

在教师个性关怀方面，要特别关注青年教师。众多的实践案例表明，新教师在其任教的前五年，是其专业成长的重要发展期，职业进程中的任何压抑扭曲和引领助推都会对他的职业信念、专业精神和教学思想产生不可逆转的重大影响。因此，对青年教师尤其是新教师，我们始终坚持"少一点关卡，多一点关怀；少一点批评，多一点帮助；少一点评估，多一点引领"的管理方式，把表现的机会更多地给予他们，彰显他们的成果，鼓励他们的进步。宁愿使他们成为在正确方向上爬行的乌龟，也不要成为在错误方向上奔跑的兔子。目的只有一个，那就是离真正的教育近些、再近些！

我始终认为，教师的教学活动，首先是教师的个体劳动。"一个出色的教师，从某种意义上讲，就是他的个性被张扬到了极致。"因此，对教师进行简单机械的评估，只能导致教师工作的简单重复，泯灭教师的生命激情。为避免教师追求上的摇摆和发展上的平庸，需要对教师进行关怀个性、关注差异、关心发展的多元异步评价，创造教师发展的良好生态环境，以便让处于不同发展阶段的教师，都能找到教学个性发展的生长点，确立好自己的阶段目标，促使教师生发亮点，提升亮点。

（四）教师发展需要理性自由

理性自由就是任何事情发生时，都要从理智的角度加以掌握，并且保持心灵开放，多多参考别人的说法而不能妄下结论。人类有理性，因而可以做自己的主人，这是自由的真谛。换言之，自由是指一个人不是被动接受别人给的规范，而是在别人告诉我应该怎么做了以后，自己能够思考，想通了之后才接受，然后去实践。

自由不是为所欲为，也不是谁都不在乎，理性思考后再做选择，这才是真正的自由。对于作为一个社会组织的学校来说，必定需要一些理智的共识，这些共识主要通过必要的制度加以贯彻。制度规定的应该是最基本的共性内容，是应该守住的底线。但制度的预设性决定了无法涵盖现实中千变万化的各种动态情况，制度也不应该成为"跳蚤效应"中的那个盖子。规定太多、太死，必定会造成组织的僵化、死板、低效和肤浅，扼杀教师的创造性。制度如果不能促进教师的专业发展，激活教师本身的资源，奠定教师的职业性格，形成学校内在的文化传承，就不会出现端正的工作态度，浓郁的工作兴趣，优秀的个人品格，更不会有教师的创新精神和不竭的发展动力。

正像学生需要教学民主一样，教师更需要学校给他必要的教学自由。自由，乃是一种创造的力量，它能冲破一切陈规，建设一个新的境界。当然，自由不是放任，创新也不是舍弃宗法；创造需要有根有据，它是一种发展，是一个飞跃，是一次质变，而不仅仅是不同的东西。自由不是随心所欲，应有自由的精神和品格。教师的自由之于教育，那就是突破一切外在禁锢和内在瓶颈，不屈不挠、百折不回地探求教育教学的真谛。对于学校来说，在严格建设教师职业规范的前提下，应该更多地给予教师自由创造的天空，让他们更充分地把自己的生活阅历、知识基础、强势智能、教学经验等打上生命个性的烙印，融入课堂教学的创造之中。

这既是教师成长的需要，也是学校管理的必然。否则，只能缘木求鱼！

促进教师专业发展水平的不断提高，引领教师形成专业发展的志趣、境界和格局，始终是学校管理的关键。

(五)教师发展需要主动为之

教师发展有其自身规律，也有人类固有的特点，只有自觉自为，积极主动，全身心投入到研究学生、研究学科、研究教育的行列中，才能在职业生命中探寻到教师的尊严和幸福。

1. 深度理解和认识儿童

教师往往热衷于对学科体系和教育细节的研究，而忽视对儿童本身的探讨，这是当代学生和教育的双重不幸。我在《永远和童年在一起》中这样写道：

> 儿童
> 是一棵长满各种可能的树
> 他不仅是未长大的人
> 而且有其独特的人生价值
> 他不只是会做作业的人
> 还是会唱歌的人
> 会写诗的人
> 会讲故事的人
> 会发明创造的人
> ……
> 不管成人同他们相处有多么困难
> 他们都有自己的思维方式和语言
> 他们不只是承受大人所给予的那些任务
> 还有许多更重要的角色只有他们才能够担当

当儿童真正成为学习和生活的主体，而非"被"发展的时候，教育教学活动才有了它本来的意义。正像在万物中有人类的地位一样，在人生中也应该还给儿童的地位。以成人的自私、功利和霸权来生硬地铸造儿童，把兴奋点放到归宿上，漠视自然的体悟过程，就是揠苗助长、摧残人性、有违伦理。孟子云："恻隐之心，仁之端也；羞恶之心，义之端也；辞让之心，礼之端也；是非之心，智之端也。"四端靠说教无法完成，主要靠道德体验。卢梭说："天性的最初的冲动永远是正当的。"在行善中知善好善，在情感波澜中丰富情感，在是非判断中形成价值观点，在团队合作中培育礼仪规则，在做事实践中提升智慧品格，在生命体悟中完成人生创造。人如果没有内生的情愫，如果没有在体会和验证中生发价值判断和人生信念，生命会是虚无缥缈和苦痛不堪的。

少年出于其天性本能的保护，可能在这一阶段十分脆弱，特别爱面子，他心灵的那块神秘的处女地总是怕被人察觉和笑话。南怀瑾先生说过一段话，"真正爱面子这一点心思，培养起来，就是最高的道德"。一个成功的教师总是鼓励学生"爱面子"，要给学生"留面子"，遇事留神"讲面子"。因为面子很重要，试想一个人撕破脸皮不要面子了，那还有什么可畏惧的呢？还有什么道德情感可言呢？一位名师说过，我很骄傲，但我是用十几年如一日的学习、研究和磨砺来支撑我这种骄傲的。面子内是里子，外王内圣，此处也是大有文章可做的。

如果我们的老师都能以一个智者和儿童的双重角色进入教育生活，我们那颗尽管苍老但仍有真性的心就如澄水、如明镜、如月亮，两袖一甩，快意平生。一个老师，如果在走上讲台的第一刻起，就真情地对待每一个学生，真心地上好每一堂课，真正地过好每一天的教育生活，十年后、二十年后……会是一个什么样的人生世界呢？我在《永远和童年在一起》中这样写道：

> 学习不是接受
>
> 作业不是作茧
>
> 成长不是成熟
>
> 生活不是活着
>
> 成人应像启明星一样
>
> 引领儿童走向他向往的地方
>
> 藏在童年眼睛里的教育是生命的天赋
>
> 孩子自己看到的东西远大于成人教给的内容
>
> 还有什么方式比增加他的直觉智慧更奇妙
>
> 没有经历、经验、直觉
>
> 哪有顿悟

失却了原始母性思维的真空学习

会有什么开拓精神和原创动力

2. 准确把握学科属性

不同的学科有不同的特点、不同的教育功能和不同的教学方式。任何一个学科，它的工具性和目的性应有不同的表述，因而也应有其独特的学习路径。理科主要是揭示客观规律，它精确、简约、逻辑的特点，使其启智的作用明显；文科主要是探求生活意义，强调主观感受，它生动、丰富、形象的特点，使其冶性的功能更加突出。因而理科课堂应更多环环相扣、有理有据、思路缜密、言简意赅；而文科课堂最好是文采飞扬、激情荡漾、纵横捭阖、生动形象。具体到某一学科，更有其特定的、不同于其他学科的教学体系。如阅读，它的学科属性永远是内在性的，它对阅读者的智力类型、性格特点、经历经验、思想倾向和精神境界更有其独特的凭靠。有一百个读者，就有一百个"哈姆雷特"。这样一个课程，我们要求所有学生用一个目标任务、一种阅读方式来完成同样的文章篇目，甚至教条、机械到用填空格的方式来进行教学活动，阅读的真正功能还有可能实现吗？

教育的日常生活——每一堂课、每一道题、每一个考试、每一次活动、每一点认识或理解、每一项实验或实践，都是我们教学研究的根基。再深刻的思想，再伟大的理论，再奇妙的观点，再成功的经验，只要它是相对正确合理的，都可以在教育的常态中找到最终的依据。如果他口若悬河地向你介绍完他所谓的妙论高见而举不出一个生活中的例子、过程中的资料，那就说明他已经脱离了根基，悬在了空中。

在教育界，我们很多所谓的观点、经验、结论，甚至是课题实验成果，都不过是一些推论，或者说是一些人文作品。从学理上来讲，从逻辑上来看，而且从不少经验事实来说，依然是"带有假设的成分"和"尚未得以彻底证实的假设"而已。既然只是假设，怎么能拿来指导我们的一线教学呢？没有例子即没有实践经历，或者没有研究过程。

一线的老师按理说应该积累了很多例子，因为每一天都在教育实践的过程之中，但有的老师很少整理完善具有复制或研究意义的成功例子，而是在重复教材，重复别人，重复昨天，创造的火花一闪即逝。人们需要思考，不要走得太匆忙，把成功的东西丢在行进的路上。一个实践者的可悲在于没有思考，一个研究者的无奈在于没有实践，一个教师的遗憾则在于没有属于自己的知识产权的成功案例。聚沙成山，积水成渊，一个老师，只要作为有心人，把自己工作过程中的得意之作当作一颗颗思想的"珍珠"耐心地串在一起，就会得到一条自己毕生幸福的美丽项链！

3. 永远把学生的个体生命当作最高利益

"以人为本"中的"人"，不是抽象的人；"一切为了学生"中的"学生"，也不是一个无生命现象的概念。离开了这些活生生的细胞，就没有价值观，没有教育信念，没有专业技术，也就没有什么教育的意义。

著名教师于漪说过："我做了一辈子教师，但一辈子还在学做教师！"深信"教育工作，一切以教师人格为依据；智如泉涌，行为表仪者人师也"。"你既然选择了当教师，你就选择了高尚，你就必须用高尚的标准来要求自己，用一个人民教师的良知来告诫自己：自己是教师，和市侩不一样，不能把教书当生意做，从学生身上揩油；把知识当商品来贩卖，捞取高额回报。如果那样的话，一名教师的道德行为底线就崩溃了。"

2004 年 9 月，上海组织千名新班主任宣誓上岗，于漪老师做大会发言。她说，"丹心一片是关键""没有爱就没有教育，激情是教师尤其是班主任的基本素质""你对孩子是全心全意，还是半心半意、三心二意，孩子心中全清楚；只有把爱播撒在学生心中，他们心中才有你的位置"。

于漪老师的学生深情地回忆她教辛弃疾的《南乡子·登京口北固亭有怀》时的情景：老师讲着、读着"千古兴亡多少事，悠悠，不尽长江滚滚流"时，眼里噙着泪花，对国事感慨万千，令人敬仰；讲述到"天下英雄谁敌手，曹刘，生子当如孙仲谋"时，激昂慷慨，使一室振奋。我们随着老师朗读、吟诵、思考、体味，历史风云如在眼前，家乡装进胸中，国家社稷装进心中。课后，大家激动不已。星期日，三五同学结伴，奔赴北固山，登上北固亭，面对滔滔江水，大声背诵"何处望神州，满眼风光北固楼……"爱国之情、报国之志充盈胸际，人好像一下子长大了，豪气冲霄汉。"有魂、有根、有脊梁，才成其为人呐。"

斯霞老师，创造"字不离词，词不离句，句不离文"，把"识字、阅读、写话结合起来的教学法"，是名副其实的中国小学教育界的泰斗，被誉为"小学讲台上的梅兰芳"。正如诗人臧克家为斯霞老师做的题句中所说："一个和孩子长年在一起的人，她的心灵永远活泼像清泉；一个忘我劳动的人，她的形象在别人的记忆中鲜活。"斯人已逝，为霞满天，她用心至诚，用情至真。人们都说听斯霞讲课是一种愉快的美的享受，那活泼的神态，使孩子们入了迷，仿佛一个字、一个词、一个句子，都变成了活的有生命的东西，从黑板上跳下来，牢牢地留在孩子们的记忆里。他们的思维像清泉一样，顺着斯霞老师的引导，涓涓而流，流呀，流呀，流向那浩瀚的知识海洋。

（六）教师成功需要三个特质

一是帮助学生建设远大的人生目标，并持续不断地为实现这种可能服务。教师要奠定学生的健全人格，为学生可能的发展打下基础。学生可能在某一方面发展，也可能不发展；可能在某一方面高度发展，也可能在相关的方面发展。但对学生生命成长的价值引领和嵌入责任基因、注入情感血脉的习惯养成是伴随终生的，所以苏霍姆林斯基说："在什么条件下才能触动学生个人的精神世界，才能成为一个人所珍视的智力财富和道德财富呢？只有在这样的条件下——用形象的话来说，就是在知识的活的身体里要有情感的血液在流淌。如果在教师的讲课里没有真正的、由衷的情感，如果他掌握教材的程度只能供学生体验他所知道的那一点东西，那么学生的心灵对于知识的感触就是迟钝的，而心灵上没有参与精神生活，也就没有信念。"亦即没有价值。

二是拥有持续的学习能力和习惯，教师的学习不一定是读书，它应包括敏锐地悦纳一切与自己教育教学相关的信息资源，让一切知识与经验、智慧与技术、个性与特长、热情与创造竞相迸发活力，让每一次思想碰撞的体悟与灵感融入教师职业生命的永恒乐章，让"满园春色"绚烂持久。人要相信未知的世界远大于已知的世界，人要有敬畏之心，要有勇气将自己经常归零。零即是空，空了才能吸纳更好的东西，所以空即是有。

据媒体报道，中国人年均读书 0.7 本，与韩国的人均 7 本、日本的 40 本、俄罗斯的 55 本相比，中国人的阅读量少得可怜。在这个世界上有两个国家的人最爱读书，一个是以色列，另一个是匈牙利。以色列人均每年读书 64 本。另一个国家匈牙利，它的国土面积和人口都不足中国的百分之一，但却拥有两万多家图书馆，平均每 500 人就拥有一座图书馆，而我国 45.9 万人才拥有一座图书馆。现在以色列人口稀少，但人才济济，建国几十年，诺贝尔奖获得者就有 8 个。而匈牙利，诺贝尔奖得主有 14 位。一个区区小国，因爱读书而获得智慧和力量，靠着智慧和力量，将自己变成了让人不得不服的"大国"。记得有一位学者说过，一个人的精神发育史，应该是一个人的阅读史，而一个民族的精神境界，在很大程度上取决于全民族的阅读水平；一个社会到底是向上提升还是向下沉沦，就看阅读能植根多深，一个国家谁在看书，看哪些书，就决定了这个国家的未来。思想是决定命运的唯一因素，行为的平庸源于思想的苍白，而思想的贫乏则源于所见之偏狭。人越读书，就越有思想，人生才能越简约、越质朴、越守真。

三是生活乐观豁达，幸福指数高。做事像山，做人像水。教师职业幸福的流失，很大程度上源于教师长期对自己职业优势的漠视乃至放弃。教师应该带着愉悦走进教室，带着笑容走出校园。社会学家桑娅·吕波密斯说："人类的幸福感主要取决于三个要素，即遗传基因、与幸福有关的环境因素以及能够帮助他们获得幸福的行为。"教师应该从教育本身寻求到幸福，去做一个幸福的教师。

苏霍姆林斯基曾经有一番无比坦诚而深情的告白："五年来，我拉着你们的手一步一步向前走，我把整个的心都给了你们。诚然，这颗心也有过疲倦的时刻。而每当他精疲力竭的时候，孩子们啊，我就尽快到你们身旁来。你们的欢声笑语就给我的心田注入新的力量，你们的张张笑脸使我的精神重新焕发，你们渴求知识的目光激发我去思考……"它告诉我们这样一个道理：乐于同孩子们在一起，不仅仅是爱和奉献，更是教师生命内在的需要，是职业幸福的要求。

做什么事情都是一样，只强调外在的责任和付出，而不追求职业内在的愉悦和由此给生命带来的美感和欢乐，事情既做不好且无法持续。生命最高层次的快感常常和利益无关，而与精神有约。当有人问及陈省身为什么能够登上数学的象牙塔尖时，大师耸耸肩膀，"好玩而已！"如果一个教师能享受职业带给他的尊严和快乐，他将是位优秀的老师。

教师上课，首先是为了学生，当然也是为了自己。不仅仅是为了自己的那份薪水，也是为了自己不可重复的生命时光，更是提升生命价值、展现人生魅力的专业自觉。华东师范大学周彬教授说过："上一堂课，并不是什么莫大的牺牲；上一天课，也不是什么莫大的牺牲；但天天上课，教师牺牲的就不仅仅是自己的时间与精力，还有自己的专业与未来。当老师始终以'为了学生'的心态日复一日地上课时，那就意味着教师除了享受'为了学生'这点道德优越感之外，将'一无所获'。如果每堂课、每天的课都没有对自己产生影响，那就意味着每堂课都只是对前面课堂的重复，每天课都是对昨天课堂的重复。这样，不但不会对学生的成长有多大的助益，而且会让自己的教学生涯在每堂课、每天的课的重复中沉沦下去。"教师决不能一味地担当"奉献者"和"布道者"的角色，要身在其中、乐在其中；要不断开拓我们的生活、热爱我们的生活、更新我们的生活、发展我们的生活；要培养一种皈依高尚的自觉，享受与生命同行的幸福。只有徜徉在精神的家园，流连于思想的故乡，才能拥抱真理，抛开烦恼，占有宁静，守住底线，尽享自由。

教师职业的核心优势是与生命同行，与智慧相伴，既发展学生，又成就自己；是学习者、研究者，又是思考者、创造者，持续的工作与生命的完善相统一。待庭院落叶、满头华发、生命熟透、自然皈依之时，桃李不言，下自成蹊，人类精神得以延续，这是多么醇美的人性画面啊！

如果一个教师没有和他的学生一起欢笑、一起流泪、一起沉思、一起震撼、一起冲动……那他就永远不会有自己的职业幸福，所以教师的幸福感永远是感性的、可触摸的、自由呼吸的。

有一段流行语特别值得玩味：

何为春天？不是季节而是内心；
何为生命？不是躯体而是心性；
何为人生？不是岁月而是永恒；
何为云水？不是景色而是襟怀；
何为日出？不是早晨而是朝气；
何为风雨？不是天象而是锤炼；
何为沧桑？不是自然而是经历；
何为幸福？不是状态而是感受。

（七）教师幸福需要三种品质

一是为学生就是最大的为自己；二是生命要单纯，精神要丰富，人生才快乐；三是有教育教学实力才会有职业尊严。下面的几个事例表明这三条是何等的重要。

抗战时期，国学大师刘文典在云南蒙自的西南联大文学院任教，有一次讲《文

享受职业幸福

选》，刚上了半小时就讲完了一堂课的内容，本来接着要讲下一篇文章，但刘文典却突然宣布："今天提前下课，改在下星期三晚饭后七时半继续上课。"众人不解况中之味，只好散去。到了约定之日，学生们才知那天乃阴历五月十五，刘文典要在月光下开讲著名的《月赋》。到了傍晚，只见清扫一新的校园里摆下一圈座位，刘文典一身长衫端坐桌前，在一轮皓月映照下大讲《月赋》之韵味，许多教授闻讯纷纷前来瞧个稀奇。刘文典一看众人围将上来，且越围越多，甚是得意，乃像集市上说书艺人一样，神情激昂，时起时坐，引经据典，侃侃而谈。那瘦削的身子前仰后合，长衫下角左右摆动，颇有一番仙风道骨的模样，直把众人引导得如痴如醉，大呼"过瘾过瘾"！

另一国学大师章太炎到北大讲学，可以容纳几百人的北大风雨操场座无虚席，来得晚的只好站着"旁听"。章太炎在北京任教的弟子马幼渔、钱玄同、刘半农、吴检斋等五六人围绕着老师登上讲台，然后一字排开，毕恭毕敬地侍立在老师旁边。满头白发的章太炎穿着绸子长衫，个子不高而双目炯炯有神。他向台下望了望，就开始用他的浙江余姚话演讲。估计大多数人听不懂，于是由刘半农翻译。又因演讲中常常引经据典，钱玄同便不时在黑板上用板书写出。涉及的人名、地名、书名，有拿不准的，担任翻译的刘半农会和写板书的钱玄同当场商量，或者向侍立在老师旁边的其他人询问，就是不去烦扰老师。商量定当之后，再翻译和写板书。师徒之间情感融洽，礼数谨然，令旁观者感动于心。

梁实秋在《记梁任公先生的一次演讲》中对梁启超先生的回忆是这样的：我记得清清楚楚，在一个风和日丽的下午，高等科楼上大教堂里坐满了听众，随后走进了一位短小精悍秃头顶宽下巴的人物，穿着肥大的长袍，步履稳健，风神潇洒，左右顾盼，光芒四射，这就是梁任公先生。

他走上讲台，打开他的讲稿，眼光向下面一扫，然后是他的极简短的开场白，一共只有两句，头一句是："启超没有什么学问——，"眼睛向上一翻，轻轻点一下头："可是也有一点喽！"这样谦逊同时又这样自负的话是很难得听到的。他的广东官话是很够标准的，距离普通话甚远，但是他的声音沉着而有力，有时又是洪亮而激昂，所以学生们还是能听懂他的每一字，甚至想如果他说普通话其效果可能反要差一些。

一个学生记得他开头讲了一首古诗——《箜篌引》：

公无渡河，
公竟渡河！
渡河而死，
其奈公何！

这四句十六字，经他一朗诵，再经他一解释，活画出一出悲剧，其中有起承转合，有情节，有背景，有人物，有情感。我在听先生这篇讲演后约二十余年，偶然获得机缘在茅津渡候船渡河。但见黄沙弥漫，黄流滚滚，景象苍茫，不禁哀从中来，顿时忆起先生讲的这首古诗。

先生博闻强记，在笔写的讲稿之外，随时引证许多作品，大部分他都能背诵得出。有时候，他背诵到酣畅处，忽然记不起下文，他便用手指敲打他的头，敲几下之后，记忆力便又畅通，成本大套地背诵下去了。他敲头的时候，学生屏息以待，他记起来的时候，学生也跟着他欢喜。先生的讲演，到紧张处，便成为表演。他真是手之舞之足之蹈之，有时掩面，有时顿足，有时狂笑，有时太息。听他讲到他最喜爱的《桃花扇》，讲到"高皇帝，在九天，不管……"那一段，他悲从中来，竟痛哭流涕而不能自已。他掏出手巾拭泪，听讲的人不知有几多也泪下沾巾了。又听他讲杜氏讲到"剑外忽传收蓟北，初闻涕泪满衣裳……"先生又真是于涕泗交流之中张口大笑了。

北京二十二中学的孙维刚老师，1998年5月在医院接受直肠癌割治手术时，几十位家长，几十个昼夜，在病床边轮流守护，学校派两位中层干部到医院护理，都被家长劝说了回去，家长说别人照顾孙老师，他们不放心。在北京工作、上学的学生排着整齐的队伍，爬上八层楼，也去病房聆听孙老师的教诲。

所以，平庸也是一生，光辉也是一生，教书匠是一生，名师也是一生，但他们留给人们的、留给社会的、留给我们学生的却是截然不同的价值和概念。教书匠用一成不变的模式、永远没有更改的思想去传授呆板的知识，只是起到了一个传声筒、最多是起到了一个放大了的传声筒的作用。而名师、大师不仅用学生喜闻乐见、随时代进步而不断进步的方式去完成知识的传播，而且给学生传播思想、意识、观念，甚至做人的终身受用的道德情感。两者相较，就应该知道我们的悲哀在哪里了。

马斯洛在《幸福心理学》中写道："幸福需要一个更全面的定义，而不是仅仅限于没有痛苦的欢乐。"幸福不是学问，它只能是一种独特的人生体验。幸福的人生体悟是与欢乐相交的，但绝不等同于简单的没有痛苦的欢乐。幸福往往只有从第三者的角度才能感受得更鲜明、更深刻、更有意蕴。它同时告诉作为当局者的芸芸众生，要回到幸福的最初意义上理解和践行取得幸福的行为。

一个教师的幸福在哪里呢？西方一则流传甚广的谚语说道："如果你想要几小时的幸福，就去喝醉吧；如果你想要三年的幸福，就去结婚吧；如果你想要一辈子的幸福，就去做园丁吧。"钱理群教授对此所做的解释是："中小学老师是永远和起始阶段的纯真的生命体生活在一起的成年人……教师在培养学生的过程中，也反过来滋润了自己的生命而永葆青春，这是中小学教师的生存方式所特有的幸福。"

作为教师怎样才能幸福呢？苏霍姆林斯基说："这个公正的社会在为人的幸福和福利创造一切条件时，并不提供现成的幸福。身为教师并不等于你就已经幸福；教师的幸福，取决于你怎样当教师。"多么透彻啊！一个教师的幸福只能取决于你怎样当教师。究竟应该怎样当教师呢？于漪老师的追求是"一辈子做教师，一辈子学做教师"；霍懋征老师的诠释是"60年，我没有丢掉一个学生，没有对学生发过一次火，没有告过学生一次状"；魏书生老师的法宝是"收缩成本，回归内心，超越自我，种好心田"；斯霞老师的秘诀是"以爱心培育爱心，以童心呵护童心"……

天人合一的生命境界——师生太极拳

七、全人教育的管理策略

　　教育的全部意义都蕴含在那些常态的细节里。精细化包含细化和内化，细化体现责任和态度，内化体现专业化和价值取向；细化决定直接效果，内化决定教育内涵，在某种意义上讲细化是为内化服务的。所以说，管理有技术含量，有科学成分，有艺术意蕴。良好的管理需要提高执行力。执行力是态度，也是品质，更是一种能力。管理者要审时度势，科学决策。校长工作虽然千头万绪，但核心任务只有一条，那就是决策。

(一)决策能力体现管理艺术

决策是校长的基本职能，也是工作取得成效的关键。决策正确，事半功倍；决策失误，事倍功半，甚至会给学校发展造成不可弥补的损失。如此说来，如何保障校长的决策科学合理就显得非常重要。通过学习理论，结合工作实践，我认为在学校管理过程中，审时、度势是促成科学决策的两个重要维度。

获得"山东省2011年度教育创新人物"

从字面的意思来讲，审：仔细研究；时：时局；度：估计；势：发展趋势。"审时度势"就是观察分析时势，估计情况的变化。也就是说，通过人的主观能动性分析利用条件达到活动的最佳效果。

1. 恰当审时是科学决策的前提

审时之"时"，有"时机、时刻、时间"的意思。时不可失，机不再来；时不我待；时过境迁，等等，都是说"恰当审时"在决策中的重要性。也有人说，天时、地利、人和是干好工作的三个重要因素。可见，恰当审时是科学决策的前提。

大量的理论研究和众多的实践探索，无不昭示出恰当审时的重要。

大到一个国家前途，小到一个人发展，都是如此。无论是从中国社会的发展历程看，还是从世界上其他国家的发展历程看，能不能抓住机遇，加快发展，是一个国家能不能赢得主动、赢得优势、赢得胜利的关键所在。善于识别与把握时机是极为重要的。在一切大事业上，人在开始做事前要像千眼神那样察视时机，而在进行时要像千手神那样抓住时机。作为校长，在事关学校发展的重要问题上，应该从大处着眼，从小处着手，用宏观的、历史的、联系的、发展的观点，分析学校所处的状态，用微观的、现实的、内在的观点，准确把握学校发展过程中的关键，综合判断，恰当分析，适时提出自己的观点，才能促使事业的不断发展，促进学校工作不断取得更大辉煌。

在临沂第二十中学的发展过程中，也存在两个关键时机，由于恰当决策，才赢得了学校发展的良好局面。一次是我初来学校之时，面对学校由于历史欠账而遗留的 D 级危楼，面对骨干教师外流而留下的教师群体，我意识到，这是一个"烂摊子"。但当我面对学生那求知的眼神、面对领导那信任的目光、面对老百姓对学校发展的无限憧憬时，果断决策，勇于担当，决定首先改造学校硬件环境，不断提升教师素质，力图把学校从危机中挽救出来。

事实证明了当时决策的正确。在领导的支持、老百姓的关照下，通过学校一班人的共同努力，仅仅用了三四年的时间，学校就呈现出令人欣喜的面貌：校园里，原来的八座矮房子都重建成了新的教学楼，食堂、实验楼也都进行了改造，整座学校变成了拥有完备现代化设施的初级中学。学校各方面的工作也逐步走向正轨，不断创造出一个个超越预期的成绩。

面对不断创造出的新成就，我非常冷静。作为决策者，作为局内人，我深知，当时的成绩虽然比刚接手时有了质的提升，但还是在一个较低的层面上，如何保证学校发展的潜力，创造出同类学校业绩，甚至超越同类学校，尚需下更大的功夫。其中，人的因素将成为更加重要的因素。于是，我做出了学校发展过程中的第二个重要决策，就是"以教师专业成长"为学校发展的奠基性任务，围绕教师这一学校发展的核心生产力做文章，以教师发展促进学生发展，让教师发展和学校发展、学生发展同步进行，促进学校内涵不断提升。

由此，我坚持把教师的专业发展作为学校最重要的一门课程，把对教师培养的重点放在对教师专业现实和发展可能的关注、对教师专业精神的培育、对教师专业能力的提升上，通过专家引领、同伴互助，引导教师在研究的状态下工作，为教师走向优秀铺路搭桥。在工作中，我坚决认为教师的劳动是创造性的劳动，对教师的评价，始终坚持将基本目标和发展目标、常规工作和创新工作综合考虑，工作中遵循"少一点关卡，多一点关怀；少一点批评，多一点帮助；少一点评估，多一点引领"的原则，把表现的机会更多地给予教师，彰显他们的成果，鼓励他们的进步。启动了"优秀教师、模范教师、功勋教师"等教师成长工程，引领教师发展。教师的生活状态、精神状态、研究状态不断向教育需要的方向健康推进，"儿童不能等待，牢记教育情怀"的职业信念正在内化成为全校教师的自觉行动。借助于"基于教师专业发展背景下的个性优质课堂建设"这一省级课题，不断创造教师个性化成长的动人篇章。

天津教科院陈雨亭博士来校指导工作

2. 合理度势是科学决策的关键

度势之"势"，有"权利、威力、表现出的样子"之意。因势利导，顺势而为，大势所趋，势如破竹，势在必行，势不可当，蓄势待发，等等，都表明"合理度势"在决策中的作用。合理度势，就是遵循客观规律，正确分析形势，恰当把握尺度，避免决策的盲目性。

势可乘，亦可造。致虚守静，因势利导。其关键是掌握好"度"，也就是人们常说的"火候"。判断"火候"恰当的标准就是"学生的发展"。在学校个性优质课堂建设过程中，我深深地感受到了这一点。

个性优质课堂建设的目的，就是着力创造教师发展的平台，让教师的教学个性得以凸显，得以明晰，得以发扬光大，并以此促进全体教师教学实践智慧的提升。

学校通过上上下下多次讨论、研究，形成的"个性优质课堂建设"方案，可以说是代表了广大教师的心声，也是学校内涵提升的需要，是"大势所趋"。但如何"顺势而为"地做好"因势利导"工作，考验着管理者的智慧。

开始，面对大部分教师不愿改变自己、不敢改变课堂结构的实际，我提出了"个性优质课堂建设"要杀出一条血路，以事实教育教师，引领教师，这便有了第一次"个性优质课堂"评比。不出所料，报名参加比赛的大都是近几年毕业的青年教师，比赛的场面和所反映出的效果，并没有达到预期，甚至个别教师连必要的常规都不具备，难谈个性优质。就是在这样的前提下，学校坚持评选的比例数不变，评出了第一届个性优质课堂获奖教师。虽然有些没有参加比赛的教师还有点不服气，但学校义无反顾，对获奖教师的奖励大大超过了教师们的预期，旗帜鲜明地亮出了学校倡导什么，希望什么，给所有人以启示。

不出所料，在随后进行的第二次"个性优质课堂"评比中，报名人数大大超过预期，有点"势不可当"的景象，这也正是学校想得到的结果。学校没有人为地提高或降低评比标准，一切都是按照原来的方案执行，只不过是在此基础上，提出了"精品课例"评选工作。报名条件就是"在两次个性优质课堂评比中获奖的教师"，一下就生发了获奖教师进一步挑战自我、超越自我的勇气。不用说，活动获得了圆满成功。

在进行第三次"个性优质课堂"评比时，报名参加比赛已呈现出"势不可当"的情景，这也正是学校努力追求的阶段目标。

个性优质课堂建设的扎实推进，使课堂真正成为师生个性充分张扬、思维高效互动的生命发展场，教师不再做教材、进度和模式的奴隶，解放了教师，更成就了学生，实现了教育效益的最大化。

所以说，审时度势方能科学决策，这是学校发展的前提和关键。目的只有一个，那就是一切为了学生的健康成长，为学生的一生发展奠基，使学校培养的每一个学生在走出校门的时候，都充满信心、充满潜力、充满希望。

(二)要素优化展现管理境界

从一所符号上的优质学校走向理想中的全人教育学校，需要优化办学要素，选择切实可行的路径。

《当代教育家》报道学校办学成果

1. 坚守以生为本的思想不动摇

学校坚定地坚持以生为本，高高地扛起以生为本的大旗，把学校内外一切资源统领在这一根本之下。在我看来，学校管理、资源配置、要素整合、教师发展、课程建设、课堂改革、学生成长……一切发展的瓶颈均在于此。

"一切为了学生、高度尊重学生、全面依靠学生"，不是一句口号、一句空话，而是一种事业、一种原则、一种策略，更是一种行动。两千年前的子思就明确说过："天命之谓性，率性之谓道，修道之谓教。""性"即生命，"道"即成长规律。目前教育系统内的根本问题是教师问题，问题的关键是教学生产力不足，教育的"生产关系"要调整。具体地讲就是要改造教学关系，师生关系，课程、教材、教学之间的关系。郭思乐教授曾这样讲过，要想让农民好耕，就必须把土地还给农民；要想让学生好学，就必须把核心性学习还给学生。为"以学为本"的全人教育就是一切为学生好学而设计的教育。

坚持以生为本，学校就要引导教师调整教学的切入点和用力的方向。因为看待问题的角度一定比解决问题的方法更重要。角度错了，再好的方法也不会有好的效果。当教师真正坚持以生为本，真正从学的角度去考虑教育教学问题的时候，教学关系、课程的二度开发、课堂结构、教学设计、作业等一系列问题就会发生质的变化，学校内各要素的排列组合也会随之发生根本的改变。我们应努力使每个学生的天性和与生俱来的能力得到健康成长，为促进学生的内在自由、产生优秀的灵魂和头脑创造条件，为学生幸福而有意义的一生奠定良好的基础。

2. 构建有利于学生自身成长的文化

学校最简单最重要的文化就是学生自身成长的文化，如果不依据学生成长规律从顶层设计这种文化，那学校文化就只是一些符号和辞藻的机械堆积。

当今教育世界，最时髦的一个词就是"自主"。自主学习也好，自主发展也好，自我实现也好，首先是个"自我"能力问题。这里的"自我"，不是动物本能的"自我"，而是社会中的"自我"。"自我"的本质属性永远是思想和精神层面的内容，没有个人与人类、自我与他人、今天与历史、祖国与世界、地球与宇宙、物质与精神、悲剧与喜剧、生命与死亡等一系列问题的反复考量与追问，"自我"就失去了其应有的坐标和价值。"自我"能力应主要表现为生命的主体意识和自我定位、自我定向及自我纠错能力。以哲学视角观照现实的教育教学就会发现，不关注理想信念、不设计人生规划、不重视学习计划、不推崇亲近自然、不热心艺术欣赏、不进行综合实践、不提倡独处反思的现象比比皆是，有的学生连写日记都是一种戴着假面具的舞台表演。如果教师的主体设计和教学环境失却了民主和科学，那么在自由和纠错之间所形成的"自我能力"就是一句虚无缥缈的空话和不着边际的大话。

3. 坚定实施国民核心素养教育

道德教育的功能是促进学生从人的自然属性向社会属性的提升，应不同于"政治教育"和"思想教育"，它应是"如何做人的教育"，实际上也就是国民核心素质教育。由此，我认为，在达成全人教育理想的过程中，学校要做好五个坚持：坚持德育的人性化、生活化、具体化、课程化；坚持根据孩子成长的生理和心理特点，从塑造学生最基本的人格品质开始，扎扎实实、自然质朴，一步一个脚印地使孩子达成人们的期望；坚持给习惯养成嵌入责任的基因，提升有担当的新生活教育的层次和实效；坚持强化品德教育和知识传授的紧密联系，寓道德教育于课堂之中；坚持探索游学、劳动、综合实践的生活道德教育之路。

教育的任务就是确定整个国民优秀素质引领之下的学校德育目标，每一个阶段的重点目标和强化目标，每一门课程要实现的中心目标，然后每一所学校、每一个老师、每一次活动都要统一到这些目标上来，最终达成合格的国民素质。

4. 超然办学需要掌控核心工作

上面千条线，下面一根针。面对千头万绪的学校管理工作，需要校长的决断与定力。管好核心工作，是事半功倍的捷径。

一是解放。解放就是生产力，自由就是创造力。要坚信师生成长的内在动力，要实现从控制生命到点燃、唤醒和激活生命的飞跃。相信每一位老师都能以自己的方式创造性地学习、生活、教学；相信每一位学生都能学习、相信学生都能自主学习，相信学生都能帮助教师改善教学过程。要真正"回到学生、依靠学生、为了学生"，教师的专业知识体系就需要二次生长和重新构建。教师只有先成为个性鲜明、充满自信、敢于负责，具有思想力、领导力、创新力的人，整个教育才有希望。

二是引领。引领教师确立正确的价值观、学科思想观和科学育人观；引领学生自觉走向善良、正直、宽容、勇敢、诚信、感恩、尊重、合作、负责；引领家长和社区从功利性的分数要求走向尊重孩子的成长规律，聚焦孩子两个习惯，孕育孩子理想信念和健康情感，为孩子的持续发展奠基。

三是整合。将学校内外一切资源统领在"以生为本"的大旗下，突破学校管理、资源配置、教师发展、课程建设、课堂改革、学生成长、民族未来等方面的一切瓶颈，把"一切为了学生、高度尊重学生、全面依靠学生"落实到底。角度比距离重要，一切教育教学必须围绕学生的优秀个性潜质得以发展、公民的核心素养得以形成、学习能力和生活能力得以提升真实展开。课程与教学的再造势在必行，一切知识、一切资源、一切方式，都要围绕"学生"重组——知识体系的牢固结构可以打破，资源的范围可以无限延伸，方式的选择可以多种多样。

四是关怀。不仅要满足教师在物质层面的合理需求，关注教师因性格、性别、年龄、民族、智能结构、学科属性等方面的差异而客观存在的实际需要，更要满足教师诸如被尊重的需要、自我实现的需要等精神层面的实际需要。因为满足需求的管理是最好的管理。

五是发展。发，即发现、发生、发育；展，即打开、延展、放大。作为管理者，要拿着显微镜发现教师工作中的原始创新，拿着放大镜支持教师的原始创新成果，拿着三棱镜打开教师的原始创新为其他教师提供思路，让全体教师都在发现自我、发展自我、发达自我的大道上奋力前行。

八、全人教育的现实追求

教育不仅仅是理念和口号，更应该是行为和实践。要通过实践、认识、再实践、再认识的不断反复，检验思考的成果和执行的效果，不断地总结经验，探求规律，才能更好地发挥全人教育的价值。

(一)营造学校发展的和谐生态

和谐本身是一种价值追求。"和"的本质是"人人有饭吃"，强调生存权；"谐"的本质是"人人有话语权"，强调民主权。和谐的本质是"和而不同"，和谐就是一元与多元的统一。

提倡和谐生态就是把学校的每个人都看得很重要，每一个学生、每一个教师都很重要，就是"和而不同"的一种统一。"和"让我们得以共存，"不同"让我们得以共长。从某种意义上讲，最好的学校是自主发展的学校，最好的学生是自我管理的学生，最好的教师是自我发展的教师。

学校要积极引导教师参与专业发展过程中的自主选择，追求高水平的差异发展、较高共同标准基础上的多元发展，致力于和谐生态建设。正如临沂第二十中学办公楼前的两块标语牌所言：相互尊重、善于沟通、主动合作、勇于创新；心存善念、诚实正直、敬天爱人、乐于担当。

学校要引领教师确立主流的校内人际关系。"校"字本身就是适宜人交往的地方，老师们之间应该尊重、沟通、合作、创新。要改变僵化和官僚化的组织管理机构，改变教师的生活方式，其关键之一就是建设基于平等精神和分享机制的全面合作关系的教研组文化。教师是文人，文人之间的分工协作无法完全依靠制度和理性规定来实现，它需要更深层的精神文化，合作双方拥有共同的价值观与情感纽带。真正富有成效的是教师内在专业自觉和同事间的日常交流。教研组作为一种研究共同体，意味着一种"自然而然""不言而喻"的共同理解和协同创造。如临沂第二十中学采取的学科教研组、备课组捆绑式评价，让教师个体拥有团队集体，让个体与集体实现交互式提升。实践证明，拥有的程度越高，参与的程度就会越深。我经常想，校长的周围不应只是一群想当教干的人，如果在校长的周围有一定数量的人具备教师职业精神和专业素养，又愿意在校长的旗帜下团结圈子内的人，过有自己职业精神的生活，那么这些非行政性组织就会是研究型校园、学习型校园、人文型校园的摇篮，也将是现代校园的内涵所在。

(二)引导教师改善校内人际关系

有关研究表明，教师获取教学知识的途径包括：自身的教学经验和反思(50.0%)，和同事的日常交流(33.3%)，教科书(19.4%)，有组织的专业活动(11.1%)，作为学生时的经验(5.6%)，在职培训(5.6%)，阅读专业书刊(5.6%)，职前培训(2.8%)。可见同事之间的有效交流对于提高我们的教学智慧是多么重要。实践证明，一个伟大的目标需要一个伟大的团队，世界上没有完美的个人，只有完美的团队。

为此，2008年春季，一项旨在鼓励集体创新的"协同创新机制"开始运转起来。机制规定，学校各部门、各单位都要立足本职岗位制订管理创新方案，经学校批准后组织实施。只要在实践中有成效，工作中有创新，经一定的认定程序确认效果明显就会受到表彰奖励。这个奖项的设立，是对部门集体创新的一种鼓励，根本目的在于形成一种共同的价值观，实现共同的愿景。当今社会，"单打独斗"是无法完成一项复杂创新任务的，任何一项创新，都离不开团队协作。实施协同创新机制，一方面，某个部门会在争取创新奖的时候协同努力，有效避免了部门本位主义，提升了合作意识；另一方面，也有利于在部门之间形成竞争，使学校拥有流动不居的创新活水。此项机制的实施，将一切为了学生发展、一切为了教师发展、一切为了学校发展落到了实处。

(三)帮助教师树立十二个意识

人的意识是人的组成部分，是人体行为表现出来的规定和本质，是人脑产生和发出的指挥人体行为的意向、意念、欲望、理想、方案和命令。全人教育需要教师在全面理解其实质的前提下，不断树立和强化与之匹配的意识，以便使全人教育的实践更有针对性和实效性。我们在实践过程中感觉到如下十二个意识对实践全人教育具有非常强的作用。

站在全人教育的高度研究教学的意识；课堂就是教化场、试验场、生活场和学生生命发展场的意识；学生的活动需评价、激励评价促发展的意识；每天用不同的方式鼓励和亲近几个学生的意识；课堂存在的意义就是将学生学习的兴趣、方法、责任引向课堂之外的意识；一切的教学策略与方法必须有助于学生想学、会学的意识；课堂的教学流程必须符合学生的发展特点、学习规律和学科原理的意识；讲解知识的目的是让学生通过"学会—技能规律—思想方法—学科原理—学习之道"逐层发展过渡的意识；面对不同的学生进行知识分层与学法分层相结合的意识；不同学科学生所养成的学习方法、思维品质可以互相迁移的意识；学生的学习是社会生活的前奏——学如人生的意识；通过培养学生良好的生活道德习惯、学习习惯可以解决人的一般发展问题的意识。

(四)倡导教师在研究状态下工作

苏霍姆林斯基说过，"教育领导的秘密之一，就在于激发教师探索的兴趣"。只有在研究状态下工作才能享受到工作的兴趣。谁在努力分析自己教学的优点和缺点，分析自己跟学生的相互关系中的问题，那他就已经取得了一半的成功。如对课程标准的掌握，学校不仅让教师研读、背诵原文，也把北师大版、苏教版、华师大版等五套教材同时提供给老师，让老师通过对各套教材的反复对比、分析、揣摩，强化对课程标准的个性化解读，逐渐建立起属于自己的学科课程标准。这样，"教材无非就是一个例子"的意识就会真正走进教师大脑，教师就会将自己的阅历、经验、案例、个人优势、一切教育教学前沿的成果、一切社会科学和自然科学的先进知识融入教学过程中，在生本化和个性化解读教材的过程中，生成自己的教学内容和教学策略。要让教师也成为课程领导者，参与课程的决策与规划。要让教师创造性地开发课程，包括对教学资源的开发与利用，对教材的调整、补充，以至创编。要让教师的思想得到彻底解放，改变纯粹执行的状态，避免沦为课程工具。这才是教师的专业成长之路。

(五)引领教师关注教学的元问题

教学的元问题很多,最重要的有如下几个方面。

一是"教什么"。要确定清晰明确的教学目标,善于识别学生到底已经知道了什么,工于辨析学生的学习态度,学生的学习态度应该融入所教内容的设计中去。苏霍姆林斯基说过,"教师教育素养在很大程度上取决于教师是否善于在儿童的脑力劳动和体力劳动过程中,在游戏、参观、课外休息时间内观察儿童,以及怎样把观察的结果转变或体现为对儿童施加个别影响的方式和方法""教师要学会教育鉴定"。

二是"怎么教"。需要有知识分类意识,研究特定类型的知识所适用的教学策略,尝试用多种讲授和练习方法对待所有知识。

三是"教得怎样"。要学会积极地、经常地反馈,进行适当的测验或考试,要研究考试课程化,要有针对性地、积极地评价褒奖。评价促进一切人的发展,准确、及时地鼓励学生是师爱的最佳状态。

(六)引导教师拓展教学疆域

课堂教学要有自己的价值取向。一切教学行为、一切课程资源的组织实施要为学生知识的建构、方法习惯的养成、态度情感的生成服务。

从教学走向教育。强调"先学后教、以学定教",并妥善处理以学定教和以教定学的辩证关系。教即"教化",要把学生已有知识、经历、态度、情绪、兴趣、习惯、思维等课堂要素有机纳入教学设计;一切教学活动必须围绕学生现实的可能和发展的需要展开;从教学走向教育,强调深刻的内在合理性;注重效率和结果,更注重备课和过程。

习惯养成要一以贯之。教学的全部意义在于学生离开课堂后还想学习、会学习、能学习;教师必须思考我们究竟需要什么样的学科习惯和什么样的习惯养成教育,并且要从始到终,一以贯之。

作业必须为学生的成长提供真切的服务。教师未做过和未研究推敲过的题目不能作为作业题。每天课外作业总量不得超过一个半小时。作业要由必做题和选做题组成,必做题不得超过30分钟。第二天进入教室之前必须交作业,作业必须批阅评价,可抽样检查,但不得少于四分之一。倡导第二天课堂上以抽样展评的方式实施有效检查督促。

坚持考试课程化。所有测试，教师需先做完全部题目，且预知题目意义及学生做题可能，考试中要认真做好教育观察并记录有价值的信息，考试结束即把答案在教室张贴。阅卷时要根据学生答卷中的特殊表现和质量适当予以加分或提高等级；要科学分析梳理学生共性和个性问题并生成讲评及补偿教学内容。反馈要及时，讲评时严禁机械对答案，在结合教师自做、考试观察和阅卷分析生成评讲补偿教案的基础上大量使用学生板演、讲题、纠错、暴露思维过程、前后对照查找原因等有效手法，聚焦几个核心重点问题实现突破。无论是考试的立意与设计、过程与方式，还是结果与评价，都应该是为了促进学生的发展。学习过程中的任何考试，都不应该把客观性作为其唯一属性，主动性、主体性、发展性、激励性、创造性、愉悦性永远是基于教育意义的考试的生命。

评价促进一切学生的一般发展和特殊发展。评价不仅体现出学习态度和师生关系，更呈现出课堂情感、学科兴趣、学习习惯、思维品质和创新精神。教师不能单纯以对错评价学习活动。评价离不开奖惩，而奖惩是需要教师作为专业领域的有心人不断调整的。但评价如果不能有效地促进学生生命主体的自我评价也是没有多大意义的，自我评价才是最有意义的评价。教育的终极目标是排解学生"被迫学习"的压力，培养学生积极的自我价值感。自知者明，自胜者强。所以一切评价的终极价值是促进学生自我觉醒、自我评价和自我实现。

学习是一个有生命感的活动。学生学习的真正障碍并不在于知识基础，而在于学生的学习态度、学习品质、学习习惯、学习方法；教师教学的最大阻力并不在于教学技术，而在于教师的人格魅力、师生关系、教学理念、教育视野。

坚定"不让一个学生掉队"的核心理念不动摇。其基本含义为每一个学生都应该有他骄傲的学科、专注的项目和精彩的表现，实现一科一项到多科多项的过渡和延展；要以正强化而非负强化打开学生心灵，阳光前行。

教师要创造属于自己的作品。教师要做课程的开发者和建树者，而非单纯的执行者和工具。倡导教师拥有属于自己知识产权的案例集和教辅资料。教师要依据学生的实际发展需要吸纳一切有意义的信息资源，对教材进行必要的增删整合，直至形成自己的教材。

生命有他自己的成长规律。把时间还给学生，任何季节时段，教师都要把早读、午休、自习和课外活动时间还给学生；把选择还给学生，任何时候都不能忽略学生的自我管理和自我完善；把能力还给学生，包括让学生在亲力亲为中形成德行知识；把健康还给学生，永远把学生的身心健康放在首位。

（七）帮助教师提升职业境界

朱光潜先生阐述的书法四境界的理论，对学校管理有很大启发。他在《精进的程序》一文中谈道："作文有如写字。在初学时毛笔拿不稳，手腕运用不能自如，所以结体不能端正匀称，用笔不能平实遒劲，字常是歪的，笔锋常是笨拙扭曲的，这可以说是'疵境'。其特色是驳杂不稳，纵然一幅之内间或有一两个字写得好，一个字之内有一两笔写得好，但是全体看去，毛病很多。每个人写字都不免要经过这个阶段。如果他略有天资，用力勤，多看碑帖的笔迹（多临摹，多向书家请教），他对于结体用笔，分行布白，可以学得一些规模法度，手腕运用灵活了，就可以写出无大毛病的，看得过去的字。这可以说是'稳境'，特色是平正工稳，合于规模法度，却没有什么精彩，没有什么独创。如果再想进一步，就需再加揣摩，真草隶篆各体都必须尝试一下，各时代的碑版帖札需多读多临，然后荟萃各家各体的长处，造成自家所特有的风格，写成的字可以称得艺术作品，或奇或正，或瘦或肥，都可以说是'美'。这可以说是'醇品'，特色凝练典雅，极人工之能事，包世臣和康有为所称的'能品''佳品'都属于这一境，因为他还完全不能脱离'匠'的范围，任何人只要下功夫，到功夫成熟了，都可以达到。最高的是'化境'，不但字的艺术成熟了，而且胸襟学问的修养也成熟了，成熟的艺术修养与成熟的胸襟学问修养融成一片，于是字不但可以见出驯熟的手腕，还可以表现高超的人格：悲欢离合的情调，山川风云的姿态，哲学宗教的蕴藉，都可以在无形中流露于字里行间，增加字的韵味。这是包世臣和康有为说的'神品''妙品'，这种极境只有极少数幸运者才能达到。"

显然，朱光潜先生不只是在谈写文章和练字。这"疵""稳""醇""化"四"境"，可以普适于各个行业和各门艺术。教师的成长，也符合这样的规律。一个教师，从刚进入教师队伍到成为"大师"，其教学艺术的发展历程，也必得经由"疵境"到"化境"，任何人概莫能外。

名师成长之路，让我们看到了自己成为名师的可能。考察名师的成长之路，我们可以看到，一个教师的成长，离不开技能、人格与学识的支撑，而人格和学识更胜于技术。如果教师光有高超的教学技能，而没有高尚的人格与渊博的学识，那么他只能达到"醇境"而难臻"化境"。学习名师，既要从细节学起，也要从人格与学养学起。只有当教师具有了名师的人格、学养，才有可能成为名师，即便在天赋上不及名师，终其一生的努力只能达到"醇境"，但是照样可以成为学生喜欢、家长信任的好老师。有了这样的认识，才不会自惭形秽，而会为成为最好的自己而努力终生。

学习名师，当先学名师的"大爱"。"没有爱就没有教育"，这是大家耳熟能详的教育理念。怎样把爱化为教育的具体细节，让爱常驻孩子心头，让爱化作幸福，让爱温润心灵，名师早就做出了榜样。李吉林、于漪把爱化作了尊重，潘小明、薛法根把爱化作了艺术，吴辰、王运遂把爱看作责任，程翔、李镇西把爱当作奉献……这最熟悉的理念在名师的诠释中是那么温馨、那么美丽；这最熟悉的理念在名师的演绎中是那么本真、那么自然。苏霍姆林斯基说："一个好教师意味着什么？首先意味着他热爱孩子。""大爱"，正是一个老师从"稳境"向"醇境""化境"跨越，进而成为名师最重要的一步。

学习名师，当学习名师的先进教育思想。名师是有先进教育思想的老师。他们的思想来源于广博的知识储备和实践积淀。他们一般都具有学科的专业知识，即除学科的基本知识以外，对本学科的前沿知识、与本学科有关的交叉知识、学科历史、学科内涵、学科教育理念演变轨迹等均有涉猎；名师还具有普通教师普遍忽视的教育学和心理学知识；名师更重要的是具有人类文化的大视野，即对文、史、经、哲、法学、经济学、自然科学等的了解。这样的知识结构决定了名师的视野，视野在一定程度上决定高度，名师自身的阅读、积淀、实践、底蕴、反思、求索等最终使名师具备先进的教育思想。教育思想成熟了，就如放在口袋里的锥子一样，一旦有了机会就会破袋而出，所谓"水到渠成"。有了先进的教育思想，教师才有可能达到"醇境"乃至"化境"，才有可能成为名师。

学习名师，当学习名师的教育智慧。名师都是有丰富教育智慧的教师。教育智慧不是天生的，而是在实践中积累的。教育智慧其实离我们并不远，只要我们用心关注每一个孩子，关注课堂的每一个细节，那么智慧会源源不断地生成。课堂上，思维受阻的时候，意见分歧的时候，陷入僵局的时候，都是锻炼并生成智慧的最好时机。用智慧去经营智慧的事业，将获得更多的教育智慧。

在我心里，教育是完善人、发展人的活动。人性是教育存在的前提与起点，又是教育活动的目的和归宿，只有守住教育原点，才能做一个真正的教育者。南怀瑾先生曾经讲过，教育的目的是启发人性。人性就像一条河流，有九曲十八弯，到每一个缓流处和任一瞬拐弯时，都是一处风景，它不会与其他相似，只与心相连。在美考察期间，我无意间听到了哈佛大学校歌中的几句歌词，让我在内心不断追问。

> 教诲你的孩子
> 伴随着自由思考和耐心承受
> 为了正义，勇敢地生存着
> 不要在覆盖着苔藓的沼泽边滑倒
> 就像真理主流的世界在堕落
> 做光芒的先驱者和爱的承载者

美妙的歌声传达出深刻的启示：教育应该是以生命本身的逻辑和教学深刻的内在合理性去完成润泽生命的纯美的事业。它是启迪智慧、润色生命的活动历程。生命的质感、人性的光辉、生活的情趣、思维的灵动、个性的丰满、差异的合理、习惯的力量等一切与人的生命相关的活的元素尽蕴其中。

教育作为一种有目的地培养人的活动，是完善人性的重要手段和根本途径。真正的顺应人性的教育，就是孩子能够在接受教育的过程中，有一种发自内心的喜悦感和幸福感，也就是心灵或者心性合一的状态，能够享受自己的生命历程。真正的教育不会抑制人性最真实的需求，而是可以合理引导人性发展。

与此说来，教育就是"人化"和"化人"的统一。"人化"是按人的方式改变、改造世界，使任何事物都带上人文的性质；"化人"是反过来，再用这些改造世界的成果来培养人、装备人、提高人，使人的发展更全面、更自由。"化人"是"人化"的一个环节和成果、层次和境界。教育应该激活人性，追求人性潜能的实现，让人性在寰宇中放射出耀眼的光辉。人性是教育的原点。教育要实现人性的优化，不能只眺望远处的善良之塔，要不时地回归到人性的原点。

真正的教育，是培养孩子的兴趣、挖掘孩子的自由天性的潜力、引导孩子幸福而健康地成长的教育，是快乐教育、赏识教育、自主教育、情景教育，是思维方法训练，是生命观引导、世界观培养……是美德教育、智慧教育，更是人性教育。

九、全人教育的家庭责任

伟大的教育家苏霍姆林斯基说过："生活向学校提出的任务是如此的复杂以至如果没有整个社会首先是家庭的高度的教育学素养，那么不管教师付出多大的努力，都收不到完善的效果。"学校教育和家庭教育各有其特点，相互联系，相互作用，相互影响。教育的成果取决于家庭教育与学校教育是否协调一致形成合力，成为互补过程。

（一）家校合作凝聚教育合力

学校是传承和引领文化发展的地方，是铸造社会精神的"母机"。古今中外，学校都是作为人类意识形态的核心，为现实生活造血，为尚不存在的未来奠基，这种引领主要是通过对孩子的教育来实现的。教育就应该追求一种升华和改变，使孩子的自然属性融入文明的属性，形成崇高的人类精神，改变孩子偏离了的轨道，养成孩子适应社会发展社会的习惯，为孩子的健康成长服务，为孩子的持续发展奠基。因此，"孕育"未来社会高尚灵魂，谋划中华民族的伟大复兴，就成了学校的理性责任。但孩子是从家里走来又向家庭走去的，孩子受教育的环境和内容也是开放的，学生初始人生的两个主要站点就是学校和家庭，学校教育应该是家庭教育的概括、抽象和升华，它理所当然地应担负起引领家庭教育，优化教育环境，实现教育连续、递进、整合、统一的任务，其关键是引领什么和如何引领。苏霍姆林斯基说过，"教育的效果取决于学校和家庭教育影响的一致性"。学校和教师不能简单地将自身的工作停留在家长满意的水平上，教师有责任以自己的远见卓识和专业素养引领社会和家长，帮助家长对自己的孩子抱以合理的期望和用先进的观念与方法教育孩子。只有不被功利障目，才能在真正意义上惠及学生、指导家长、引领社会。

（二）家庭教育应弱化功利

毋庸讳言，相当长一个时期以来，在"功利化"教育的层层重压下，一些学生出现了这样那样的问题：没有责任意识；规则意识淡薄；心理素质脆弱；自我中心欲望膨胀；不懂得感恩；不会合作共处；审美观念扭曲……诸如此类，从表面上看不过是青少年成长过程中一种特有的躁动与困惑，但其实际影响是非常深远的。大而言之，会影响到国家、民族的未来和社会的品质；小而言之，则会影响他们人生发展的道路。责任意识是一个人为人处事最起码的道德准则，很难想象，一个没有责任意识的人会对他人、家庭、社会、国家尽到怎样的义务，做出怎样的贡献。"不以规矩，难成方圆"，近年来由于规则意识缺乏和法制观念淡薄造成的青少年违法犯罪现象屡有发生，与环境污染、吸毒贩毒已经被人们认为是当今社会的三大公害。不少青少年心理脆弱，心理压力过大，抗挫折能力差，表现出种种稀奇古怪的叛逆：任性、厌学、早恋、离家出走甚至厌世轻生等，这早已引起全社会的高度关注。部分中小学生特别是独生子女过度以自我为中心，往往见好处就上，见困难就让，有错误就推，这对于他们未来生活面临的人际关系的良好发展无疑是一种潜在的阻碍。一个不懂得感恩的人不会想到：自己的生活就是别人劳动的成果，一个不懂得感恩的社会是危险的，最终会导致人的自私、冷漠和社会道德的滑坡。学会与人合作，具备与人交往的能力是现代社会一个人生存的基本前提，但现在大多数学生学习上"各自为政"、生活上"高分低能"的现象让人无不忧虑。审美观念的错位与扭曲，导致相当数量的中小学生甚至成年人沉迷于网聊、电游及病态的狂热追星。这些现象尽管不是主流，并不普遍，但对于学生的健康成长、思想提高、学习进步带来了严重的负面影响，应该引起高度重视。

　　"功利性"教育不知从何时开始，越来越不将学生、孩子看作一个有着多样兴趣和爱好的人，一个有着多种能力和潜质的人。只看见分数、绩点、排名这些数字。学生是什么？学生是人，是正在长身体的年轻人，是心智尚在发育的缺乏社会经验的人，是需要与同龄人交流感情的人，他们需要被人关心、帮助、爱护。不仅如此，学生还是会唱歌的人、会作曲的人、会画画的人、会演戏剧的人、会写小说的人、会讲故事的人……还有更多的角色，他们有他们的生活方式，有他们的朋友圈子，甚至有他们自己的语言，成人听不懂，可是成人应该学会听懂。无论家长还是教师，都应关心学生作为人本身的问题。只有这样，学生才会关心其他人，以及全人类本身的问题，才能了解人类全面发展的需要，关注人类今天的生活和明天发展的问题。

(三)永远给孩子希望

高尔基说过："爱孩子，这是连母鸡都会的，但教育好孩子却是一门艺术。"做家长不容易，做有智慧的家长就更加不容易。

用反常的眼光看孩子，是当今父母普遍存在的问题。稍一留心就会发现，现在许多孩子不知道自己有什么优点，小学生比幼儿严重，中学生比小学生更甚。其实，每个孩子都有自身的优点。那么，为什么孩子却不知道自己的优点？是因为批评过多。在学校，老师批评，在家里，父母批评，这也不对，那也不好。就这样，把孩子的头脑搅乱了，缺点记下一大堆，忘了自己的优点。有这样一个故事：中国妈妈和美国妈妈观看孩子的篮球赛。10 个球，中国孩子投进 9 个，妈妈抱怨道："还差 1 个就全中了，你怎么搞的？"美国孩子只投进 1 个，但妈妈却笑着对孩子说："你真棒！"虽说是一个故事，但多少能从中看到自己的影子。中国妈妈是"完美主义"的教育思想在"作祟"，只看到了那十分之一的缺点，却忽视了十分之九的优点；而那位美国母亲却善于发现孩子的闪光点。这对大家来说应该是一个很好的启发。

全人教育的实践
——脚踏实地的求索

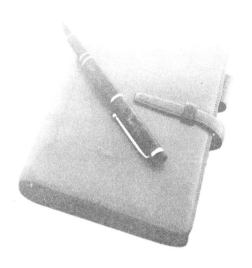

　　纸上得来终觉浅，觅得真知靠实践。标语口号可以信手拈来，耕耘豪情却需费尽心血，但是，只要激情和理性俱存、科学和人文同在，只要不耽搁于抱怨、不迷失于他人，只要既坚守自我又勇担责任，只要既仰望星空又脚踏实地，在教育璀璨的星空中就一定有属于全人教育的那颗耀眼的星星。

一、唤醒教师本源力量

　　人的生命是独特而且精彩的，人的独特性更多表现为实现人生价值的方式和途径的多样性。哲学原理中的共性与个性的辩证关系表明，只有尊重多样性，才能尊重个性。因为个性总是多样化的，而且多样化中就包含着即使是最好的单一化。因此，要尊重个体之间的差异，珍视个体之间的多样化，而不是达到所谓的"统一"。

　　人们经常讲，培养教师要先"入格"再"出格"，这里的"出格"就是形成了新的风格，这所谓的风格就是教师教学个性。优化教师个性，就是实现教师有个性的教，从而引导学生有个性的学，以追求教学效益的最大化，使教学过程充满智慧。

(一)尊重教师个性特点

　　教师的工作是创造性劳动。面对天天都在发生着变化的学生，教师需要不停地思考，不断地观察，整合教育教学资源，联系自己的原有经验，创造性地运用于学生的管理和课堂教学。如果教师试图以不变应万变，不进行创新，是难以搞好教育教学工作的。正是由于工作的创造性，才使教师在长期的工作过程中形成了自己的教育教学个性。教师的教育教学个性，既是教师经验的结晶，也是学校的宝贵财富。当学校的每一名教师都具有鲜明的教育教学个性的时候，那么整个教师群体就会涌现出旺盛的生命力，学校就会呈现出勃勃生机。

　　教师教学个性的形成，是一个漫长的过程，是一个不断优化、不断升华的过程。在这样的过程中，需要学校领导的引导和帮助，更需要学校领导的尊重和包容。因为，个性化的东西都具有本身特有的鲜明特点，一般不具有可比性，难以横向比较，一时又难以准确判断出它的科学性，需要在实践过程中检验。因此，领导只能进行宏观把握，重点在于观察思考教师的素质和教师的价值追求，重点把握教师的教育教学效果。如果在实践中确实有效，就应该大力提倡，全力支持。当校长对教师的一些个性化做法不能十分透彻地理解时，不要急于将自己的观点强加给教师，不要对教师横加指责，更不能否定教师的创造性，要耐心与教师沟通，与教师共同分析这样做的依据是什么，应该有什么策略，学生需要什么基础，需要什么物质条件做保证；前期的探索有哪些经验可以借鉴，有哪些教训可以吸取，遇到过什么困难，需要学校提供什么帮助，等等。沟通的过程也就是"去伪存真、去粗取精"的过程，是对有效策略形成共识的过程。当双方形成共识后，教师就可以放下包袱，在工作中大胆试、大胆创。这样的过程不断重复，就会使教师的教学个性不断升华，不断显现。

（二）关心教师生活需求

现实中，多数教师都追求简约生活，很少有过高要求，但难免也会遇到一些自己无法解决的问题。有很多教师将难题压在心底，不露声色，埋头干工作。当年的刘建宇老师就是这样的人。当时，刘建宇与爱人两地分居，生活不便，可他全身心投入到教学研究中，从来就没有提爱人调动的问题。我反而从心里替他着急，多次找相关领导协调，顺利解决了这个问题。潜心研究的他直到爱人将调动通知展现在眼前才恍然大悟。当然，这仅仅是一个个例，实际上，教师的生活需求是多方面的，不同时期的教师其精神、物质的需求是不一样的。作为学校领导，在实际工作中做好这项工作是有一定难度的，但是，这不能作为做不好此项工作的借口，反而更应该成为重视这项工作的理由。

在教师的精神需求方面，学校领导首先要尽量提供一个宽松的工作环境。这里的宽松环境，最主要的一点就是和谐的人际关系。大到一个世界，小到一个两人以上的组织，都存在人际关系和谐的问题。人与人之间存有和谐的关系，在工作、生活中就不觉得累，天天轻松愉快。因此，需要学校领导创建适合教师工作特点的管理制度。制度的制定和修改，都要本着公平、公开、民主、平等的原则，通过教职工代表大会完成。目的就是引导教师多琢磨事，少琢磨人或不琢磨人，集中精力做好工作，使工作成绩突出的教师有成就感，受人尊重，成为大家的学习榜样。同时，在制度设计上要注重团队绩效考核，以增强教师之间的凝聚力，引导教师团结起来去争取更大的成绩。

其次，张扬教师的教学特色。教师作为一个具有一定知识水平的社会群体，自尊心特别强，在学生面前不可能做到"表扬和自我表扬相结合"，不可能天天对自己的工作成绩喋喋不休，自我标榜。这就需要学校通过一定的方式，让每一个教师的特点都能展现在学生面前，让学生产生由衷的敬佩，给教师以良好的精神刺激，不断树立教师的威信，增强教师的自信心。学生通过不同方式感知教师、了解教师，就会维护教师的工作，从而达到"亲其师、信其道"的效果。

年度教育创新人物

再次，为教师提供释放精神压力的途径。工作压力大，生活压力大，教师精神压力剧增，如果没有释放压力的途径，压力就会蓄积，就会非正常爆发。所以，必须创造条件让教师的业余生活丰富多彩，让教师在不同的娱乐活动中一展风采。我在办学实践中就特别强调让教师在一日工作中有休闲的时间，坚持多年深受教师欢迎的集体太极拳锻炼就是一条很好的途径，另外，坚持让教师在假期中有一定的旅游休闲的机会，变换视觉环境，增加一点特别感受，丰富生活经历，也是释放压力的好机会。

在教师的物质需求方面，学校领导要注重将普遍关注和特别关注相结合。所谓普遍关注，是指对所有教师的关注和关注教师需求的所有方面。从整个社会来讲，教师与同等能力的人相比经济收入还比较低，与同等付出的人相比更低，与承担的责任也不匹配，这些问题既不是短时间内能解决的，也不是一个学校就能解决的。在这种情况下，我坚持在力所能及的范围内，让教师体验到和同等类型学校的教师相比还有一点优势，让教师在比较优势中感觉到学校领导的良苦用心，以此为学校工作良性循环奠定基础。所谓特别关注，是指对有特殊情况和有特殊贡献的教师的关注。我规定，当教师出现特殊情况时，学校领导要亲临现场，关心教师，提供必要的物质帮助，解教师燃眉之急，体现领导的关心，体现学校大家庭的温暖。对具有特殊贡献的教师，要加大物质奖励力度，使教师真切感觉到自己的付出与回报相匹配。尤其是学校认为教师的特殊贡献具有前瞻性、示范性意义时，更要舍得投入，以此调动所有教师的主动性、积极性。

(三)创建教师发展平台

创建教师发展平台，促进教师专业发展，是深入推进全人教育的必然要求。刘建宇等一大批成绩显著的教师的实践和专家学者的研究一再证明，提高教育质量，必须以提高文化学科的教学效率为前提，把学生的学习时间更有效地利用起来。在课堂这个教与学互动的舞台上，蕴含着强大的生命力，只有学生的活力在课堂上获得有效发挥与凸显，我们的课堂才更真实、更高效、更具吸引力，我们的学生才更慧聪、更主动、更富创造力！

实际上，刘建宇老师之所以取得如此骄人的成绩，关键就是将自己善于思考的个性特长融入课堂教学设计中，在实践自己的个性追求的过程中，逐步形成了个性鲜明的课堂特色。由此启示我们，教师，应该有自己的理念、追求、个性，只有这样，教学才不是亦步亦趋的花拳绣腿，才能有实效，教出来的学生才能有自己的个性，学校才能成为有个性、有特色的学校。也只有这样的课堂，才能使以人为本、关注师生生命成长、促进学校内涵发展的诉求扎根于实践沃土，呈现出丰富多彩的喜人局面，才能培养出更多适应社会发展需要的学生。

因此，我们在继续按照培训规划要求进行培训提高的同时，及时跟进其他推动措施。通过"现代教学技术提升工程"使全体任课教师的现代信息技术水平普遍提高；通过"教师教学能力提升工程"促进教学设计水平再上新台阶，促进课堂教学再展个性风采，以适应个性高效课堂的要求；通过评选"十佳课堂"给教师们提供学习榜样，引导教师尽快形成自己的特色；通过"教师评价方式改进工程"初步寻找到教师发展性评价的基本路子，使基本能力评价与发展能力评价相结合，促进教师关注个性素质提高，走内涵式发展之路。

(四)展示教师劳动成果

教师的工作性质决定了成果的显现周期较长。教师日常工作中取得的成果，虽不是通过学生体现出来的最终成果，但也从一个方面证明了教师的能力和水平，因而也是不断激发教师积极性的有效因素。学校及时将教师的成果展示出来，让教师有一定的成就感，就会促使教师不断产生前进的动力。展示教师成果要注意分层次、分类别、分阶段。不同类型的成果可以通过不同的方式进行展示。对特别突出的成果，可以利用不同的媒体加大宣传力度，一般的成果可以在校内加大宣传的力度，对体现教师水平的成果，可以利用开学典礼、校庆典礼、升旗仪式等重大活动集中展示。比如将教师发表的论文结集出版，将教师出版的论著向相关部门推荐，将学校名师、骨干教师的材料及有关的音像制品进行展示，都是可供选择的方式。像前面提到的为刘建宇老师召开全市范围的教学研讨会，就是一种非常有效的展示教师劳动成果的形式。

展示教师的劳动成果，既是对教师工作的肯定，也是对教师工作的促进。教师的成果只是说明过去，不能代表未来，只有不断努力，才能不断取得新的成果，不断超越自己。教师都非常注重自己的形象，不会也不可能总是倚仗过去的辉煌而在自身发展上停滞不前。所以，展示他们的成果，就会促使他们不断上台阶、提升水平，从而不断创造出更高境界中的新"我"，达到在工作中发展、在工作中提高、在工作中成长的目的。

多年的管理实践，使我深深认识到，当校长要有欣赏教师的眼界，能用专业眼光为教师的发展"号脉"；要有容纳不同个性教师的胸襟，兼收并蓄，发扬光大；要有助推教师发展的勇气，敢于在众说纷纭的时候把握教师的主流和本质，力排众议，大胆支持。有人说，"培养一流教师，需要有一流校长"，我现在越来越体验到这句话的分量。我认为，一个校长，只要真正拥有应有的社会良知、丰富的实践智慧和管理技能，就一定能循着梦牵魂绕的那份职业理想执着向前。

二、助推教师力攀高峰

教师成长，有其自身的规律。教书育人是一项专业性、探索性、创造性极强的工作，要求教育者必须先受教育，具有高度的责任感、使命感，静下心来读书，潜下心来育人，来不得半点急功近利，来不得半点三心二意，来不得半点弄虚作假。个人素质、专业态度是基本要素，学校的氛围也是重要因素。实施全人教育，需要每一个教师都能成为最好的自己，以此带动学生，引领学生。

（一）教师的创造需要自由的空间

在我看来，弘扬教师个性，助推教师成长，关键是信任教师、理解教师，给教师职业生活以自由。因为，自由是一种巨大的创造力量。

青年教师王丽花，2007年大学毕业分配到临沂第二十中学任教。刚参加工作不久，就让分管领导很头痛："这个'小年轻'，怎么不按常规出牌？"

很多时候，王丽花的课堂太安静。学生们坐在座位上，不读教材，却捧着《莎士比亚全集》等课外名著；读书有了心得，就提笔写下，长短不拘、体裁不限，写出自己的真诚感悟即可。有些时候，课堂却像煮开了锅的饺子。学生们大声辩论、开心表演，好几次，声音大得连隔壁班的老师都忍不住提意见。

对于这样一位教师，我没有断然采取措施，而是悄悄地走进真相。

经过听课座谈走访了解，我感觉到，王丽花不过是想通过《莎士比亚全集》，把学生带进一个学习和使用语言的世界，一个表达情感和形成价值取向的世界，一个用文学的特有思维方式来呈现生活的世界。她的关注点在能力，只要静下心来，就能等待花开。学校需要做的就是给予这样的老师以充分的信任，让其自由驰骋在通往理想的大道上。

教育是学生生命主体的活动，人成长的过程就是从精神到物质逐步独立、自主的过程，离开了生命自身的独立、自主、冲动、体验、感悟、表达、愉悦、兴趣，教育还是什么呢？爱因斯坦在他有关教育的论述中特别强调两个概念：一是"神圣的好奇心"，即探究未知事物的强烈兴趣，以及在探究中所获得的喜悦和满足感；二是

"内在的自由"，即不受权力和社会偏见的限制，也不受未经审查的常规和习惯的羁绊，而能进行独立的思考。在一切伟大的创造者身上，都鲜明地存在着这两种特质，而对这两种特质的保护或培养都有赖于学校所能给予他们的内在的自由，教育的重要使命之一就是要提供让生命舒展的自由的环境。有些人认为学会比会学重要，学好比好学重要，知识比智慧重要，分数比情感重要，行为比价值观重要，这是对教育的绑架和异化。教育永远是基于生命、为了生命、成就生命、实现生命自觉的精神活动，有些教育实践的最大误区就是从来就没有真正关注生命本体，一个标识之一就是没把人的主体自由当回事。想想看，当教师把一套与考试相关的教材、知识体系、考点，按工业流水线的程式、进度强加给学生的时候，考虑过学生的生命感受吗？当学生已经对这种司空见惯的牵引、限制、依赖、压抑、奴役、厌倦乃至对抗的时候，有生命情感的学习活动还存在吗？当前，教师最大的敌人是"包办"，学生最大的敌人是"依赖"，学校最大的敌人是"专制"。刘建宇老师当时说过一句白开水式的至理名言：教师只要再多说一句，教育教学就失去公平正义。教学不需要仅仅停留在表层的热闹，也拒绝虚假的繁荣，真正需要的是把学生的学习变成心灵和生活的一部分，尊重他们的愿望、人格、自由和主体精神，尊重他们作为生动活泼持续学习的主人翁意识的存在。海伦·凯勒说："一个人没有高飞的冲动，那么他只能满足于在地上爬。"哪个教师想让自己的学生一直爬下去？

三年后，学生用成绩证明了我的预测。王丽花带的两个班，虽然在初一年级奠定基础的时候考试成绩暂列全年级 20 多个班级的末尾，但中考时却一跃而上。令大家刮目相看。要知道，这是她大学毕业后带的第一届学生。

看到王丽花的成长，老师们由衷叹服："过去，我们常说'教是为了不教'。实际上，还有不教而教。"不教而教的真谛何在？在于让学生在生机勃勃的、不强求一致的教育境界里，自我感悟，自我成长。

（二）教师的专业自觉是创造的必由之路

受到王丽花老师教育实践的启发，语文组的老师们聚在一起，认真、细致、深入地研讨语文教学的"六大"（大阅读、大写作、大背诵、大复述、大欣赏、大演讲）策略，目的就是超越教材，为学生能力养成创造条件。学校语文教学的境观，也为之一变。

正是根植于学校语文教学"六大"的肥沃土壤，语文组的教师得到了快速成长。在连续三届的山东省优质课评比中，我校教师拿到两个一等奖，一个二等奖。年轻的苗凤珍老师获得一等奖后激动地说："姜校长的要求虽然没有给我提供技巧和方法层面的支持，但这种情商上的促进，在我的觉醒和发展过程中更有实际意义，更值得我去感激他。"可见，动情与用心，才是"不是方法的方法""不是技巧的技巧"啊！

省级讲课一等奖获得者苗凤珍

一位山东淄博的同行，来学校参观交流后感慨地说："在临沂二十中，正是因为有了可以张扬个性、舒展性灵的生态土壤，有了高度宽松、可自由飞翔的空间，有了鼓励追求真理与独立人格的精神氛围，才有了一颗颗个性的种子争相破土、萌芽、开花并结果。"

（三）真诚相待是成就卓越教师的保障

过去，我说过，规矩之外，消灭散漫，规矩之内，尽享自由。规矩体现人的社会属性，人生活在社会上，就必须遵守规则。自由，彰显人的自然属性，不管什么规矩，却必须保障生命个体身心舒展的生活，这里的关键是，管理者和被管理者的心能真诚到什么程度。规矩是底线，自由也有上限，而真诚无限！

一个著名的国际社会调查组织在对几万名各行业各阶层人群的抽样调查中，对其中"你认为在人际关系中最珍贵的品质是什么?"这一问题在一一排除"感恩、公正、善良"等因素后,最后剩下的竟是"真诚"。这说明人类社会发展到今天,一种久违了的长期被污染的美德,又演绎成人的渴望,回到人的心头。真诚,望文生义,"真"即真实、真正、真切;"诚"即诚心、诚意、诚恳。"真"是一种品质,它拒绝虚伪、矫饰和做作;"诚"是一种态度,它摒弃权威、权力和任何形态的强势。当真诚印刻在人们的性格、流淌在人们血液中的时候,它才有自信成为人际关系中的第一品格。而教师无论对学生,还是对家长,抑或对社会,真诚必居其首。

李嘉诚是一个成功的企业家,也是一代儒商。他挂在口头上的一句话大意是:生意是别人给你的,要真心替别人着想,要让合作者真正喜欢你;连对方都不相信你,他怎么放心把生意交给你呢?一流的企业家不靠狡诈,也不靠市场技巧,更不标榜所谓的文化,而是靠人性。一个人类灵魂的工程师又何尝不应该这样呢?

三、升华教师职业追求

我始终认为,升华教师职业追求和课堂教学效益是相辅相成、相得益彰的关系。升华教师职业追求,弘扬教师教学个性,促进教师专业成长,能显著提高教学效益。同样,依托课堂搭建教师专业发展平台,让教师长袖善舞,也能让老师们看到自己的长处,发现自己的不足,促进教师有感而思,促进教师自醒、自觉、自为,促进教师主动提升个人职业追求。

(一)做有人类感情体温的教师

儿童的世界有独特的色彩、旋律和内涵,教师在思考学生的问题时,首先应想到学生是人,是正在长身体的少年,是心智正在发育的缺乏社会经验的人,是需要长者引领、关心、帮助和爱护的人。教师只有真诚地和他们一起喜怒哀乐、共同成长,才能使他们学会真诚地关心他人。从某种程度上可以说,教育是病态社会的根源,一个眼里只有分数和自己的人,怎么可能让孩子带着人类的美好情感和未来理想走出校门呢?

教师用真诚最能打动他的学生。北京第二十二中学的孙维刚老师,经常和学生一起打球、一起唱歌、一起欣赏经典音乐。他对学生由衷的真诚赢得的是学生对他作为长者的、智者的、父辈的、知己的一生的依恋和倾心的爱戴。当孙维刚生病住院，就要和生命、和他亲人般的学生作别的时候，学生和他们的家长轮流守护在他的病房，用他们须臾不想离开的深情的目光，刻骨铭心般印记他们最重要的亲人的时候，你难道没联想过瑞士教育家裴斯泰洛齐的教育生活吗？"从早到晚我一直在他们中间……我的手牵着他们的手，我的眼睛注视着他们的眼睛。我随着他们流泪而流泪，我随着他们微笑而微笑……"

教师在思考如何真诚地对待他人的时候，也必须认真反省如何真诚地对待自己，只有真诚对待自己的人，才有可能真诚地对待他人。从自我关爱做起，对得起自己，而不是做给别人看，不是去追逐所谓的面子。

(二)做有忧患意识的教师

社会形成了教育最基本的环境，面对当今教育出现的一些问题，如阅读能力、理解能力、质疑能力、提问能力的减弱，想象力和创造性的缺乏，孩子的童心与顽皮心的欠鼓励等现象，每个教师都要有忧患意识。

教育应该有所作为。从小到大，没有标准答案的教育方式，更有助于培养完整的思考能力和逻辑方法。让学生可以尽可能多一些自由阅读，增加他们的个性理解和表达。教育，应该尊重学生作为生命体的存在，尽量多地考虑他们的起点、愿望、情绪和实际可能，让他们做学习的主人。当然也必须减轻他们的负担，因为负担过重必然导致肤浅。一定要在突出价值引领的前提下，多给他们一点自由，因为自由乃是一种创造的力量。让他们在课堂上充分表达，各抒己见，放飞思想，激活辩论。在对他们进行科学方法训练的同时，让他们掌握科学方法的实质……

(三)做坚守伦理的教师

教师要把社会伦理、职业伦理和节日伦理上升为课程。节日，是一种情感倾诉和心灵润泽的载体和方式，它总会以一种独特的语言唤醒你尘封的历史记忆，激活你的情感细胞，赋予你真善美的人性含义。让你知道在这不长的光阴里，究竟有哪些内容需要你驻足流连、深情地专注。

节日之于教育，就是课程，一门具有浓郁的民间基础、鲜活的呈现形式、悠久的历史积淀、活着的、成长着的公民课程。一所学校，一个班主任，一个教师要从国家法定节日和民间人文节日中开发出它的课程功能，并赋予它在学生成长中的含义。

无论是洋节日还是传统节日，只要我们用心赋予它应有的教育的意义和目的，实现鲜活的教育回归，那么孩子们享受到的将不仅仅是一个简单的休息日或是一次流俗的庆祝活动，它会像一缕阳光，最终以年轮的方式，铭记在孩子们的记忆里，成为为孩子们写下的明亮诗篇的又一行。以此埋下的种子定会日趋成熟，在岁月的沉淀中绽放。

（四）做奠基人类未来的教师

人不能健康成长的根源在很大程度上是依赖性和恐惧感。一些教师由于强势和对教学关系的错误理解，较少考虑学生的起点、经历、意愿和需求；很少关注学生的个性和情绪；很少科学地照顾到学生的智力类型、学习方式、思维特点的差异，也难以照顾到学生学习方法的选择性。这样的教育使得有的学生只能依赖教师才能前行，离开教师，就不想学习、不会学习、不再学习。梦想失去了，兴趣索然了，思维定式了，活力消解了，灵气悟性磨成鹅卵。

众多研究表明，恐惧是孩子失败的根源，而孩子的恐惧很多时候源于教师的管制。教师只想按自己的思路教育孩子，希望孩子按照自己设计的样子成长，殊不知，教师的一厢情愿会给孩子带来伤害。有的教师曾这样深思："为什么学生学不会我教的东西呢？原因在于教师试图控制他们的思想。"一个成长中的孩子，一个自然天成的大自然的高贵杰作，如果教师不以他们生命本然的样子去呵护他们成长；如果不完全忽略他们自己的意愿，把成人规定的目标、标准、程序强加给他们；如果不去剥夺他们生命所必需的自由，使他们的想象力、思维力、创造力得以正常发挥，一切教育奇迹，皆会悄然发生……

依赖使这个世界没有活力，恐惧让这个世界失去色彩。不管是国家和公民、单位和员工、家庭和成员、公民之间，依赖都会使人失去自我，使人心灵空虚、精神漂泊、灵魂流浪、生命贬值。过分地依赖，会造成恐惧，恐惧会导致更加依赖。

曾有人问我，古今中外的名师大家已经创造了所有教育需要的东西，教师只管理解把握运用即可，何须钻研？我说，"只有在新事物中的旧事物，才是存在的事物"。也就是说，只有创造，才能保存和继承，否则只能是过眼云烟，有什么一成不变的东西能完全适用于今天的时代、今天的教育和今天的学生呢？试图以不变应万变，只能是徒劳无益。古希腊哲学家赫拉克利特早就说过："人不能两次走进同一条河流。"同样的道理，网络上也流传着这样的段子：因为我是菊花，所以请别让我在夏天开花；因为我是白杨，所以请别指望从我身上摘下松子。大白话中有真知！

四、建设个性优质课堂

　　繁忙之余，我经常反思刘建宇、王丽花等教师的成长经历，回顾哲人早就说过的"教育是'人'的教育"话语，更加感觉到"教育是个性的教育，没有个性的教育不是真正的教育"的重要意义和价值。教育是完整的教育，将人的知识、情感、品德、能力肢解开来的教育，还不如不教育。对于教师个人来说，如果没有强求一致的压力，

《人民教育》报道学校办学成果

每个人都有发展自己天赋、本质力量的广阔场所。物竞天择的自然定律，说明了一个浅显的道理：每一个有生命的组织其发展的根本前提是，使每个生命个体实现个性优质发展。因此，让教师和学校一起发展，让教师和学生共同成长，就不会是一个简单的口号，而应是实实在在的行动。

在我心里，教师的教学活动，首先是教师的个体劳动，所以就要提倡八仙过海，各显其能；提倡百花齐放，推陈出新；提倡群英缤纷，各露其俏；提倡各有绝招、各有奇技；提倡一招鲜，提倡多面手；鼓励做出檐的椽子，鼓励做出头鸟；既要鬼斧神工，又要雕虫小技。我认为需要在学校层面落实好"教师有个性地教、学生有个性地学"这一重要任务。唯有如此，方能依托课堂这一载体书写好全人教育的重要篇章。

（一）审时度势全力动员启动

课堂是教育之核心，是形成和检验教师专业化成果的最佳舞台。教师只有在解决问题的过程中，才能把教育的经历从具体生动的教育实践活动和丰富的教育表象中梳理出来，在经验的反复拷问与申辩中生成自己的教育智慧。针对传统课堂教学中的低效、无效问题，我们向全体教师和部分学生发放了调查问卷，在聚类分析和个案分析的基础上，找到了很多影响课堂教学效率的问题，也在教师、学生的答案中寻求到提高课堂教学效益的办法。

始于 2008 年的个性优质课堂建设，既受刘建宇等教师成长的启示，也源自学校对现代学校发展规律的清晰认识和恰当把握，是让学校教育回归人的自然本性的有力举措。"直木为梁，曲木为犁"的古语，期待着教育者能本着"天生我材必有用"的心态，让小树参天成长，让小草为大地铺荫；"多元智能学说"等现代教育理念，昭示着教育者要充分照顾到学生之间的差异，最大限度地促使学生发挥优势智能，成为最好的自己。

法国思想家、教育家卢梭曾经说过："人的个性是世界上最美的花朵，个性决定命运，良好的个性能使孩子受益终身。"具体到学校教育，如何创造条件，让学生充分发展自己的个性，却是一篇大文章。人们都知道，世界上没有两片完全相同的树叶，也不会有两节完全相同的课堂。如此道理，说起来非常简单，理解起来也不难，但在落实中却屡屡走偏。有很多课堂，老师用相同的方法教育不同学生，让不同的学生做着相同的事情，不同的头脑思考同样的问题。循规蹈矩有余，"离经叛道"不足。纵观多年来各地不断涌现出的繁杂纷呈的诸多成果，或以"某某模式"傲视群雄，或以"××统一"广为流传，或以固守机械死板的"×学×练"引人驻足而观……虽不一而足，却呈现出惊人的一致——那就是全然不见学生的个性发展。

现实问题迫使学校领导和全体教师不断思考，找寻路道。一次次的理论求索，使我们的思路渐渐明晰；一次次的头脑风暴，使我们在争论中不断有所提高；一次次的资料比对，使我们在智者的启迪下有了更多思考；一次次的现场观察，使我们有了基于实际的改革方向。个性与共性的辩证关系，虽然早已有了定论，但现实中的人们，因受主客观条件的影响，往往"穷其一点舍弃其余"，一说学生培养，就立马联想成升学率，领会成练习题，实践为"日光＋灯光""汗水＋泪水"。如此，就课堂论课堂，拘泥于课堂环节中不能自拔，省却了课堂的主体，阻止了主观能动性发挥，何谈舒展学生个性？

毋庸置疑，教育是关乎未来的事业。在充满竞争与挑战的未来，社会需要多种特质、多种层次且具有鲜明个性的人才，这既是社会文明进步的标志，也是社会发展对人才素质的必定要求。作为新时代的教育工作者，需要彻底摒弃"一刀切""大一统""整齐划一"等教育观念，牢固树立以学生发展为本的教育新理念，以支配自己的行动，培养出具有鲜明个性的人才。在坚持科学发展、坚持以人为本的今天，在注重个性化、注重多样化成为紧迫任务的时候，当培养素质全面、个性鲜明的人才已经成为社会的共识，教育的目的是让每一个人成为最好的自己，以每位成员个性的充分发展去推动社会的不断进步。这就需要广大教育工作者，积极探寻在班级授课制条件下发展学生个性的策略。这条路注定有很多荆棘、很多艰难险阻，因此更需要义无反顾，勇往直前。唯有深入思考，大胆实践，不断调适，才能从历史中觅思路，到现实中找灵感，在比较中寻突破，闯出一条属于自己的成功之路！

其实任何一所学校，一位教师，一个学生，都是具体的、独特的、不可替代的，而由一个个具体的教师、一个个具体的学生、一节节具体的内容和众多的教学资源共同演绎的课堂教学，所具有的复杂性也是其他学校的经验所不能完全涵盖的，需要教师因时、因地、因人而变，需要教师考虑学生的个性特点，发挥自己的个性特长，打造出异彩纷呈的课堂。

(二)条分缕析厘清基本概念

个性优质课堂就是把教师教学特色和学生学习特点有效弥合，追求教学效益最大化的课堂。其目的是促进学生的心智发展和师生个性发展。它以全人发展观为指导，把"以人为本"作为根本追求，以遵从学生个性发展为宗旨，鼓励教师对教学内容进行个性化处理，依据教师个性化的教学设计，融合学生个性化特点，组织开展教学活动，以期达到学生个性优质学习的目的。其本质就是追求教学过程中各要素的自然协调、和谐共生、优质高效，从而使教学过程充满智慧，使课堂真正成为师生个性充分张扬、思维高效互动的生命发展场。如此，教师就会成为学生自主互动的组织者、学习热情的助燃者、知识活化的催成者、建构方法的引领者、探寻原理的指导者。学生就会实现由不想学到想学乐学的过渡、预习到大预习的过渡、想学一科到多科的过渡、探寻方法到原理的过渡、学习兴趣到责任的过渡。

这样的课堂，坚持以教师的个性特点、智慧结构以及个人的教学经验为出发点，以培养学生个性化的学习方式为切入点，以独立思考、以学定教、展示评价、原理探寻等教学策略为施教原则，通过情感孕育与习惯养成这两条贯穿课堂始终的主线，使课堂真正达到情感、方法与知识的统一，从而使学生的思维得以激活与深化，使教师的教学经验得到进一步的重新建构，进而向智慧迈进，为学生成为真正意义上的"自己"奠定坚实基础，使个性优质课堂建设与教育的本质要求具有高度一致性。

当然，在教育学视界中的"个性"并非政治口号或无原则的"个性自由""个性解放"，而重在对学生个体发展差异的尊重，对个体生命独特性的必要关照，对基于个体差异的教育公平的追求和对多样化社会需求的有效回应。同时，教育学视界中的"发展"，也非指经济增长，而重在人的发展，是科学发展，以人为本。而人的发展不仅仅是身体的发育、知识能力的增长，其实质是自由的拓展，是个性的提升，是人的生存状态的改变。①

(三)沙里淘金优化实施策略

策略体现为一种境界、一种眼光、一种态度、一种思维，在个性优质课堂研究

---

① 晨风．高中新课程个性发展的时空何在[J]．人民教育，2009(7)．

与推进实践中，我们特别注重相应教学策略的构建。

个性优质课堂立足现在，着眼将来。它充分考虑学生的年龄特点和个体发展潜能，充分考虑学生当前需要、家庭需要和国家需要的有机结合，充分考虑社会当前需要和社会发展诉求，目的就是为学生成为真正意义上的"自己"奠定坚实基础。基于这样的理解，考虑教学策略的本质要义，结合教师教学中已有的优势和不足，我们设计提出了建设个性优质课堂的"三四四"教学策略，要求全体教师在全面理解、整体把握"个性优质课堂"内涵、外延的基础上，着力按照"三四四"教学策略设计和实施自己的课堂教学，目的就是摒弃"摸着石头过河"的思维，让课堂教学返璞归真。

遵循三大规律是前提。一是遵循心理规律。要求教师的教学要符合初中学生的自然天性。初中学段是学生从童年向青年过渡的时期，具有半成熟、半幼稚的特点，成人感与幼稚性的矛盾一直相伴于他们发展的全过程。反抗性与依赖性、闭锁性与开放性、勇敢和怯懦、高傲和自卑、否定童年又眷恋童年相伴学生发展的每一步。身体生理状态的剧变，内心情感世界的觉醒，自我意识的惊喜，独立精神的加强，都要求教师的教学要"顺势而为"达成事半功倍的效果。

二是遵循认知规律。认知科学告诉我们，知识就是个体通过与环境相互作用后获得的信息及其组织。个体的知识分为陈述性知识、程序性知识和策略性知识，不同知识的学习条件和学习过程是不同的。在环境与个体的关系上，是个体作用于环境而不是环境引起人的行为。环境中的各种刺激是否受到注意或加工，取决于人的内部心理结构，是人根据自己的内部心理结构做出的选择。个体通过与环境的相互作用而赋予经验以意义，并对经验进行组织和再组织，从而修正或建构自己的认知结构。

三是遵循学科规律。不同的学科有自己特定的研究对象，这些对象的运动、发展和变化不是杂乱无章、毫无秩序的，而是有其确定不移的基本秩序，有其内在的、固有的、本质的、必然的联系。这就决定了不同学科有其不同的学科属性，由此也就应该有不同的学习方式。这就要求教师在探索和归纳的基础上，结合个人理解，对各种情况综合衡量、精心把握、开拓创新，依据学科内在规律科学施教。

依托四项原则是根本。一是以学定教。就是要依据学情施教。这里的学情，包括学生的认知基础、方法基础和情感基础。同时，学情又是动态变化的，而不是凝固不变的。

二是独立思考。简单地说就是个人在遇到问题或困难时，提出自己的见解，尝试解决问题。当然，独立思考也不是一点儿不听取他人的意见，而是对他人的意见有自己的判断，不轻信，不盲从。独立思考是自主精神的体现，是一切创造的源泉，是创新人格的最重要标志。作为一个现代公民，学生首先要学会拥抱思想、独立思考。①

三是多维互动。是指师生、生生、学生小组之间，师生与教学媒体之间的多向度、多维度的相互联系。互动重在从心灵上交流，情感上沟通，而不是单纯表现在形式上。

四是展示评价。就是让学生将自己的所思、所得展现在大家面前，任由大家评说，去伪存真，去粗取精，从而形成发展的思维，以实现层层优化，催生创新的目标。通过展示评价，了解学生预习效果，明确学生认知前提；展示学生过程收获，通过激励性评价引导学生自我超越。

把握四项标准是保障。一是情感孕育。就是教师从生命和教育的高度，去激励学生产生发自内心的驱动力量，使之成为学生想学的"源动力"，是注意、动机、情感倾向，以及理智目标的意志和服从理智的道德。其指向为学习情感、学科情感和课堂生活情感，基本内容是和谐的师生关系，民主的教学氛围，激励性、发展性的学生评价。

二是方法生成。就是指学生在掌握知识过程中，还能熟知掌握知识所采取的途径、步骤、手段等，并能进行初步的迁移、丰富和发展。

三是知识建构。是个体在原有知识基础和心理发展水平基础上，在必要的帮助和引导下，主动地将一定的知识内化为自己认知结构中的一部分的个体建构过程。现代认知科学的研究表明，学习不是简单的知识传递，而是通过新旧经验之间的双向的、反复的相互作用而实现的。知识建构有三种不同的途径：活动性学习、观察性学习和符号性学习，同化和顺应的统一是其具体机制。

四是习惯培养。直接指向学习效率和人格完善。行为养成习惯，习惯铸就品质，品质决定命运。叶圣陶说："教育是什么，往简单方面说，就是养成良好的习

----

① 赖配根. 解放教师，解放语文[J]. 人民教育，2009(2).

惯……"中小学生在成长过程中养成什么样的习惯、形成什么样的品德，不仅有助于后续发展，而且会受益终生，也关系到国家民族的前途命运。关注习惯养成，就是为学生将来认真完成某项工作奠定可持续发展的坚实基础。探讨培养的方法，找到行之有效的管理途径，对于减轻师生过重的劳动负担和学生的健康成长有重要的意义。

在这里我简单介绍一下已经深深刻上我校实践烙印的"三四四"教学策略中的"独立思考""习惯培养""以学定教"和"情感孕育"以及"展示评价"这几项内容。

我们认为，作为一个现代公民，学生首先要学会拥抱思想、独立思考。所谓"独立思考"，简单地说就是个人在遇到问题或困难时，提出自己的见解，尝试解决问题。独立思考在学生发展中的地位和作用是任何活动都替代不了的，没有思考就没有内化。一切不能促进和实现学生独立思考和深度思考的教学活动都是要打上一个问号的。强调独立思考，并非说学习只依赖独立思考，只是表达了我们对仅仅调整了一下师生关系的某些模式化、程式化的课堂教学的一种反思，只是表达了我们对某些无限放大某一环节作用的课堂教学现状的一种担忧。自主式、讨论式、启发式、案例式、探究式教学都是发展学生独立思考能力的良好途径，联系生活实际、充分暴露思维、及时评价鼓励都是培养学生独立思考能力的重要方式。

把习惯养成作为四个标准之一融入课堂要求中有其独特价值。我们认为，教育的目的是分离，教育就是培养良好的习惯，教育的全部意义就是使学生离开老师、离开课堂后还想学习、会学习、能学习。心理学测验证明，一项行为形成习惯只需要坚持 21 天。但如果没有行为主体的积极参与和责任情感，就会缺乏稳定性和发展性。没有体验，没有内化，要么似是而非，要么过眼云烟，甚至成为"彬彬有礼"的伪君子。欧美国家有一句名言，"你听了，你忘记了；你看了，你记住了；你做了，你学会了"。习惯养成看似"老生常谈"，却并没有引起真正的重视。我们有必要运用现代教育理论的视角，对习惯的基本含义，对习惯养成教育的意义、基本步骤，特别是实施策略进行尽可能系统的梳理和分析，为推进习惯养成教育实践提供必要的支撑，为深化习惯养成教育的研究提出明确的方向。在习惯养成教育中，我们首先遇到的问题就是——什么样的习惯与什么样的习惯养成教育是我们所需要的。我们的老师如果想让学生课下主动学习就必须思考我们在课堂上究竟做了些什么！如果没有好的责任动机和习惯兴趣，一切学习活动归零！

以学定教的"教"是教化，简单地说，以学定教就是先学后教，就是从小预习到大预习的过渡；就是基于对学生科学观察后的学法与教法建构，把学习者态度、情绪、经验、经历与认知基础等诸多要素纳入教育者的教学设计之中；就是让学生在听讲的过程中融入自己的思考，就是把学生在课堂上暴露出的错误和提出的问题当成是最好的教学资源，针对学生在课堂上出现的种种错误、提出的若干问题通过筛选、判断，发现其中有价值的内容，并以这些问题与错误为切入和载体，进行补偿性和生成性教学；就是通过学生在课堂上大量的板演、纠错、辩论，从而解决学生在学习中遇到的深层次困惑与迷茫，解决学生在课堂上应该收获什么的问题。以学定教应该贯穿于课堂的始终、贯穿于课堂内外、贯穿于一切教学活动当中，应该体现学生是主体，教师是主导，应该体现教是为了不教这些理念。

判断个性优质课堂是否成功的首要标志是"情感孕育"。孟德斯鸠说过，"任何别人的意见或建议都无法代替自己内心的强烈呼唤"。情感孕育是保持注意、催生动机、形成良好情感倾向的条件和基础，也是坚定理智目标的意志体现，更是生发服从理智这一个人素养的良好土壤。其指向为学习情感、学科情感和课堂生活情感，基本内容是和谐的师生关系，民主的教学氛围，激励性、差异性、发展性的学生评价。基本要求是全程性、全面性、动态性、丰富性、内在性。这就要求教师从生命和教育的高度，去激励学生产生发自内心的驱动力量。实践证明，学生日常学习的主要困难更多地来自心理障碍，而非知识的前后逻辑链接，这一堂课的知识未必一定是下一堂课的认知基础。而这些障碍好多是由老师对教育和学科教学的低浅认识及无知造成的。

展示评价不是一个环节，而是一种策略、一种思想，是教育价值观的深层次呈现。展示评价不仅呈现学习积极性和成绩，更呈现师生关系、兴趣、方法、习惯、思维品质和创新精神，健康有效的评价能够促进学生的一般发展和特殊发展。评价离不开奖惩，而奖惩的内容和方式都是需要教师作为一个专业领域的有心人不断研究和开发的。教师不能成为"跳蚤效应"中的那个盖子，教师的评价也不能只停留在赛跑计时员的那个水平上。要努力创造一种安全生态的课堂，要解决课堂两怕：老师怕丢脸，怕不受爱戴，怕说话没人听，怕场面失控；学生怕被批评，怕被羞辱，怕在同学面前出丑。钱梦龙先生20多年前就提出了"三个不迷信、三个欢迎、四个允许和四个守则"，即不迷信古人，不迷信名家，不迷信老师；欢迎学生随时质疑，欢迎发表与教材不同的见解，欢迎发表与教师不同的看法；允许学生在老师讲授中打断老师，允许说错做错，允许改变观点，允许保留意见；表彰和采纳学生的正确见解和方法，肯定学生运用知识中的点滴正确因素，妥善处理学生的错误答案，自己讲错了或有疏漏一定要进行修正并做自我批评。课堂要做到有序而非僵化。科学证明，课堂教学的有序不是由教师、教材、教学进度、教研部门的强势所决定的，而是由学生的态度、情绪、兴趣、思维品质、创新精神、环境资源、教师驾驭能力等要素之间的非线性的"涨落"所决定的。

（四）契合需求展开多项活动

通过前期的理论学习和持续不断的实践跟进，学校提出的"个性优质课堂"理念得到广泛认同，设计的"三四四"教学策略得到充分的理解，教师们主动参与和自觉实践个性优质课堂的热情持续高涨，学校"知民意，顺民心"，乘势而上，顺势而为，从 2008 年开始，为教师们认定个性、展示个性、丰富个性量身定做了七次活动：先后举行了四次"个性优质课堂"评比，两次"精品课例"展示，一次达标定级活动。活动中，学校领导靠前指挥，参加比赛的教师认真对待，听课观摩的教师积极参与，为活动圆满成功奠定了坚实的基础。高水平的展示，基于实践的反思，建立于合作共享基础上的研讨，共铸出异彩纷呈的华章。

在实践过程中，我们不断将形成的理念、认识向全体教师输导，以指导教师的教学实践，取得了明显的教学效益。鉴于此，临沂市教育局于 2010 年 3 月 23—24 日在我校召开了"全市高效课堂构建经验成果推介会"。会议期间，与会的省、市、区教研室领导对学校 18 名教师的精彩课堂教学给予了高度评价，并就今后课程改革的方向与热点问题与老师们进行了全面而深刻的交流与探讨。会上，我做了《彰显个性智慧打造优质课堂》的典型发言，参加会议的省教研室的有关专家，市教研科研中心领导、各县区教学研究人员、全市各初中本校校长等 500 余人盛赞我校的实践探索。

建设个性优质课堂，像一颗石子投入到平静的水面，在教师中激起了层层涟漪。学理论、转观念、写反思、变教法，课堂显现出空前活力。教师们通过专题教研活动、组内课堂教学观摩、交流学习体会等不同形式，阐述自己的理解，反思自己的行动，整合自己对个性优质课堂的认知系统，制定自己的主攻方向。教师每学期至少撰写2篇专题性反思文章，不断深入了解个性优质课堂的主旨和要求，不断优化个人研究的行动方案，不断积累渗透着个人智慧的精彩案例。

认识的提高促使教师意识的转变。在实践个性优质课堂过程中，教师们主动将知识、技能、方法、原理、情感、态度、兴趣、习惯、责任等要素有机结合在学生学习过程中，使学生实现由学识到学养、有兴趣到志趣、由学习到生活的跨越。

当然，课堂教学是一种缺憾的艺术，教师教学水平的提高也绝非一日之功，广大教师只有真正参与进来，才能在一次次的成功与失败中获得发展，才能在一次次的参与中积累经验，才能有更深刻的教育教学体验！

（五）上下努力收获丰硕成果

草根式的个性优质课堂建设获得了丰硕成果。经过多年探索形成的《基于教师专业发展的个性优质课堂探索》荣获山东省首届基础教育教学成果一等奖。一纸证书的背后是火热的校本研究和鲜活的学校生活。

1. 课堂的功能发生了质的变革

在这样的课堂中，师生通过心灵的对接、意见的沟通、思维的碰撞，使个性化的学与个性化的教融为一体，使课堂真正成为师生个性充分张扬、思维高效互动的智慧生成场。通过个性优质课堂的建设，不仅仅是呈现出一大批精品课例，更重要的是促进了教师的专业成长。实践证明，一个有思想的教师，一节有灵魂的课堂，与照本宣科的教师和昙花一现的课堂，其价值和意义是有天壤之别的。

2. 学生的个性得以舒展

在这样的课堂中，学生能将自己的生活体验、已有的学习基础与将要学习的学科知识建立有效的个性化联系，学习过程成为个体经验不断理性化的过程，也使得学生能用理性的观点分析更多的生活现象，使探究、体验、感悟、发现凝结成一个富有灵性的链条，从而得出个性化结论，生成个性化学习方法，建构起个性化知识，提出创造性猜想，使知识、能力、情感得以有效内化，学习能力、实践能力、创新能力得以不断提高，促使学生不断升腾学习的愿望，体验创造的乐趣。

3. 整体学术水平得到迅速提高

几年的研究和实践也取得了众多学术成果。其中《数学整体教学策略：让学习体现智慧的永恒》荣获山东省第三届教育科研优秀成果一等奖。学校管理机制创新的探索《教师成长：营造和谐生态》《追求卓越》《个性优质课堂建设的理论与实践》、课堂有效性的探讨《有效上课：问题·探究·对策》等多部专著出版；《整体建构原理探寻》《促星星之火成燎原之势》《不做课堂的奴隶》等36篇论文在《当代教育科学》《山东教育》《创新教育》等省级以上刊物发表；校长被确定为首届"齐鲁名校长"建设工程培养人选，被评为山东省特级教师；曾获得"齐鲁十大年度创新人物（教师系列）"的刘建宇老师被确定为第二届"齐鲁名师"建设工程人选。一人在全国物理教学年会上介绍相关研究成果，10余人在省市级会议上介绍经验。

4. 搭建了对外交流合作的平台

课题主持人围绕个性优质课堂建设的理论与实践，多次到国家教育行政学院、北京十一学校、安徽、江苏、浙江及本省的济南、潍坊、东营、青岛、莱芜多地讲学，受到广泛好评，各参与实验学校都取得了显著的进步。几年来，先后有北京、上海、天津、浙江、江苏、安徽及本省的济南、德州、泰安、淄博、济宁、菏泽、枣庄等领导来校参观交流，提高了这一成果的影响力，帮助带动了这些地区和有关学校的发展。

5. 引起了领导的关注

2009年1月9日，时任教育部副部长陈小娅到我校视察时说了"三个没想到"：

时任教育部副部长陈小娅视察学校工作

"没想到这所学校会有这么好的发展状态，没想到在这所学校会有这么高的办学品位，没想到这所学校的个性优质课堂这么精彩!"在全省基础教育课程与教学工作会议上，对我校的做法提出表扬。临沂市教育局在我校召开了"全市初中高效课堂构建经验成果推介会"，向全市推广我们的做法。2010年11月4日，时任中国教育学会常务副会长郭永福来校视察，并为学校题词:"建设个性优质课堂，引领教师专业成长"。《人民教育》《中国教育报》《中国教师报》《教育文摘周报》《山东教育》《山东教育报》等多家媒体对我校的做法进行了宣传报道。

(六)全面反思萃取独特价值

1. 理论的原创性

从"教师专业发展"出发建设"个性优质课堂"这一路径具有独特价值，避免了"就课堂论课堂"的局限性。"三四四"教学策略中的"独立思考""情感孕育"对课堂教学具有非常重要的引领作用和独特价值。基于此，它具有原始创新价值、深入开发价值和广阔的研究空间等特点。

2. 实践的普适性

我们基于教师专业发展的背景，从普通初中学校的角度立足学校实际来研究"个性优质课堂"这一问题。研究不是建立在非常特殊的学校环境和极端的学校状态中，所形成的研究成果具有一般发展价值，利于其他学校学习借鉴，利于区域推广。任何一所学校，只要分析清楚学校面临的主要矛盾，建立学校共同愿景，在发展教师专业素养的基础上，选好路径，突破重点，都会收获属于自己的成果。这一点，在多个学校的移植推广实践中得到充分证明。

3. 过程的动态性

课堂教学原本就应该适应学生生命不断发展的需要而呈现出丰富多彩、与时俱进的特点，但在现实的课堂中，为了突出解决某一个问题而设置的环节的作用被无限放大，渐渐凝固成僵化的教学模式。因此，我们在建设"个性优质课堂"的过程中，只要求教师遵循"三大规律"，把握"四项原则"，依据"四项标准"。这些原则、标准不是一成不变的，它是针对学校通过调查研究发现的需要集中力量解决的问题提出的，随着研究的不断深入，学校会根据过程中出现的新问题、新情况进行分析，提出一些新的原则。所有这些都体现出"三四四"教学策略因人、因时、因事而变的特点。

4. 成效的综合性

虽然"个性优质课堂"建设立足课堂，却不拘泥于课堂，它是对传统教学"整齐划一、千人一面、远离实践"的变革。它具有引领带动作用，对学校的促进作用体现在多个方面，对学校发展具有综合效益。在促进学校内涵发展、促进教师专业发展、促进教师教学风格的形成、促进学生个性特长的形成、催生独具特色的学校文化上作用独特。同时，建立了"学生是有主体意识的人""学生是发展中的人""学生是有个性差异的人"等新型学生观。

（七）溢出效应彰显育人成效

依托个性优质课堂建设，以生为本、全面发展的办学理念得以扎实落实。在个性优质课堂建设过程中，我们始终强调落实好以生为本的理念，让学生个性得以最大程度的弘扬，课堂教学中注重激活学生的大脑，使学习热情得到最大程度的激发，就会产生无穷的发展动力。这与我自己的求学经历不谋而合。

1. 学生成为学习的真正主人

我上初中时初中学制只有两年，在前三个学期我的学习成绩并不好，但在某一节数学课后，我的学习发生了重大转折。在那节数学课上，有一道题目比较难，多数同学做不出来，而我也在走神。老师带点惩罚的意味把我叫到黑板上解答。出乎所有人的意料，我竟然把这道题做对了，虽然我也并不清楚是如何做对的。这让老师大为震惊，于是当场毫不吝啬溢美之词"狠狠"地表扬了我，在一片赞美声中，我突然发现"数学也很好玩"。于是就开始爱上数学、爱上学习。初中毕业后，在很短的时间里，我把高中数学课程也全部自学完了。于是，本已升到高中的我，禁不住"粮本"的诱惑，以初中毕业生的身份，报考了只有高中毕业生才能报考的高中中专招生考试，竟被高分录取，实现了人生的第一次跃迁。可见，学生只要喜欢某个学科，喜欢老师，产生了本源动力，没有突破不了的疆界。因此，教师不应该离开生命的情绪、兴趣、态度等个性化的要素去追求知识和能力。不仅如此，由过重的课业负担所导致的学生的厌学、厌世、认识新知识的鲜活感和灵敏性减退，从长远看来势必会影响成绩，分数刺激的结果也会导致学生对学习失去兴趣。

在我二三十年的从教生涯中，在无数次的听课评课中，我最关注的还是学生在课上的表现，是不是在独立的思考，是不是大胆地提出自己的疑问，整堂课是不是"教为了不教"，老师的眼里是不是全都是孩子。正如德国著名教育家第斯多惠认为的那样："一个普通的教师奉送真理，一个高明的教师则教人发现真理。"

在构建个性优质课堂的探索过程中，我和我们的团队坚持的一个最主要的标准就是"这堂课学生成为真正的学习主人了吗？"

2. 教师眼中不能仅有知识技能

2008年，一位刚刚调入临沂第二十中学的教师举行公开课。这位教师，多年的初中教学经历成就了她的教学业绩，高中扩招后被选调到高中任教，因为舍不得初中学生的天真烂漫，主动提出回到初中。在这节课上，她以十二分的自信开始了《三角形内角和》的教学。所设计的问题，从三角形的内角到外角，从对知识的简单应用到对知识的复杂应用，从规则到不规则的五角星，把这节课的内容挖掘得可谓深刻、透彻，设计的问题由简到繁，可谓全面系统。课堂也顺风顺水，高潮不断，到下课铃响起，教师依然沉浸在自得其乐中，美不胜收。

若从教师基本功、内容处置等方面来评价这节课，可称得上"完美"：该讲的都讲了，该练的都练了，目标设置合理，时间把握恰当，容量拿捏准确，环节处置精到。如此，教师自我感觉良好，也就不足为奇了。

就是这样的"完美"，却引起了我的警觉。因为，教师的眼中根本就没有学生。眼中没有学生的教师，课讲得再好，也只能是自拉自唱、自娱自乐，学生得不到全面的发展。

为此，学校开展了专题讨论。这位教师恍然大悟，有类似做法的教师也豁然开朗，充分认识到尊重学生真实的学习生活的重要性，决心按照学生真实学习生活的需要改变自己的教学。这位教师，从此牢牢记住了课堂教学以学生的发展为出发点和落脚点。这位教师的改进后的教学也赢得了学生的欢迎、学校的肯定。

美国教育家、永恒主义教育流派的代表人物赫钦斯认为，教育的目的之一是发掘人性的共同点。那么人类共同的人性特征是什么？是真诚、善良、尊重和信任，还有好多。儿童在未完全踏入世俗生活之前，他们很少被社会所熏染，他们的世界还充溢着安详、梦幻和本色，他们除了追求真理外还没有多少别的东西。所以教育在这个时段更需要唤醒，呼唤儿童灵魂的觉醒，要让真诚、善良、尊重和信任成为他们的价值取向。母亲给了儿童第一次生命，这还只是作为自然人的存在，教育要帮助儿童获得第二次生命，也为这个世界孕育出人类的精神，让一个自然人成为真正意义上的人。从教学走向教育，其时代价值极其明显，但其路途又是何其遥远啊！

3. 小先生大作用

来自学生的启示，也表明了坚持以生为本不动摇才能取得课堂教学的成功。

一次，刘建宇老师外出学习，便指导学生按照自己的安排自主学习，并安排两名学生给大家当辅导员释疑解难。在外出的几天里，这两名学生在完成好自己的学习任务的前提下，经常为大家进行辅导，遇到普遍性的问题，还时不时到讲台上给大家讲一讲，学生收获颇大。刘建宇老师返校了解学生学习情况时知道了这一做法非常受学生欢迎，又安排这两名学生专门给本班学生上了两堂课，我全程参听，感觉到小学生成了"大"先生，在课后的即席发言中，我无限感慨。

学生也能成为小先生

听了这两堂学生上的课，我在想今天的好多教师的教学，实际上就和 20 世纪 70 年代的农业一样，表面轰轰烈烈，实际效果不多。当时，夏天弄三夏大会战，秋天搞三秋大会战，村村建临时宣传棚，插上五彩大旗，安上高音喇叭，男女老少齐上阵。县乡村天天检查，搞进度比赛，开隆重的表彰大会，披红挂彩，先进层出不穷……可就是早不见旺苗，晚不见硕果，农民连温饱也解决不了。勤劳的农民在肥沃的土地上耕种，年复一年，年年饿瘪肚子。同样，在当今有些学校中，辛苦的老师，勤奋的学生，共同演绎着类似的结果，辍学、厌学、成绩低下……到底是什么原因？套用一句话来说就是教学的生产力严重不足的问题。老师疲惫无奈，学生厌学。为什么生产力低下？就是因为遏制了生产力。我们需要解放生产力，调整生产关系。不解决生产关系的问题就解放不了生产力，解放不了生产力就不可能取得生产的收获。具体到教师的教学当中，就是要调整师生关系、教学关系、课程和教材的关系、教学结构、思维方式、价值体系。具体到这两节课，我们可以看出，学生也能当好小先生，而且学生在当好小先生的时候，能创造奇迹。他的学习品质、思维品质、创新精神、体现出来的思想的体系，都比教师单一地教他要强得多。可见，解决教师的无奈，解决学生的痛苦，解决教学的低效，需要做一些教学观念的颠覆性的改革。

通过这两节课，引发我思考两组概念的比较。一个是知识和教学知识的比较。一个人学习知识是一个层次，一个人把这些知识教给别人，在教会别人的时候还要形成别人的基本的习惯、方法、思维品质和学习精神，这就很难了。一个学生要学会表达问题，要学会讲课，要学会讲题，要学会纠错，他必然要把他拥有的知识变成教学知识。那么他在认识知识的层次上，在掌握这些知识教会别人要形成的技巧上，更具深刻性。那就是说一个学生学习知识考 100 分，和一个学生教别人，别人考 100 分，这是更高层级的提升。

另一个是接受性学习和输出型学习的比较。老师教学生学是接受性学习。而作为讲课的小先生，他们首先要学会表达，需要用同学们能理解的语言表述自己的解题思路，这种输出性的学习是更高层级的学习。因为输出的时候他需要对知识再认识，他需要把知识碎片整合成系统的知识体系，形成一个完整的思路。这种输出性的学习相对于接受性的学习，它的提升是革命性的。同样，听专家讲如何改进语文教学，和自己讲我怎样改进语文教学也不一样。听专家讲，是接受性学习，记忆结论、理解结论就算是完成任务，将来能在课堂教学实践中尝试运用，就更好了。但是，把自己的课改思路和做法讲给别人听，就需要把自己所掌握的内容做梳理，按照一定的逻辑进行整合，同时还要吸纳能想到的资源信息，考虑接受对象的问题，讲解生动性、可阅纳性，需要考虑讲课的色彩、情感，考虑由此发生的共鸣……对教师而言，这样的输出性学习可能比听几次课的效果都要好，更重要的是有可能通过一次这样的输出打开自己的发展瓶颈，主动打开心灵去拥抱世界。

从这个意义上讲，知识、教学知识，接受性学习、输出性学习，实际上都是教育学和心理学的最基本的问题。两个学生的成功，也由此坚定了"教是为了学，教是为了不教"这样一个最基本的信念。

这也说明教师更应该关注教学的开放性、生成性，关注认知和创新的连续性的问题。教师课前进行的教学设计是预设的内容，是根据学习任务，根据教师的性格、经验，教学的资源、所把握的学情做的一个预设。这个预设一旦进入教学的实践，它就会是动态的，它就会是变化的，它就会有一个真实的环境和真实的前进的路线。在真实的课堂中，教师不应该坚守预定的目标、任务，沿着预设的路线推进，而应该尊重学生当下的学习境况，尊重学生真实的学习生活，按照学生的现实需求推进，为学生的学习提供资源，提供帮助，这才是尊重生成性。临沂青河实验学校的高金德教师提出的数学根系教学理论及其实践，就是尊重学生当下需求的成功做法。他说，当学生在一定的环境中，他的思维的、情感的、学习的流动，到达了某一个境界的时候，教师不能漠视它，更不能因为偏离了预设的学习任务而停止，而应该沿着学生的思路深挖细找，培植一个个发展根须，营造一个强大的学习根系，为培育参天大树奠定坚实基础。当这个参天大树成长起来以后，就会自然而然地寻找水分、寻找养分，就会自己去吸纳营养，靠自我实现达成一切。一节课可能会有多个目标，但总归有一个核心目标。核心目标通透之后，就能沿着"全息"的佳境，形成广阔而又深刻的体系，其他问题就会迎刃而解，也就没有必要逐一解决。

学生的学习生活应该保持一定的连续性。曾经有一个专家说，学生的学习生活应该是连续的，但是被教师割成格子：一学年分为两个学期成为一个个格子，众多学习单元成为一个个格子，一节45分钟的课成为一个个格子，一节课分为几个环节成为一个个格子……然后把由格子切割完的碎片塞进去让学生按部就班地学习。这样的学习过程，破坏了学习认知的连续性。比如语文，文是写字，语是说话，由此语文学习就有三个层次。第一个层次能说话，能听懂别人说话。能写字，能看懂别人写字，这个看起来很简单，但在课下滔滔不绝的学生，到了课堂上就成了哑巴。学生课下侃大山流利酣畅，吹大牛文采飞扬，但在课堂上一看到作文命题，下笔如有鬼，写字如龟行，无法交差只能套用范文例句，千篇一律，假话连篇。连语文最基本的要求"自己能说话，能表达自己的观点，能听懂别人表达的问题，能把自己的思想写下来，能看懂别人给你写的东西"也长时间无法达成，母语成了众多学生的薄弱学科。从更高层次上讲，在说话的时候，在听别人说话的时候，在写字的时候，在探究别人写字的过程中，形成了一种与生命紧紧相连的、渗透到血液之中流淌的情感，才是应有的学习之道。只要能把这种情感浸润在自己的表达中，浸润在听别人的表述中，浸润在自己写的作文中，浸润在看别人的文学作品中，形成了自己能够发现美好生活、创造美好生活的一个完整的语文世界，才算是达到了学习语文的高境界。

　　学生所享受的最好的教育是自我教育，是自我实现的教育，这里的关键是自我，是一个自我能力的问题。这个自我能力包含了四个最重要的要素，一个是生命的主体意识，要认识到自己的生命是最宝贵的，是独一无二的，是谁也代替不了的。比如"心目中的英雄"这个演讲比赛，一定要注意体现不同的风格，不同的叙事风格，不同的语言风格，不同的坐姿，不同的角色的表达。如果一个学生是沙哑的嗓子，他一定要用高亢的、清脆的声音去表述问题吗？他用沙哑的、非常有质感的声音娓娓道来，回忆他对英雄的认识经历，他不能感动人吗？世界上最好的演讲有很多都是沙哑的声音完成的。我们为什么不能让这些沙哑的同学去做一个精彩的演讲呢？我们为什么不能换一种姿势、换一种音乐，去回忆他心目中英雄的诞生过程呢？我们为什么一味地让两千多个或四千多个学生用同一种清脆的高亢的铿锵的声音去表述问题呢？

　　受小先生课堂的启发，我更加认识到严密的教育研究和独到的教育创新的重要性。有人说，中国的教育研究大多是经验型的，缺少数据支撑。虽然我不是教育研究的研究者，没有条件对此做验证性研究，但从接触到的基础教育实践者的研究成果看，真正的教育研究比较少见。研究是要有理性的，研究需要实证，需要对数据不断地积累、统计、抽象、概括，还有反复的验证、比较。教师要沉下心来，研究如何解放生产力，如何调整生产关系。例如作为课程的开发者，首先要对现有课程的主要载体——教材进行二度开发。教材的内容是固定的，学生和学生的需求是变动的，当以不变应万变时，学生学习的效果是值得怀疑的。因为客观事物是在不断地变化运动中的，没有固定方式应对这种变化，变化中的事物就需要变化的方式应对。当教师面对固有的教材的时候，应该把教材当成教师教学的"例子"之一进行开发。根据学生的学习需要，进行调整，删减、合并、拆分。从学生学习过程来看，当学生在某个地方有一种渴望时，教师就要停下自己的预设，调整思路，为满足学生的即时需求提供必要的服务，把它做实做透，学生就会在此基础上构建出自己的知识大厦。所以，教师要研究学生，研究教材的二度开发，研究以生为本的教学关系，研究解放一切生产力。

在这两个学生讲课的当天晚上，我心潮澎湃，想到了苏霍姆林斯基进行的教学："在春天宁静的傍晚，在阳光明媚的假日，我们去到田野间、池塘边、树林里，找一片草地坐下来，便对我们的所见、所闻、所想编写诗歌或进行充满诗意的描述……"当年的苏霍姆林斯基，喜欢在静静的夏季与孩子们一起坐在草原的山冈上看日落。当一个黑眼睛的小男孩米什科好奇地询问他："今天的云与昨天看到的那朵云是同一朵吗？"当听到苏霍姆林斯基否定的回答时，蓝眼睛的小女孩瓦利娅接着问："那昨天的那朵云到哪里去了呢？"我每每惊诧于这些文字，却会被半个世纪前所发生的教育故事所震撼。大师远去，星空依旧，苏霍姆林斯基的话又在我们耳边响起："我不能想象，不到故乡各地旅行游览，不观察自然景色，不用词语抒发情感，而能讲授语言。我在河岸上，在田野里，在夜晚的篝火旁，在外面有秋雨沙沙作响的窝棚里，教孩子们表达他们对周围事物的感受。我感到高兴的是，我对语言的喜爱也在传给孩子们，触动着他们的思想感情。他们感受到语言的美、词语的芳香和细微色彩，他们也写描述大自然的小作文，他们也作诗。对语言美的敏感性，是促使孩子精神世界高尚的一股巨大力量。这种敏感性，是人类文明的一个源泉所在。"这就是教育、生命和美的故事，这就是苏霍姆林斯基的教育"美疗"，它是苏霍姆林斯基教育思想的精华所在。美是滋润善良、热诚和爱情的一条小溪，可以唤醒孩子心灵中对所有生命的美的东西的爱抚、善良和关心的态度。

由此说来，坚持以生为本，就要求学校引导教师调整教学的切入点和用力的方向。当教师真正坚持以生为本，真正从学的角度去考虑教育教学问题的时候，教学关系、课程的二度开发、课堂结构、教学设计、作业等一系列问题就会发生质的改变，学校内各要素的重组也会随之发生最根本的改变。才能使每个学生的天性和与生俱来的能力得到健康成长，为促进学生的内在自由、产生优秀的灵魂和头脑创造条件，为学生幸福而有意义的一生奠定良好的基础。

五、优化学校课程体系

我们深知，对于学生个性发展来说，单纯局限于传统课堂，拘泥于课本知识，是远远不够的。为此，我们借助国家课程的校本化改造和校本课程开发，不断扩大"课堂"疆域，让学生在课程的创造性实践中实现有特色的发展。这既是全面落实国家课程方案的需要，也是满足教师生命发展的需求，更是全人教育的应有之义。

（一）学科课程生本化改造

学科课程生本化，就是指在坚持以学生发展为本的前提下，依据国家课程标准，围绕学生现实需求和智能基础对学科课程进行变革，以便从学生实际出发，发挥学生的学习潜能，努力赋予学习以生命的意义。用通俗的话讲，就是让"天书"落地，让"枯知"萌芽，把学科逻辑变为学生的认知逻辑。它是对以知识为本的课程的一种反叛与修正，更有利于学生透过表面上的符号去感受学科内在的美妙。当然，学科不同，学生年龄特点有异，学科课程生本化的改造也不可能"一个方子开药"，避免犯以偏概全的错误。

在实施过程中，我们坚持尊重学生之间的差异、变学科逻辑为认知逻辑、用方法的完整性取代知识的完整性、从感性认识走向理性认识、弃拘泥细节守先通后透的原则，围绕学生现实需求和智能基础对学科课程进行变革，完成全人教育的使命。

学科课程生本化的变革，首先要对学生学习内容的主要载体——教材进行活化。传统的教材功能观认为，教材凝聚了人类文明和人类知识的精华，具有权威性、学术性和知识性的特征，教学就是把这些文明和知识的精华教授给学生，学生的学习过程就是对这些知识的获取和积累的过程，主要的方式就是教师讲、学生听的灌输式。随着教育实践的发展，这种教材功能观受到了挑战。

新教材功能观，则不再过分强调教材的精华性、权威性和学术性，而强调教材只是一种材料和资源，一种帮助学生学习的工具，一种促进学生发展的介质。这种教学模式绝不是机械地、被动地授受，而是以人的发展为本，注重对学生原有思维逻辑、认识水平、情感、态度、价值观的激活和重构。

《教师月刊》报道学校课程改革成效

在此观念指导下，我们确立了自己的教材观：一是必须把教科书作为重要的课程资源进行利用和挖掘。二是不能把教科书捧做圣典、不敢质疑，只专注于其内容的传授，而应开阔视野，把一切有利于学生发展的课程资源纳入教学中为生所用。

基于以上思考，我校教师在学校整体要求下各展其能，从多个层面、多个角度、多种方式对学科课程进行了生本化改造。

1. 地理教师上官景进的尝试

上官景进老师在教授"新疆"一节时，依据学生实际对教材进行了全方位地改造。

（1）改变语言风格

现行地理教材（课程教材研究所地理课程教材研究开发中心编著，人民教育出版社出版 2006 年 10 月第 3 版）在"新疆自然概况"这一部分的标题只有三个词：高山、荒漠、绿洲。教材内容的叙述保持言简意赅、语言平实的一贯特点，但是，这样的叙述没有感情色彩，学生读后感受不到该区域独特的自然景观之美，更不能激发学生心向往之热爱之的激动。地理知识的简单罗列，久而久之会让学生感到地理学科枯燥无味，抑制了学生地理学科兴趣的培养和发展。这就要求教师打破教材那种枯燥无味的叙述方式，将丰富的地理知识、独特的地理景观散落在轻松、有灵性的文字间，让学生时刻感受到地理的美。

于是，他将这一部分的标题改为"雄奇独特的自然景观"，将正文内容改述如下：

新疆远离海洋，深居亚洲大陆的中心，地处我国西北边陲，邻国众多，是我国陆地边境线最长的地区。

新疆四周高山环抱，巍峨壮观、绵延起伏的阿尔泰山、天山、昆仑山等巨大山脉，犹如条条苍龙，蜿蜒盘踞于新疆辽阔大地的北、中、南部。我国最大的两个盆地——塔里木盆地、准噶尔盆地就像两颗璀璨的明珠镶嵌其中，整个新疆因而呈现出"三山夹两盆之势"。

高山与盆地相间，酷寒与奇热并存，冰川与火洲为邻，荒漠与绿洲相映。正是这种独特的地理外貌、气候特点，造化出新疆神奇的塞外风光。雪峰高耸入云，雪松、云杉苍翠无边，冰川晶莹剔透，戈壁、沙海浩瀚无际，草原一望无垠。一切令人陶醉，令人心旷神怡。

这样的语言叙述，既形象具体，又充满诗意，富有浓厚的感情色彩。学生读后，感觉地理是活生生的美的画面，祖国的每一处景观都有其独具特色的壮美与神奇，自然会对该区域独特的自然景观留下深深的烙印，并会产生心向往之的兴趣与激动。当然，也有利于学生在形象思维中轻松愉快地自然识记地理常识。实现学科兴趣培养、情感孕育、知识储备和谐统一。

（2）丰富学习内容

上官景进老师在资源整合时适当加大人文地理比重，紧扣"人"的观念，将人的活动和重要性提至首位。适度增加历史地理、军事地理、休闲地理、地理的前沿性知识等内容，以弥补现行地理教材内容相对单一的现状，让地理学呈现出鲜活的生命力。

如"新疆"一节，前教材内容由"高山、荒漠、绿洲；富有特色的绿洲农业；潜力巨大的能源开发"三部分组成。经过他的改编、充实、调整，教材内容则变为"悠久神秘的历史文化；雄奇独特的自然景观；多姿多彩的民俗风情；驰名中外的瓜果之乡；西部开放的前沿阵地"五部分，并增加相关链接，如"特色风俗、前沿信息、旅游索引"等。

这样改编有利于学生深刻把握新疆独特的自然景观；真正领略新疆神秘悠久的文明变迁和多姿多彩的民俗文化；了解新疆发展的新局面——不仅是能源的基地，更是西部开放的窗口。

(3)更新景观插图

大自然美丽而神奇，像我国南方旖旎含蓄，北方奔放豪迈，西北气势磅礴，青藏险峻雄奇。也就是说，每一个区域都有其不可替代的独特的美。景观图必须从"美"(给人以享受)、"奇"(给人以新奇感)、"特"(该区域的不同之处)等方面反映出一区域的特点。

以新疆为例来看，我们必须从广袤无垠的沙漠、雄奇诡谲的冰川、多姿多彩的民俗、独具特色的瓜果等方面反映出新疆引人入胜的塞外风光。而不是留给学生干旱、荒漠、贫瘠之印象，因为大自然本身就是一幅画，虽然地域不同，但都有其独特的美。地理教育工作者有责任引导学生去领略不同的地理美。

(4)强化探究属性

地理的学习不能局限于知识的识记、模仿和重复前人之经验，要侧重于学生独自观察问题、发现问题、分析问题、解决问题能力的培养。

要尽量避免结论性文字的直接呈现。地理教材的编写要关注"积极探究"的学习方式，尽量避免结论性内容都一一给出，而要创设情景——提出问题——引导思路，通过学生主动参与探究活动展开教学，由学生思考、讨论得出结论。结论性内容可在教参中明确，实现结论(一些地理常识)与学材分离。教师可根据实际情况进行适时投放。

(5)增加学生活动内容

为进一步增强地理学习的探究性、开放性、拓展性，他在对现行教材活动内容借鉴、吸收的基础上，增加了部分课后活动内容。如：让学生通过互联网查阅"木卡姆"和"麦西来甫"等的含义，不但加深了学生对新疆的民俗文化的了解，也培养了学生多渠道获取信息的能力。再如：让学生争论渤海水西调入疆的可行性，给新疆今后的发展提出科学合理的建议。这样做不仅培养了学生从地理角度去发现问题，以地理思想去认识问题，用地理方法去分析问题的能力，还有利于激发学生把学习地理的兴趣、钻研问题的精神自觉地由课上延伸到课下。

只有本着这样的科学精神和创新精神，才会引领学生挣脱传统观念和教材的束缚，激起学生敢于探索未知世界的好奇与热情。否则，人类就不会有克隆技术的出现，也不会有登上太空的壮举，而我们永远也不会给钱学森之问一个圆满的答案。

可见，只要教师拥有深厚的文化底蕴，宽阔的课程视野，强烈的再生意识，多元的思维能力，敏锐地捕捉资源的本领，就会让课程资源如涓涓流水般浸润学生求知若渴的心田。

2. 数学教师高金德的尝试

几年来，高金德老师在课程整合方面做了大量卓有成效的工作，初步构建出"根系数学"的实践体系，"由点到面不忘根"的生发式课堂教学思路基本成型。高金德老师常说，既然今生选择了这份工作，就应该对自己的选择负责，这是做人与做事的前提。虽然自知学历水平不高，理论功底不够深厚，课改之路上还有好多的迷茫与困惑，但既然走上这条道路，就应该坚持走下去，课改是没有回头路的。

(1)"点"式生发过程中的课程整合

这种整合方式一般关注于一节或有限几节的课堂。它的生成一般取决于一个典型问题，然后在这个问题的基础上进行生发拓展，把与之相关的教学知识、教学方法、教学思想有机地结合到一起，形成课堂教学的一个特色。打个比方，精选的一个探究性问题就好比是一粒具备生命力的种子，课堂教学就是要完成它的生根、发芽、生长、开花、结果的一个完美生命的过程，那些生发得到的新知识，解决问题得到的新方法，反思体会得到的新思想正是"种子"在生长发育过程的不同时期的"红花绿叶"。这种整合的范围相对较小，同时，它也可能成为"线"式生发过程中的课程整合需要的一部分，也可能是相对独立的一部分。

(2)"线"式生发过程中的课程整合

这种整合方式一般关注于一段时期的课堂。它的生成基本取决于一种数学思想，然后围绕这种数学思想进行一个时期的整合，它的整合范围相对较大，几乎横穿整个初中教材，甚至超越这些教材。比如配方法数学思想的整合、用方程的观点研究函数(数形结合)思想的整合等，都是相对较大的整合。

配方法是初中数学一种很重要的思想方法，具有举足轻重的作用和地位，是初中生必备的一种数学能力。从下面以配方法数学思想的整合可以了解"点""线"式生发课程整合的操作要领。

一是包括数学知识与基本技能之间的整合。比如，分数的运算就可以和分式的化简整合到一起，因为它们通常都需要通分和约分这个基本技能；同样整数的运算就可以和整式的化简整合到一起。

二是包括数学思想方法上的整合。比如，如果用方程的观点来看待函数问题，那么一元一次方程就可以和一次函数整合到一起，一元二次方程就可以和二次函数整合到一起，并形成数形结合的思想方法。

三是包括数学学习需求上的整合，生发式教学做法，其实也适合学生长期在这种过程中形成一种生发式的学习方法。比如，学生通过解决一个数学问题，又能联系到更多的数学问题，在这么多的问题之间找到区别与共性，就说明学生的学习方法已经形成。

前两种方式是教师对教材的整合的做法，而第三种则是学生对数学问题整合或者对教材整合的做法，前两种做法其实就是为实现第三种做法做准备的。

对于前两种方式，高金德还认为后者比前者更重要，因为相对来讲，知识和技能是固定的，而思想方法则是数学上一个新生命力的灵魂，比如没有"配方法"这种思想，我们对一元二次方程的求解可能会面临一个时期的困惑，没有"数形结合"这种思想，又何来笛卡尔的解析几何。有了这看不见摸不着仅能通过思维意识到的思想方法，数学的知识才能够不断充盈，数学的未来才能让我们更清晰。我们常说"数学是思维的体操"，我想这方面就是一个原因。

前两种整合方式的课堂教学之目的，其实就是为第三种方式——学生的生发式学习做准备的，这才能真正实现学生的自主学习的目的，真正实现学生的想学习、会学习的目的，真正做到教育的目的就是为了分离。这是当前一切成功教学的出发点和归宿。

这样的处置，坚持以方法为主线，把不同阶段的内容统整，调配成学生发展需要的养料，供学生学习、思考。教学中，穷极学生思维，把学生一步步逼向思维极限，不断形成新的认知冲突，进而找到解决问题的最佳途径，形成自己的见识，得到属于自己的惊喜。将学生的智慧融入学习过程中。这样，学生用一节课的时间就能把配方法透彻理解，并能在用中学，学中用，练一知十，通透丰盈。学一个问题，生发更多问题。

这样做的关键是找到主线。教师思考透了，主线也就不难找到。条条大路通罗马，只要有这样的意识，主线的发现、形成和优化就不是一件困难事。

这样做的价值就体现在方法成为师生溯源之本，用方法统筹所有初中三年的教学素材，适度整合，巧妙设计，让学生在不知不觉中学好、好学。

3. 语文教师苗凤珍的尝试

苗凤珍老师是语文教学"六大"策略的忠实实践者。我与她有过多次的交流沟通。她说：在我们以三年为一个周期的教学工作中，教材大致相同，大部分文章都是不断地在重复，如果每一年面对不同的学生却用着一成不变的教学设计，而后如复读机一般埋头呆干，显然这不是当下教师工作的意义。理想状态下的教学工作应该是一项常教常新的工作，教学是不可重复的艺术，每一节课都是不可重复的激情与智慧综合生成的过程。教学永远是一门遗憾的艺术，没有最好只有更好，灵动植根于持续创新。苗凤珍不断实践，大胆创新，用所有新的东西来证明自己的勇气，记录成长的足迹。

苗凤珍说，《孔乙己》一课是初中课本中的经典名篇。它是我国现代文学巨匠鲁迅先生的著名小说，也是20世纪中国文学史上的经典短篇小说之一。文章叙述的方式、主题的表达以及带有鲜明的个性化色彩的呈现风格，让其文本具有了无限的生命张力。这样的一篇经典，仁者见仁，智者见智：从文字上来看，它比较长；从内容上来看，它比较丰富；从意蕴上来看，属于可以多角度解读的厚重文本。苗凤珍老师三上《孔乙己》，上出了别样洞天。

教学中，她始终以学生的问题为问题，以学生的起点为教学的起点和触点，尊重学生感受，实行教学民主，奉行以学定教，而不是教师主宰独断，以教定教。遵循文本是人生的注解、历史的诠释，人生是文本的源头活水，历史是文本的坚实内蕴的原则，在语文课堂上和教学生活中引导学生联结、沟通，使二者整合互证，相互诠释；把滚滚红尘中的生活体验、平民意识，把鲜活的时代气息，带进文本对话，在师生对话、生生互动之中，让人生阅历、情境体验去穿透文本，穿透语言；注重开掘语文课的人文内涵，但又不忘语文课的工具特性，专注持恒地引导学生关注母语的灵活、精致、美丽，在徐徐行进的品咂中，向学生传递语言深处蕴含的诗意和美妙。

可见，对于语文教学而言，咬文嚼字是必要的手段，诵读是必要的手段，知人论世是必要的手段……更要认识清楚到：教师本位、教材本位和学生本位本质上并不矛盾。语文教学需要"常式"和"变式",需要"预设"和"生成",需要"控制"和"自主"……在这些概念中,其实都包含着教师智慧的开明的通达的"导"的因子。

她在这种课程生本化的创造中,虽然感觉到工作是繁重的、生活是清苦的,但她却更加清晰地感觉到教师的使命是"高大上"的。"高"是因为它在唤醒生命,塑造心灵;"大"是因为点滴之事影响学生一生;"上"是因为它在培植智慧。再高大的树,也离不开根的供给,没有了根——干将枯,叶将落,花将凋,树将倒。她常说,不要抱怨土地的贫瘠、水分的稀少,只能说自己的根还不够粗壮,延伸的还不够深、不够长。做教师,要想站得更高、看得更远,必须要有立德树人的高尚人格做支撑,必须怀着敬畏之心对天、对地、对课堂、对学生!

透过以上实践,不难看出,学科课程生本化建设至少具有如下几个方面的价值:

一是为班级授课制条件下探寻个性化与大众化之间的平衡提供了可能。当今的课程,更多的是建立在分科基础上、以知识发展的逻辑顺序呈现的,适用的环境也是倾向于集体受众。学科课程生本化改造,不是把学科课程都变为适合学生个性化学习的课程,而是为班级授课制条件下探寻个性化与大众化之间的平衡提供了可能。

假若不考虑具体教学形式,单从学生的学习来讲,个性化课程才是最适合学生发展的课程。但是,班级授课制又是在可以预见的将来仍然要坚持的一种方式,从这个角度讲,通过教师和学生的共同参与,遵循课程标准,尊重学生个体的认知前提、方法基础、情感态度、价值观倾向,创生出学生能够实实在在地体验到、领悟到、思考到的个性化的"自己的课程",会为学生个性发展提供重要保障。借助生本化课程的建设,让每一名学生都拥有他骄傲的学科、专注的项目和精彩的表现成为可能,这也是对"不让一个学生掉队"的实践诠释。

二是为教师专业发展提供了新的平台。在一个多元文化社会,每个人都有自己的想法。如何让不同的想法发挥出最大的教育价值,就需要管理者搭建宽容而又科学的探讨平台,生本化课程建设就是其一。教师在这一过程中,一定能自觉自愿地立足当下,着眼未来,主动将自己的阅历、经验、案例、个人优势、一切教育教学前沿的成果、一切社会科学自然科学的先进知识融入改革实践中,就一定能不断形成、丰富和提升独具个性特色的教学智慧,呈现出百花争妍、竞相怒放的态势,

三是为建设特色课程奠定了坚实基础。学科课程生本化改造就是变预设课程为生成课程。在课堂教学情景之外,以专家研究成果的形式存在的各种课程标准、教

材、教参等，它是静态的课程，即"预设课程"。教师在实践过程中，对其结合具体的课堂教学情景，经过师生加工、选择、丰富存在于师生头脑中的"课程"，它是动态的课程。这种动态的"生成课程"内含教师特点，体现学校特色，借助师生共融的教学活动过程，才能使"预设课程"所承载的知识系统和价值观念，发生由外到内的转化，自动嵌入师生的大脑。这样的课程，不仅血肉更丰满，而且更加灵动。

（二）全面构建校本课程体系

我认为，在校本课程开发中，区域的特点、学校的优势、教师的特长、学生的选择、家长的悦纳都是应有条件。通过学校的综合规划和科学开发、学生的自我选择、教师的主动完善、领导的组织建设、专家的引领升华，校本课程正逐步形成完备、各具特色的体系。基于此，我们理所当然地把单纯为国家课程配套的资源建设，提升到为学生的个性发展提供优质资源上来。我们始终认为，一所学校在资源和评价服务上能不能满足不同层次、不同群落、不同爱好的学生的自主选择，是区分其优劣的重要标志。

目前，临沂第二十中学已经构建了适合学生发展需要的课程开发框架，开发出一系列独具特色的校本课程。

一是动手实践能力培养课程。课程目标就是培养手巧心灵的人。如《机箱里的秘密》《家庭小电工》《我的十字绣》《小小陶艺师》等。

二是语言表达能力培养课程。课程目标就是培养敢于表达、善于表达的人。如《演讲与辩论》《道德评估师》《百家论坛》等。

三是人文素养提升课程。其一是国学系列课程。我们顺应学生国学热的实际，开发了《诗韵》《书韵》《古韵双碧》等课程。其二是文科综合实践能力系列。依据学生三年的发展目标，确立了 60 个主题活动内容，为丰富学生实践活动奠定了坚实基础。

四是有特色的活动教育课程。学校主要通过升旗活动教育、快乐大课间活动教育、艺术节活动教育、体育节活动教育等让学生舒展自己的个性特长。比如每周一次的升旗仪式不再是完成一个程序，而是通过一些鲜活的内容来实现教育的功能，国旗下讲话基本采用学生稿件，既是对作者的鼓励，也成为保养学生的心灵鸡汤；对国旗班和校园之星的介绍，又吹响了激励先进、感召他人的号角。升旗仪式作为

校本课程——机箱里的秘密

实践"新道德教育"的起步台阶，真正成为唤醒师生生命尊严、荣誉、道德和塑造崇高人生观的庄严时刻。

我始终忘不了 2010 年 5 月 31 日那场特殊的升旗仪式。执行升旗任务的国旗班由即将参加中考的 2007 级 80 名优秀学生干部组成。升旗仪式上，毕业班学生代表做了《今天，我们说再见》的致辞，七、八年级学生代表做了《站在梦想的起点眺望远方》的献词，教师代表深情诵读《毕业的骊歌》。在依依惜别情、浓浓眷恋意中，学生对母校的感恩之情得到了淋漓尽致的表达。这些，无疑是对学校德育成果的最好诠释。

艺术和体育活动作为一种特殊的精神力量，对于师生的精神生活具有催人奋进的影响，对于师生的思想道德行为具有潜移默化的作用。艺体教育的最终意义和特殊功能，就在于奠基学生生命健康成长，培养学生的创新精神、实践能力和完美人格。

在临沂第二十中学，健身与育人相统一的阳光体育运动，每日一练的师生太极拳，如火如荼的合唱大赛，平心静气的个人现场书法绘画，每学期一次的文艺展演……使整个校园变成自由的天空、精神的乐园、教化的磁场。每年一度的体育节、艺术节、科技节，学校并不单纯把它当成一场赛事来举办，而是当作张扬师生个性、发挥师生特长、拓展师生生活空间、提升学校文化品位、营造人文和谐校园的大好机遇，将之当成丰富全校师生人文情怀的营养大餐。学校"一生一体一艺"的基本构想正逐步成为现实，"志趣高远、人格健全、基础扎实、个性明显"的培养目标正逐步得以实现。

当然，学校课程的开发领域远不止这些。在下面这些方面，我们也有很深的思考和不断的尝试。

阅读课程：朱永新有过这样一段论述：一个人的精神发育史就是他的阅读史，一个民族的精神境界取决于这个民族的阅读水平，一个没有阅读的学校永远不可能有真正的教育，一个书香充盈的城市必定是一个美丽的城市。在强调提高国民素质、提高国家综合竞争力、促进社会走向和谐文明的今天，全民阅读显得尤为重要。学校正在把全民阅读作为新的发展战略来认真实施。

闲暇课程：胡适先生说过："一个人能不能成功，取决于他在闲暇做什么。"闲暇课程的开发，必定会成为提升学生境界、滋养学生生命的必需课程。春色无高下，花枝有短长。掬水月在手，弄花香满心。日本有一著名俳句："晨光啊！牵牛花把井边小桶缠住了，我借水。"感受自然，得用心灵；亲近自然，贵在养心！肉食者、虚浮者、混世者，可以腾空万里，走南串北，相册叠集，述说有辞，但劳力无心，终将与自然精神无缘。

艺术课程："文学艺术是人民的第一任老师。"艺术和教育是孪生兄弟，相依相存。我国伟大的教育家孔子，在洙泗之间教学，弦歌一堂。他和学生即使被困于陈蔡之间，生命受到威胁，也"弦歌不绝"，为什么？"乐也者，圣人之所乐也。而可以善民心，其感人深，其移风民俗。故先王著其教焉。"古希腊的教育家柏拉图在他的《理想国》中，规定小孩子一进入学校就要学习音乐，因为音乐能使灵魂"和谐"。德国著名的哲学家、诗人、剧作家席勒在其美学名著《美育书简》中写道："艺术教育对完美人性有着极为深刻的意义"；美国艺术教育家马丁·杰克逊说："谈到艺术教育，我们总谈到技巧，我们不要忘记通过艺术，还要学习人类的博爱、感情、知识、公道等，这就是艺术教育"。艺术教育需要技术，但绝不等同于艺术技术教育，离开艺术的氛围，离开艺术情感，离开人性纯美，去刻意追求键盘和发声，至少不是义务教育阶段普适意义上的艺术教育。艺术教育需要一定的形式去实现，但艺术可以弥漫于学校的任何一个时间和空间，所以，学校坚持把合唱作为校本课程，积极倡导班级适时欣赏教育励志大片，每年举行以班级团队为单位强调人人参与的艺术节，有些教育工作者，离开大一统的艺术节就找不着方向了，其根本原因就是到现在还不明白艺术教育的真正含义。

体育课程：体育培养向上的精神。新中国刚一成立，毛泽东同志就指示时任教育部部长马叙伦："要注意健康第一、学习第二"，并强调"全国一切学校都应如此"。1951年1月15日毛泽东同志再次致信马叙伦部长："提出健康第一、学习第二的方针，我以为是正确的。"蔡元培也说过，"完全人格，首为体育"。体育不仅能强健体魄，而且是爱国主义教育的极好载体，是集体主义教育的极好平台。学生经历的每一节体育课、每一次体育活动和竞赛都在潜移默化地教育着他们，培养他们团结、合作、坚强、献身和友爱的高尚情操。对于今天的独生子女，体育更是培育他们自强不息精神和吃苦耐劳意志的有效途径。

审美课程：蔡元培先生在谈到美育可以"陶冶活泼敏锐之性格，养成高尚纯洁之人格"的作用时说："我们每每在听了一支歌，看了一张画、一件雕塑，或者读了一首诗、一篇文章后，有一种说不出的感觉：四周的空气会变得更温柔，眼前的对象会变得更甜蜜，似乎觉得自身在这个世界上有一种伟大的使命。这种使命不仅仅要使人人有饭吃、有衣裳穿、有房子住，它同时还要使人人能在保持生存以外，还能去享受人生。知道享受人生的乐趣，同时便知道了人生的可爱，人与人的感悟便不期然而然地浓厚起来。"

游学课程：美国植物育种家卢瑟·伯班克说过："任何儿童都不应该被剥夺感受自然的机会。如果没有在岩石上颠簸过，没有玩过橡子和泥团，没有和淡水龟玩过，没有和大黄蜂等动物接触过，就等于剥夺了孩子受教育的最好机会。"

儿童之兴趣与自然之势态最为和谐。西方父母带着一二岁的幼儿到荒郊野外搭帐篷是家常便饭，我们外出时也经常看到西方人背着幼儿跑遍天下。自然是孩子成长最好的环境，游学是孩子学习最生态的活动方式。但游学需要规则，设计要用心，规则一定要，天性不可违！不管怎样，家庭和学校都不能把学生当"肉食鸡"喂养，社会也不需要应声虫！

不是非去名山大川才是亲近自然，不是一定风花雪月才是融入自然，自然应是人们生活常态的内容，自然也应该是生命存在的呈现方式。空气、阳光、水，是自然，风、月亮、星星，也是自然。生命的自然属性和自然的审美价值交相辉映，一脉相承。

古代雅士的一块石，两竿竹，小窗前，情趣足；苏轼的"宁可食无肉，不可居无竹"；林逋的"疏影横斜水清浅，暗香浮动月黄昏"；李商隐的"秋阴不散霜飞晚，留得残荷听雨声"；郑板桥的"三间茅屋，十里春风，窗里幽兰，窗外修竹。此何等雅趣"；朱熹的"半亩方塘一鉴开，天光云影共徘徊"；常建的"山光悦鸟性，潭影空人心"；扫径护兰，卷帘邀燕，俯流玩月，坐品山泉。化景为情思，人生何其乐！

人啊，实在应该与自然近些，再近些！人在成为人类、进入这个群落之前就是自然的一部分。一段光阴倏忽而去，人又回归自然，成为自然的一个粒子。离开自然久了，回去的时候怎么能够做到气闲神定、从容淡然？生命存留的这段时间，又如何做到丰盈生动、去留无憾？连接人生昨天、今天、明天的唯一纽带除了泛人类化的思想，就是自然！人怎么能疏远他这位永远的亲人和朋友呢？

当然，学校课程建设的责任和任务远不止如此，需要通过学校的综合规划、科学开发、学生的自我选择、教师的主动完善、学校的组织建设、专家的引领升华，形成完备的、各具特色的体系，才能早日实现以学生为中心设计课程内容，构建以生为本的课程体系，实现课程的个性化。

六、夯实习惯培养基础

叶圣陶说过，"教育是什么，往简单方面说，就是养成良好的习惯"。习惯比知识更重要，良好的习惯是健康人格之基。与学知识相比，学做人更重要，做人必须养成良好习惯。教育不是简单的操作，人只能由人来培养，心灵只能由心灵来感召。唯有把要求内化为习惯，把习惯升华为素质，把素质沉淀为文化，方显文化育人的境界。探讨习惯培养的方法，找到行之有效的管理途径，对于减轻师生过重的劳动负担、促进学生健康成长，有重要的意义。如果只对学生知识掌握程度做要求，教育就不再是教育，教师也就只能是"教"师，而不是真正意义上的"人"师，教师专业发展也就仅仅成为教师知识的发展而没有育人水平的提高。

课间操是学生良好习惯培养的大课堂

(一)教育就是养成良好的习惯

南开学校创始人张伯苓先生始终信奉这样的理念:一衣不整,何以拯天下。他为了培养学生合适的着装习惯和文明行为,特意在天津南开中学校门立镜,上书"面必净,发必理,衣必整,纽必结。头容正,肩容平,胸容宽,背容直。气象:勿傲、勿暴、勿怠。颜色:宜和、宜静、宜庄"四十字。这些话语至今还有其重要的现实意义,也是我们培养学生良好习惯的参照。现在问题的关键是学生究竟需要什么样的习惯和什么样的习惯培养方式。

另一方面,良好学习行为的有意义重复就是教师期望的学生学习习惯。教学不是为教给学生一种可以一劳永逸的知识或技能,它更多的是教给学生一种学习、思考的方式,一个人从读书中感受到"我是这样读书的""我是这样领悟生命的",并使它形成一种习惯,将会使自己终身受益。英国著名哲学家、教育家约翰·洛克曾说,"事实上一切教育归根结底都是为了培养人的良好习惯"。

习惯培养直接指向学习效率和人格完善。关注习惯养成,就是为学生将来认真完成某项工作奠定可持续发展的坚实基础。探讨培养的方法,找到行之有效的管理途径,对于减轻师生过重的劳动负担和学生的健康成长有重要的意义。

良好学习习惯的培养涵盖许多内容,大到人生规划的制定,小到一篇课文的学习，都在其中。在具体的学习过程中，它包括树立解决问题的主要矛盾的意识，对任何事情时时把握规律的意识，体验研究任何事物所应遵循的"认知—理解—总结规律—验证升华"的思维发展过程。培养学生的良好学习习惯，重在指导，重在体验，重在激励评价始终伴随。

(二)构建学生习惯培养体系

为将学生习惯培养工作落到实处，走进学生心灵，学校详细规划了工作路径和策略。坚持以校本课程《习惯培养读本》为载体，从生活道德习惯和学习习惯两个层面，分年级制定规划，框定了对学生的基本要求和阶段发展目标，分阶段有重点地进行推进。如十个文明习惯，即微笑待人的习惯、每天为父母做件事的习惯、见面主动打招呼的习惯、及时感谢别人的帮助的习惯、按规则办事的习惯、说了就要努力做的习惯、用好每一分钱的习惯、集体的事情一起干的习惯、用过的东西放回原处的习惯、干干净净迎接每一天的习惯。十个学习习惯，即早晨制订一天学习计划的习惯；将学习计划、目标视觉化的习惯；课前充分预习、随时准备向老师提出问题的习惯；学过的内容及时复习归纳、系统归一的习惯；朗读、默读与尝试回忆相结合的习惯；随时记录灵感，把重要的观念、方法写下来提示自己的习惯；上课能坐住、能静心、能思考的习惯；课堂上认真聆听、合作、积极大声表达的习惯；用双色笔纠错和用不同的符号标记题目，且能及时筛选、整理错题集的习惯；课后或晚上有对一天的学习、行为及时反思、反省的习惯。在具体落实工作中，学校重视持之以恒地加以反复强化训练，要求学生不贪大、不贪多、不求全，锲而不舍地抓好落实，引导学生把日常生活、学习中的平凡小事，做得有滋有味、有声有色、坦坦然然、快快乐乐、如诗如画、如舞如歌，直至真正养成良好的习惯。

在促进学生良好学习习惯形成方面，刘建宇老师的做法就有很多创造性。他认为，初中三年，正是"懵懂不知摘星事，直到流萤舞成眠"的阶段，教师不能停留在"堪笑世人懵懂"的地步，更应该是昭示菩提路径的长者。为此，他除了在教学中不断注入情感、渗透方法外，还与学生共同探讨，形成了"学习的成功从能坐住、能静心、能反思开始"的班级名言，探讨了"初中一年级学习须知""如何建立错题集"等一系列学习法宝，试图用良好的行为习惯、学习习惯，改造学生的学习过程，并以此引发学生化归到每一次的实践中，渗透到每一天的生活中，内化为学生的一种生命自觉。

　　一位听课的青年教师就发现过如此现象：预备铃响后，所有学生都打开教材，摆好练习，端坐等待，貌似养成了良好的学习习惯，但刘建宇老师看到这一情况后，立刻意识到问题的严重性："这些都是小学时候的习惯，老师讲什么你就听什么，如果老师一节课都不来，你就一节课干瞪眼吗？所以现在就要改变这种现状，不论老师来不来，各人该干什么就干什么。"随即，他在黑板上写下了这样一句话："人主动作为才能有所作为。"空洞的理论顿时有了鲜活的生命。在以后的日子里，学生不是打开书本等着老师来上课，而是按照自己的情况和计划，主动投入到预习、探究、提出问题、尝试解决的学习过程中，以便形成自己的认识，等教师来到教室时，与教师交流碰撞，期待擦出更多智慧的火花。

七、催生学生担当精神

　　担当教育不是空穴来风，而是我们对学生成长环境考察后经过严格论证方才实施的一项重要教育活动。

(一)学生成长环境考察

　　通过对学生成长的家庭、学校、社会等各个方面的考察，不难发现，当今学生的成长环境，有着极其相似的一面，这也是不利于学生道德素养发展的重要原因。传统的学校德育，目标往往是高高在上的，是学生必须完成的。所期望的良好习惯也是在非自愿的状态下，在强有力的监测中被动形成的，没有注入责任的基因，生长出来的习惯是"怪胎"，导致很多学生双重人格。在个别学生眼里，德育假大空，人生众迷途。

1. 个人欲望得到无限满足

　　随着社会的不断发展，物质生活的不断丰富，众星捧月般长大的孩子，享受的是过多的呵护，从小就很少有满足不了的欲望。大家为我，我为自己，已经根深蒂固。虽然家长有时也会意识到问题的严重性，但往往下不了狠心，渐渐的孩子也就习惯于唯我独尊，连最起码的责任意识，也没有"发芽"的机会。孩子在这样的家庭中，压根就不知道自己该负的责任，哪能指望这些孩子一走到学校，立刻长大，判若两人？这种状况虽然不能代表全部，但为数不少。虽然孩子不论从哪个角度来讲都应该算作家庭中的一分子，甚至在一时一事中不经意间就成为一个重要分子，但欲望的满足与责任的强化已经渐行渐远，从系统论的观点看，哪有只吸收能量而不放出能量的道理？

2. 丰富的屏幕内容取代多彩的现实生活

当今的中小学生，在能够回忆起的快乐生活中，看动画片是重要的部分。可以说，动画片对孩子扩大视野、增长知识、明辨是非有着无可比拟的作用，是这个时代的孩子成长的重要助推力量。但事物都是一分为二的，丰富的内容、多彩的画面、跌宕的情节，往往使孩子久久不愿离开屏幕半步，久而久之，本该丰富多彩的少年生活走向了单调，原本应该有的生活体验成了实实在在的缺失，孩子也渐渐地从"无所不知、夸夸其谈"屏幕中的内容变得在现实生活中"一无所知、无从切入"。一位美国心理学教授曾感叹道："正如以前的几百年内，儿童应该在教学和家庭完成的社会化过程由学校完成一样，在 20 世纪下半叶，儿童应该在教学、家庭和学校完成的社会化过程则由媒介尤其是电视完成了。"[1]对现在的孩子来说，电视转播频道的增多，无疑更加重了这种现象。时至今日，平板电脑、智能手机等更是随处可用，导致面对屏幕的时间远远超过面对父母的时间。对屏幕前长大的孩子来说，缺少了真实生活体验，难以形成应有的角色意识，何谈责任？虽然大众传媒有其积极方面，也有其消极方面，但都会影响学校德育。因为它构成学校德育的环境、参与塑造学校德育对象、直接影响学校德育诸环节。[2]

3. 家庭教育的错位

家庭是孩子的第一所学校，家长是孩子的第一任老师。对孩子的成长来说，家庭应该承担更重要的道德习惯培养的任务。但是，现实中的家长，第一要务是满足孩子的物质欲望，第二要务是盯紧知识学习，造成很多孩子，甚至是上幼儿园的孩子，放学回家的第一件事就是完成老师迫于无奈而布置的家庭作业，家庭成了学校的延伸，原本家庭教育中占重要地位的"仁、义、礼、信"全被"智"所替代，孩子发

---

①　檀传宝. 学校道德教育原理[M]. 北京：教育科学出版社，2000：215.

②　檀传宝. 学校道德教育原理[M]. 北京：教育科学出版社，2000：217-218.

展所需要的道德素养被淹没在对知识的苛求中，哪还有责任意识的位置？

4. 学校教育的缺失

不可否认，在一段时期以来，学校教育在很多时候还远没有全面担负起学生成长的重任。尽管在不同时期、不同阶段都开展了丰富多彩、寓教于乐的道德教育活动，也涌现出了众多轰动全国的德育典型，但面对一些体制、机制的原因，众多学校都面临着艰难的选择，不得已，将学生的发展和学校的发展都押宝一般地投向了学生的学习成绩。在学生道德教育方面，面对"大水漫灌"而"水多不能泡到墙"的无效，面对"点滴渗透"而"按不下的葫芦全是瓢"的低效，至今不能得到良策。原本"教书育人"的学校教育在"育人"方面多少有所缺失，时不时出现一些遗憾，还有照本宣科、以不变应万变的单纯说教远离现实世界、远离学生心灵、远离学生需求可能造成的双重人格了。

另一方面，在现实的教育中，不论学校还是家庭，不同程度地存在"受得苦中苦，方能人上人"的错误观点，不把学生当下的生活当成学生人生的重要组成部分，而是让其成为为今后的幸福生活奠基，客观上造成学生"学""做"两张皮的情形，远离了学生的当下心理需求，也就难以期望学生在"做"上出现预期的结果。

5. 虚拟世界的体验无意间向真实生活迁移

信息技术的发展是现代文明的标志，为社会发展带来新的动力，但对好奇心强、意志力差、价值观尚未形成的中小学学生，也带来了很大的冲击。虚拟世界的"真实性"在某些学生看来，比真实的世界更有吸引力，特别是对遭受一时挫折或缺少情感关照的学生更有蒙蔽性，成了一些学生逃避困难、寻找温情的"世外桃源"。随着鼠标键盘的点击，原本遥不可及的事情瞬间完成，一切"OK"，带来无限快慰。殊不知，就在这极大快乐中应有的责任被一点点蚕食，更为严重的是自己浑然不知。虽然虚拟的"世界"可以一时替代真实的环境，但一个人终究是生活在现实生活中，虚拟的快感永远不会替代成长中应有的真实体验，更不会了却自己的责任。更为可怕的是，在虚拟环境中不经意间形成的随意性，容易导致学生思维的随意性和行动的随意性，万一将其迁移到现实的生活中，后患无穷。2008年4月，发生在石家庄的一个案例就非常有典型性：由八个十多岁男孩女孩组成的犯罪团伙，连续挥长刀砍人抢劫，其手段之残忍，让看惯了各种犯罪的刑警都感到吃惊，而他们的回答却极平淡——感觉那就是一场网络游戏。①

6. 极端事件的无限放大容易造成学生以偏概全

社会之大无奇不有，加之资讯手段的高度发达，世界成为地球村，人们可以零距离、即时地观察到世界上发生的大事、奇事，满足了人们的某些欲望。但信息世界的高度发展带给人方便的同时，也不可避免地对尚未成熟的青少年学生带来一些负面影响，尤其是一些极端事件和不良信息被竞争激烈的各类媒体，不分受众差异，无限放大，导致社会经验不足的学生认识上的偏差。俗话说，"病来如山倒，病去如抽丝"，学生形成认识上的偏差可能不费吹灰之力，瞬间完成，但纠偏的工作远非一日之功，客观上影响学校道德教育的功效。

7. 社会文明程度提高可能给中小学生带来错觉

当今社会处在一个瞬息万变不断发展的时期，历史的经验一再证明，社会会向着越来越文明、越来越民主、越来越发达的方向发展。社会的文明程度越高，人的民主权力越大，对人的要求也就越高。但是，对于世界观尚不成熟的中小学生来说，有时会错把偏见当真理，错把成人身上表现出的符合社会要求的自由视为个人的无限自由，将社会上一时的喧嚣与浮躁当成必然。很少从个人应有的责任和社会应有的状态出发观察和分析社会现象，虽然相对于他们的年龄和经历来讲，这样的要求也有点过高。但是，从另一个方面来说，这正好是开展教育的切入点。

面对主客观等方面造成的学生道德培养困境，我们认为，虽然从学生个体的角度来说，不知不为怪，但从学校教育的角度来说，责任更加重大。学校教育怎样促进学生更好地发展，学校怎样才能为他们更好地融入社会做好应该做的各种准备？这是所有有良知的教育工作者必须认真面对、着力解决的。

面对"漫灌说""渗透说""体验说""活动说""引导说""自主建构说"等众多理论，我们广泛采撷，仔细甄别，联系学校实际，关注社会发展，着眼学生幸福，认真学习体会"德育过程实际上也是德育对象自身在道德等方面不断建构的过程。德育应该是环境与生长的统一，价值引导与个体价值建构的统一。对德育对象考虑不足的德育既不合乎现代教育所必具的民主精神，更不符合德育自身的规律，不会产生真正

---

① 梁岩．衍太太的幸福生活[N]．河南日报，2008-10-22.

的德育功效，有时甚至是非德育或者是反德育的"①。我们认为，在新时期学校道德教育工作中，理应强化学生的主体地位和责任意识，使"环境与生长的统一，价值引导与个体价值建构的统一"在现实的道德教育工作中得以完美结合。为此，我们提出了"有担当的新生活教育"这一学校道德教育命题，将广为流行的"事事有人做、人人有事做"传统德育途径嵌入"责任"基因，试图通过学生自主自愿的"担当"，让学生变"要我好"为"我要好""我应该好"，变"要我做"为"我要做""我应该做"。因为皮亚杰早就说过："如果儿童对他所做的事情是有兴趣的，他就能够努力做到他的耐心的极限。"②以此为切入点，引爆学生内驱力，点燃学生发展激情，实现学生发展梦想，促使学校的整个精神得到新生。

(二)有担当的新生活教育的内涵

我们认为，"担当"就是接受并主动负起责任。它是承载一切勇气的一种人格力量的迸发。敢于担当的人生，书写着伟大，镌刻着璀璨。"有担当的新生活教育"，就是让学生在学校、家庭、社会生活中主动承担起应负的责任，在责任的实现中发展自我，在发展自我中尽到责任，从而在这样的新的生活中实现教育与发展的和谐统一。其用意在于强调主观行动的重要性，引导学生"在担当中生活，在做事中成长"。目的就是让学生用理想鞭策自己，用知识丰富自己，用勇气鼓励自己，用责任去要求自己，去为己、为人、为国而担当，做一个"勇于担当的人"。在德国教育家弗里德里希·福禄培尔看来，通过活动实现内部世界和外部世界统一的过程，就是生活本身，而在生活和活动中，自然和精神达到统一，这就是所谓"生命统一"。③

担当不同于承包，它是学生的主动承担，是学生的自主建构。"受教育者的自主建构"旨在强调：教育要关注学生的生活世界并切入学生的经验系统；在教育内容和方法上是基于学生智力发展水平的；教育要着眼于学生成长的内在动机的唤醒，从而使学习活动是自觉自愿的；教育要将学生带入精神充实、富于理智挑战的境界。④

---

① 檀传宝. 学校道德教育原理[M]. 北京：教育科学出版社，2000：6.
② 檀传宝. 学校道德教育原理[M]. 北京：教育科学出版社，2000：134.
③ [德]福禄培尔著，孙祖复译. 人的教育[M]. 北京：人民教育出版社，1991：17.
④ 肖川. 教育的视界[M]. 长沙：岳麓书社，2002：61.

类似"人人有事干，事事有人管"的"事务承包"，是安排好任务后让学生"被动地"接受而没有选择的余地，是"落后生产力"的代表。而担当是学生生命内在的情感需求，培养"勇于担当的人"也是现代文明对教育的必然要求。为此，我们力图通过一些平凡小事培养孩子的"担当"品质，让孩子意识到"担当"的重要性。从小学会"担当"，对学生而言，可以是校内的，也可以是家庭的。为此，我们要求学校和教师，要善于挖掘与学生生命成长息息相关的事务，然后通过学生的主动选择、同学认可、伙伴互助、自我完善、民主评价、习惯养成、道德升华等一系列措施，培养学生"敢于担当、善于担当"的优秀品质，并以此改进学生自己在当下生活中的精神状态，为未来的生活奠定坚实的知识基础、道德素养、人文情怀、责任意识，成为一个有担当的人，过有担当的生活。生活是过程，现在的生活本身就是生活，它并不是将来生活的准备。[①]

只有让道德义务、道德责任、勇于担当深入人的意识并成为其内在的信念和意志，"担当"才具有了其现实的意义。一个能够对自己、对他人、对社会和自然充满责任、懂得负责的人，才是我们所追求的最高理想。

(三)有担当的新生活教育的依据

每个人都应该有这样的信念：事不避难，勇于担当，奋勇向前。对青少年学生来说更是如此。

1. 一屋不扫何以扫天下

东汉有一少年名叫陈蕃，独居一室而龌龊不堪。其父之友薛勤批评他，问他为何不打扫干净来迎接宾客。他回答说："大丈夫处世，当扫除天下，安事一屋?"薛勤当即反驳道："一屋不扫，何以扫天下?"这在今天看来，也很有借鉴价值。

凡事总是由小至大，正所谓集腋成裘，必须按一定的步骤程序去做。试想，一个不愿扫屋的人，当他着手办一件大事时，他必然会忽视它的初始环节和基础步骤，因为这对于他来说也不过是扫屋之类。所以必须先会"扫屋"，分清楚应先扫地还是先洒水，抑或是先拖地板；这样，在"扫天下"时，你才会知道哪些是应该马上解决

---

① 肖川．教育的视界[M]．长沙：岳麓书社，2002：128.

的，哪些事可以暂缓，甚至放弃。"扫屋"与"扫天下"一脉相承，殊不知屋也是天下的一部分，"扫天下"又怎么能排斥"扫一屋"呢？

调查表明，我国中小学生做家务现象不普遍；那些自幼做家务的孩子，学习能力和实践能力较强，这些孩子长大后的工作效率较高，人际关系更融洽。[①]

从道德心理学的角度看，一个道德行为的成立，须有两个前提：其一，它必须具有理性的自觉；其二，它必须具有意志的自愿。[②] 看来，"一屋不扫何以扫天下"古训在现代教育中依然珍贵。

2. 天下兴亡我的责任

高震东所创立的台湾忠信高级工商管理学校及其《中信教育法》在台湾有数十万人受益。该校学生年龄在15～18岁，学校没有工人，没有保卫，没有大师傅，一切的必要工种都由学生自己去做。学校实行学长制，三年级学生带一年级学生。全校集合只需3分钟。他到各地给学生演讲，问的第一句话就是"同学们，你们说'天下兴亡'的下一句是什么？""匹夫有责"。"不，是'我的责任'"。他就是这样教他的学生的。他说，"以天下兴亡为己任"是孟子的思想。禹是人，舜是人，我也是人呀！他们能做到的，我为什么不能呢？"天下兴亡，我的责任"，唯有这个思想，我们的国家才有希望。

他在台湾忠信高级工商管理学校，非常注重训练学生这种"天下兴亡，我的责任"的思想。校园不干净，就应该是大家的责任。他说，这么大的一个校园，你不破坏，我不破坏，它还会脏吗？脏了之后，人人都去弄干净，它还会脏吗？你只指望几个工人做这个工作，说："这是他们的事。我是来读书的，不是扫地的。"这是什么观念？你读书干什么？读书不是为国家服务吗？眼前的务你都不服，你还能为未来服务吗？当前的责任你都不负，未来的责任你能负吗？从自己身边做起，国家才有希望——这就是"天下兴亡，我的责任"的积极负责的道德观念。

3. 少年强则国强

"少年智则国智，少年富则国富，少年强则国强，少年独立则国独立，少年自由则国自由，少年进步则国进步，少年胜于欧美，则国胜于欧美，少年雄于地球，则

① 雷浩，刘琴．一屋不扫何以扫天下[N]．沈阳日报，2007-09-02.
② 肖川．教育的视界[M]．长沙：岳麓书社，2002：101.

国雄于地球!"著名的政治活动家、启蒙思想家梁启超的一段话道出了对那个时代的青年人的期望。在今天看来，也应是我们做好学校道德教育应该遵循的理念之一。

(四)有担当的新生活教育的目标

看过电视连续剧《亮剑》的人，都不会忘记团长李云龙训练出的"嗷嗷叫的野狼团的战士"，有担当的新生活教育的目标就是要造就像"嗷嗷叫的野狼团的战士"那样的学生，"招之即来，来之能战，战之能胜"，用一时的担当铸就一世的责任。

1. 从做好一件小事开始

校内的担当可以小到每一块玻璃的管理、教桌的清理、自行车的摆放、痰盂的刷洗等；家庭中的担当，也可以小到刷碗、扫地、打水、叠被子等。培养勇于担当的学生，教师责任重大。比如，学生未能完成清理痰盂的任务，教师要思考：孩子是因为工具的问题，技术的问题，时间问题，策略问题，还是更深层的情感态度价值观问题？工具问题，可以引导孩子购买清洗工具如刷子、橡胶手套、洗涤用品等；技术问题，第一次由教师做"演示"也未尝不可；因为有课错过了时间，可以补上；策略问题，教师可以引导他把劳动程序设计到最好；如果是因为厌恶干脏活、鄙视劳动、不屑于干这样的"低贱"的活，那就需要进行思想教育了。"一滴水可以折射太阳的光辉"，"清洗痰盂"也可以反映出很多问题。因为，今天我们不能教育学生认真对待这样一次"小事情"，明天他就有可能无法担当管理一个公司、治理一个城市的"大事情"。聚沙成山，聚爱成善就是这样"积善成习"的。如果一个学生不能勇于担当，那么他有可能只知道自己在"做什么""何时做"，而不知道"为什么做"。事实上只有弄清楚"为什么做"才是最重要的，否则永远不能取得应有的成效。所以，教师要善于引导和发展学生的成长。

2. 从内化开始

作为学生，面对一个题目不会做，是再平常不过的了，但从学生应有的学习担当来考虑，我们认为，就不是一件平常事，也不是一件小事。有一位教师，面对学生所回答的"老师，我不会"时的那种坦然，课下与学生做了深度交流。他说，这个题目你不会做，我不心急，但是，我看到你回答时的样子，我非常着急。从你的态度可以看出，你对自己不会做题一点也不心急，这反映了你对人生的态度，放大到今后的生活中，你遇到类似的生活难题时也一定会泰然处之，你觉得合适吗？遇到不会的问题，要想办法解决，即便是得不到正确答案也要积极思考，而从你的回答来看，显示出你遇到难题就放过的习惯，这反映了你的人生智慧不足，智慧从哪里来？显然，是从实践中来，你这样对待难题，你觉得应该吗？遇到问题绕道走，显然未全力以赴，你不觉得是一种遗憾吗？入情入理的分析还没有结束，这个学生已是泪流满面了。对学习担当如此，对生活担当、工作担当也是如此。

3. 从自悟开始

在临沂第二十中学 2008 级 18 班的墙报上，我看见过这样的话语：

> 担当是什么？担当就像一整座大楼的钢筋混凝土支架；担当是捡起地上的一片废纸；担当是担起自己的责任。
>
> 同学们，我们要学会担当，担当会成就自我。现在，我们只是担当自己应尽的责任，将来，我们会担当起人生的道路，担当起自己的家庭。
>
> 学会担当，就学会了一种责任。
>
> 现在，我们只为一块小地方尽我们的努力，也是为未来担当祖国的重任做铺垫。

在 2008 级 17 班，一个选择为学生健康服务的担当者，一大早就在班级告示栏中写上了这样的话语：

> 同学们，最近几天天气忽冷忽热，很难让人捉摸。所以同学们都应随时随地注意天气变化，以防感冒。

透过初一学生这些稚嫩甚至稍显不足的话语，我们分明看到了学生自主选择的那份担当，已经在心中升腾起一种新的希望。

4. 从要我干到我要干开始

担当所内含的主动负责的意义，本身就赋予了学生的担当就是要实现从要我干到我要干的转变。某班有两位同学闹起了摩擦，已进入"冷战"初期，互不搭理。选择担当学生摩擦润滑剂的小梅，看在眼里，急在心里，调动大脑中的全部细胞，思索着怎么办。

类似这样的事，放在过去，等老师知道时，往往就已经处于爆发阶段，处理起来相当棘手。聪明的小梅勇于担当，悄悄地当起了"和事佬"。经过观察了解、个别谈话，知道她们之间也没有什么大不了的"疙瘩"。鉴于原本要好的两个同学，虽然也意识到各自的不足，也有和好的愿望，都碍于情面不开第一口的状况，小梅想了一个好办法：设一个骗局，模仿她们二人的笔迹分别写两张道歉的字条，塞进她们的文具盒中……没费多少周折，就悄悄地完成了一件大事。这与原来"事不关己高高挂起"的情形相比，显示出了担当的光芒。

(五)有担当的新生活教育的操作步骤

在具体操作中，我们主要从以下四个方面来实现这一转变。

一是公布与学生相关的班级担当推荐项目、建设标准，拟定供家长参考的家庭担当参考意见，以服务学生在学校、家庭中的主动选择。允许不同班级根据学校分配的任务和班级实际进行不同的担当划分。如某一个班级的担当任务，就划分成为班级主管、学科担当、事务担当三大类、45 大项、63 小项，供学生自主选择。

二是开展以自主选择为前提的担当认领。每个学生根据自己的兴趣、爱好进行选择、竞聘，经认证、认同后公布于众。对超越自我能力之外的项目或存在异议的项目，要进行民主认同或有条件的担当。

三是做好担当。在日常学习生活中出色完成自己认领的担当项目。为使学生真正在担当中自我完善、在担当中做事成长，学校、班级对担当实施同伴互助、教师引领、家庭配合、民主评价的行动策略。

四是多元评价。评价以自主评价、小组评价为主，以班级事务主管评价、学校抽测做辅助。评价结果计入学生的发展手册和学业鉴定。同时，学校、班级定时发布评价结果，对有突出成绩的学生，还会以喜报等方式通知家长。

在具体实施过程中，对于学生估计不足，认领担当后完成有困难的情况，班级主管可以报请班主任同意，调整认领人，也可以自由寻找互助同伴合作完成。

(六)有担当的新生活教育的卓著效果

1. 他主到自主

在实施担当前，需要学生完成的任务，都是由学校、班级、小组分配好的，所有学生只有按照既定的标准好好完成的义务，很少有主动选择的权利，即便是对分配的任务有不同看法，也难有提出自己意见和建议的机会。假如学生不是非常认同，在完成任务的过程中，就难免会出现一些偏差，就会招来检查人员的意见、建议甚至批评，循环往复，就会导致部分学生意志消沉，从而走向理想的反面，学校、教师在活动中育人的期望往往化为泡影。担当的实施，从根本上实现了由"他主"到"自主"的转化。要求事先商定，学生在选择时对标准一清二楚。任务自己认领，也可以几位同学自由组合认领，认领后不满意可以调换，还可以自己寻求互助伙伴。这样，学生对完成自己的担当有了充分的认同感，对完成任务也就实现了"要我干"到"我要干"的转变，自己掌握自己发展的"命运"，积极性、主动性、责任心都会大大加强。这样，就实现了道德教育"强化和内化"的统一。天天高标准地完成自己的担当的同时，实际就是强化道德认知、训练文明行为、塑造良好品德的过程；在由他控到自控、由他主到自主的过程中，促使学生不断反思自我道德行为，鼓励学生主动寻找自身的道德弱点，主动探索有效的解决办法，充分发挥学生的自我管理、自我教育、自我调控的作用，不断调整自我、超越自我。

2. 外显到内隐

学生原来完成的是分配的任务，不论自我感觉如何，都应该按照标准一丝不苟地完成，在很多学生看来，把事情做好是为了应付检查，因此，在做事中学生注重的是事情的结果，是一些可以物化的指标，是为了好看，一句话，就是注重外显行为和外显结果。原本期望的通过学生"做好事"达到"做好人"的内隐性道德教育功能往往难以真正实现。而在完成自己的担当过程中，学生普遍有一种主动干好的责任意识贯穿其中，完成担当的过程也就成了自我塑造的过程，学生更加注重的是在做事中成长，更加注重的是个人素质的提升，内心的敞亮，所以，对所完成的担当，也就不是仅仅将好的结果呈现在人们面前，而是将自己的发展悄悄地埋在心底。这显然更加符合学生心理发展的规律，也是人们对学生道德素养发展的理想期望。

3. 事务到责任

传统的"事事有人管，人人有事做"，在学生看来，就是干好自己分内的事务，对大部分学生来说，他们的认识也就停留在具体事务层面，当然，能有这样的认识也算到位。但对隐含其中的道德素养的发展和提升，学生往往感觉不到，有时甚至有抵触情绪。但学生选择了担当，首先是选择了一份责任，而不仅仅是选择了一份事务。在内心的责任驱使下，才有了干好那份事务的信心、决心和毅力。对学生来说，实现从事务到责任的认识上的过渡，乃是一个质的飞跃。

4. 一时到一世

清代人士陈澹然的《寤言二迁都建藩议》中说："自古不谋万世者，不足谋一时；不谋全局者，不足谋一域。"学生在校学习有人指导、有人检查、有人帮助的时间，与人的生命成长历程来说，是非常短暂的，如果学校的教育不能触动学生心灵，作用再大，也是一时的、短效的、不可取的。一时一事的教育作用再大，如果仅仅停留在一时一事上，对学生的发展来说，也是微不足道的。只有从学生终身发展的角度，考虑对学生的教育怎样更富有实效，才是根本办法。实施"有担当的新生活教育"，就是立足当前着眼长远的大事，也是解决学校道德教育在学生中产生长远影响的有效途径。通过一段时间的实践来看，学生的自我担当已经在其灵魂深处扎下了根，也必将在其发展过程中发芽、开花，结出丰硕成果。

毕业——远航前的殷殷祝福

在临沂第二十中学，担当是一门学生全员参与建设的课程，它要出色地完成课程赋予的教育功能。当学生由自主选择担当岗位到升华为生命内在情感需求的时候，就需要教师做好过程中的细化和内化文章。在工作中，我们不认为学生善于担当，教师就可以做"甩手掌柜"，而是从多个方面强化教师作用。我们认为，教师作为学生生活的导师、成长的心理咨询师和引领学生精神自我铸造的道德师的角色，必然会在学生的担当中担当重任，也必然会对自身所拥有的职业使命、道德情操、专业素养提出重大挑战，这也是促使他们由"教"师走向"人"师的必由之路。

担当教育是现代社会教育本质的回归。行为习惯如果没有道德责任、情感的融入，是不可能为孩子的健康成长服务的。人生在世，不似柳絮漂浮于尘世之中，是因为我们拥有必须担当的责任。责任是客观存在的，而担当则是一种主观能动性。所以，学生"勇于担当，敢于担当，善于担当"就是"建基于价值引导与自主建构相统一的主体性道德人格教育，从学生的成长过程来说，是精神的唤醒与潜能的显发；从师生共同活动的角度来说，是视界的融合与内心的敞亮"①。

亚里士多德说过："我们做公正的事情才能成为公正的人；进行节制，才能成为节制的人；有勇敢的表现，才能成为勇敢的人。"②

选择以"担当"作为学校育人方向，就是要改变以指令性、封闭性、强制性和单向性为特点的灌输育人方式，强调从学生的自觉自愿出发，教师在表现出真正尊重的基础上，施以合理的义务、责任引导，以此引起学生内心的共鸣，从而发自内心地"有所担当"。

我们通过实践认识到，道德大厦的构建在于心灵，强加于人的道德标准不会构筑起坚固的心灵防火墙。只有勇于担当，才能变被动为主动，才能挑起生活的大梁，引领个人发展，铸就终生幸福。只有勇于担当，打造自己的生活品牌，才能创造出自己的生命辉煌。为自己担当，担当自己，给生活一份满意的答卷！

（七）有担当的新生活教育的价值

"担当"是一种责任和使命，是一种信仰和追求，是一种自信与能力，是一种品格和奉献。面对教育改革的新要求和学生发展过程中的众多挑战，我们以"有担当的

---

① 肖川. 教育的视界［M］. 长沙：岳麓书社，2002：62.
② 檀传宝. 学校道德教育原理［M］. 北京：教育科学出版社，2000：132.

新生活教育"①为载体，积极倡导"在担当中做事，在做事中成长"，引导学生从自我做起，从小事做起，主动地去接受并勇于承担起自己的责任，养成勇于担当、乐于担当的良好品质，着力构建富有鲜明特色的担当教育文化，以促进每一个学生的健康成长。

1. 担当教育是对习惯培养的一种超越

开展"有担当的新生活教育"，是传统道德教育方式的延续、发展和提升，是将人的主动性、能动性融于活动全过程的一种尝试，是对习惯培养的一种超越。学校最早开展的事务承包责任制，是参照著名教育改革家魏书生先生提出的"事事有人做，人人有事做"的理念设计并实施的，目的就是把班级所有的事务都承包下去，多多少少的带有农业生产的承包责任制的影子。随着时间的推移，我们发现，单纯地把"事务"干完，虽然学校干干净净、秩序井然，但并没有较大程度地促进学生道德的健康发展。这样做下去，肯定背离学校教育的初衷。

联想到心理学巨匠威廉·詹姆士说过的"播下一个行动，收获一种习惯；播下一种习惯，收获一种性格；播下一种性格，收获一种命运"，我们在事务承包责任制的基础上，尝试进行学生良好习惯培养。提出了两个习惯一个教育(学生良好的学习习惯、行为习惯和心理健康教育)进行强化培养，实际上就把两个习惯的养成教育作为全校的一个公共课题，分配给所有的教职员工，包括餐厅的职工，包括清洁工，包括班主任，包括任课教师。每个人要从自身的职业，要从学生成长的含义上来理解用什么方式来做好习惯养成教育。习惯养成教育的重点有三个：学生到底需要什么样的习惯？学校究竟用什么样的方式来养成这些习惯？教职工在自己的岗位角色上如何探求自身的成长？

习惯培养在全校轰轰烈烈地开展了几年，对学生养成良好的学习习惯、生活习惯也起到了很大作用，但通过观察学生在做事中的状态，跟踪学生在离开学校后的发展，我们就感觉到这个习惯养成相当于驯化，是他主而不是自主，重视人的动物性，忽视人所独有的"有智慧、有理想、有情感"的特性，满足的都是学生的低层次需要，像自我实现的需要这样的人的高级需要，不能得到很好地满足。学生的"良

---

① 姜怀顺."有担当的新生活教育"的德育理念与实践[J].当代教育科学，2009(22).

好"习惯是训出来的,它带有一种机械性的表面的东西。也就是说,习惯培养注意的是程序,注意的是动作,注意的是事情本身的质量。

随时代要求不断发展的道德教育,不应该也不可能是一个文字游戏,也不是一般意义上的一种历史的变革,理应是一种生命的蜕变、内涵的超越。

2. 担当教育是对现代人成长需求的一种必然回应

虽然担当教育是一种新提法,但本然的成分依然是道德教育,只是它更关注学生自我实现的需要,是"以人为本"理念在道德教育中的必然回应,也是教育对现代人成长需求的一种必然回应。

从承包责任制到习惯养成再到有担当的新生活教育,它是一种教育深层次发展的要求。它要求的是证明"人"这个字,要证明"心灵"这个词,要探求人的情感世界的建设标准。它实际上就是越来越指向的是人,是人性,是人的情感,是人的精神层面,向人的价值观的形成发展。

在当今巨变的时代,学生正面临着诸多挑战,也面临着诸多机遇。在从自给自足的小农经济向契约经济转变、从被动向主动转变、从他主向自主转变、从个人成长向团队成功转变、从事不关己高高挂起向国家兴亡我的责任转变的过程中,学生的成长受到更多的考验,人们价值观念也在不断变化。以往人们更重视经济的安全、生存的安全、收入等,而现在开始向后物质主义转变,更重视清洁的环境、和喜欢的人一起工作、做自己喜欢的工作、休闲娱乐等。这样的转变,使人的自由、民主等基本权利得到更加充分的重视,与此相适应,对人们主动担负起历史发展的责任、人的发展的责任的要求也更高。即所谓自由越多责任越大,自主越多自我约束的能力应该越强。

3. 担当教育是以活动促发展的桥梁

从道德心理学的角度看,一个道德行为的成立,须有两个前提:其一,它必须具有理性的自觉;其二,它必须具有意志的自愿。① 按照承包制的理念,对于任何一件事务,都需要班主任或班干部提出承包人选,制定工作标准,进行督促检查,评优树先。比如说班级的痰盂、窗台、黑板、地面等,其清洁工作都要分下去,然

---

① 肖川. 教育的视界[M]. 长沙:岳麓书社,2002:101,128.

后，通过完成事务的情况来考察你这个人。而按照担当教育的理念，需要班主任会同全体学生共同商定，要把日常工作搞好，总共需要干好哪些事务，分门别类后再按照工作量大小进行分解，由学生或学生小组提出自己要担当的项目，全体学生评估完成的可能性。个人积极申请，大家一致同意，才能成为某一事务的担当主管。对于工作量大的担当事务，还要由担当主管提出组阁人选。这是一个事务集成、主动认领、民主评议、同伴评价的过程。这里面不仅有事务、有责任、有工作标准，更有同伴的评价、同伴的信任、契约精神，内含很多民主社会、现代制度的萌芽。

4. 担当教育是贯通学校教育、家庭教育、社会教育的直通车

有担当的新生活教育，是全校的一个公共课题，它渗透到了全校所有的管理过程，是真正的体现陶行知先生说的，在劳力上劳心。学校力图通过一些平凡小事培养孩子的"担当"品质，让孩子意识到"担当"的重要性。从小学会"担当"，对学生而言，可以是校内的，也可以是家庭的。这就要求学校和教师，要善于挖掘与学生生命成长息息相关的事务，然后通过学生的主动选择、同学认可、伙伴互助、自我完善、民主评价、习惯养成、道德升华等一系列措施，培养学生"敢于担当、善于担当"的优秀品质，并以此改进学生在当下生活中的精神状态，为未来的生活奠定坚实的知识基础、道德素养、人文情怀、责任意识，成为一个有担当的人，过有担当的生活。

在做事中成长，不只是在学校做事中成长，而是在他整个成长的全过程要做事中成长。家长要把你在家庭的担当的情况告诉学校，学校要把你在学校担当的情况告诉家长。在担当中做事，在做事中成长，是教育的本质，也是家长和教师的一种教育智慧。

八、实施多元异步评价

在世界经济一体化、社会发展多元化的今天，需要更多适应社会发展、促进社会发展的个性化人才。纵观主要创新型国家的创新文化，可以发现，只有人才具有鲜明的个性，才能促进国家的创新。而教育就应该是通过开发人的潜能，发展与完善人的个性，来达到培养创新型人才的目的。因此，只有个性得到充分的发展，才会有更多创新人才。正如乌申斯基所说："在教学中，一切都应当以教育者的个性为基础，只有个性才能影响个性的发展与定型，只有性格才能培养性格。"传统的大一统、一刀切的评价，不断蚕食着师生个性的发展，成为横亘在师生个性发展面前的一座大山。

记得在一次教师教学大赛上，来自校内外的评委对我校王丽花老师的课进行评议时引发了争议。

在那次比赛课上，王丽花讲的是一节激发学生现代诗写作热情的诗歌写作课。她朗诵了自己的诗作，展示了学生的作品，总结出情感是诗歌写作的生命线之一，对修辞、想象、对比等写作技巧只进行了简单的点拨……她要让孩子们找到诗歌创作的信心，培养写作的兴趣。因为这样的课堂不符合固有的讲课比赛标准，王丽花的课被批得"体无完肤"。我自始至终参加听课，也听到了评委的发言。在随后学校举行的总结会上，我表达了自己的观点，对她的诗歌写作课教学给予了肯定。我说，学生写作的热情被唤醒了，还怕他们不能在今后的写作中找到写作的技巧吗？正是这一次活动，坚定了我改变师生综合评价的决心，也借此机会把自己多年来对师生评价方面的思考付诸行动，着手建立多元异步评价。经过几年来的运行，这种评价方式既有效地促进了教师教学个性的形成、专业的快速成长，又促进了全人教育的实施。

（一）契合多元智能发展要求

事无巨细的"全面"评价，往往使美好的愿望化为泡影，秋后算账式的做法，也难以唤醒师生发展的热情。新一轮课程改革，虽然"评价观念发生了根本性的转变"，各种做法貌似繁花似锦，但在具体的评价改革方面，还是留有很多遗憾："虽然还有大量的以分数为唯一评价尺度的现象，虽然综合素质评价也存在形式主义的现象，大家认为不可信，但是这都没有关系。事情总是要起步的，总是要在起步后去改革完善的。"但至今也仅仅处于"我们已经开始在破冰"阶段。在新课改"开弓没有回头箭"的总体态势下，人们应该有更多的思考和作为。

以人为本、和谐发展，反映在学校教育上，就是充分尊重教师、尊重学生，就是创造条件，发挥好每一个人的积极性和主动性。这就要求学校管理者，不仅要带领全体师生，构建美好的愿景，制定好详细的发展路径，创造性地开展好各项工作，更重要的是建立起一套切合实际、引领教师发展的制度，其中，评价制度恰切如否，是带动各项工作发展的牛鼻子工程。就是在这种情况下，我们从 2008 年开始了"多元异步评价"的探索和实践。力争使评价这一牵一发而动全身的敏感神经，成为保障师生个性发展的利器，以解放教师，发展学生，催生更多灵动而精彩的课堂。这种做法，也使评价的目标、过程和结果，更加尊重师生，更加关注师生的个性差异，更加注重师生个性的全面而有特色的发展。

（二）促进强势智能绽放异彩

多元异步评价是指对学校师生进行多主体、多形式、有差异、不同步的评价。对教师来说，就是在坚守职业道德规范的前提下，对教师教学业务等方面不搞一刀切式的评价，不做统一要求，以便让处于不同发展阶段的教师，都能找到教学个性发展的生长点，确立好自己的阶段目标。对学生来说，就是在坚守基本道德要求的前提下，对学生发展的模式和发展步伐不搞统一要求，以便让个性、基础不同的学生，都能发现自己的特长，确立自己的发展目标，实现有特色的发展。

享受教师的精彩展示

多元异步评价是基于人的差异性和发展的多样性而建立的适应人性发展的个性化评价。"多元"是对单纯、极端、强势的"分数评价"的突围，但也不是许许多多的评价指标集合在一起就叫多元，更不是所有的内容都必须挖掘而出的评价才叫多元评价。"多元"是相对于"一元"的，"多元"揭示的是评价角度和方式的拓展，说明评价的角度和方式并非仅仅只有刻板教条的"一元"。"异步"是对统一、齐步、同时的"同步评价"的突破，"异步"揭示的是评价的起点、过程、终结时间和结果的个体差异性，即允许不同的评价对象，按照自己的发展目标和发展愿景，制定切合自己发展实际的路径和速度，实现有特色的发展。学校的任务就是创造师生发展的良好生态环境，防止师生亦步亦趋、故步自封，促使师生不断生发亮点、提升亮点。

(三)催生学生强劲发展动力

在学生评价方面，我们立足学校实际，着眼于学生发展需求，从学习生活习惯的养成、课业发展、特色发展等方面，整体构建了学生个性化发展性评价体系，制定了星级学生评价指标，目的就是让学生本着自己预定的目标，主动奋进，不断超越自我。

评价目标多元化，为学生提供不同选择，力求使每一位学生各取所需、各尽所能，在原有水平上不断得到发展和提高。多元智能理论强调每个人的智力各有特色，每个学生都是独特的个体。因此，需要教师特别注意多用几把尺子去衡量学生，从备课、讲课到练习、作业的布置，教育教学活动的开展都可以为不同学生制定不同的个性化目标。与单一的"仅以成绩论高低"而导致部分学生靠边站不同，所有学生都能各得其所，自信的风帆就在这多元化目标的实施中纷纷起航。

评价主体多元化，让教师、家长、学生等多主体共同参与、交互作用，加强了评价者与被评价者之间的互动，既提高了学生的主体地位，又将评价变成了促进学生主动参与、自我反思、自我教育、自我发展的过程，形成了积极、平等、民主的评价关系。特别是在落实"有担当的新生活教育"过程中，各个班级建立了"我的担当"责任记录卡，记录每个学生的进步与收获。学生通过自评和他评能够对自己有全面的认识，能准确了解自己的长处与不足，从而有针对性地加强某项品质或技能的学习和训练；家长、教师也能有效地对学生进行相应的指导，帮助学生不断改进、获得发展。

评价内容多元化，让多种多样的内容进入评价视野，改变过分倚重学科知识的现象，注重对学生实践能力、创新精神、心理素质以及情绪、态度和习惯等综合素质的考查。对于考试学科，也开始大胆尝试试卷内容改革，将试卷分为两部分，除基本内容相同外，选择性内容一分为二，一部分是深化学科知识的内容，注重内容的深度，另一部分为拓展学科知识的内容，注重内容的宽度。这样处置，使考试内容也不再是全员统一，而是让不同类型的学生有了自主选择的机会。既能引领学生专注于学科知识的学习，又能引领学生拓展延伸所学知识。当然，评价内容多元化，本身也要求学生活动的多元化。为此，学校开展了多种多样的活动，让学生在多种活动中，舒展身心，发现适合自己的特色发展项目，实现全面而有特色的发展。

评价方式多元化，让多种方式进入到评价学生的过程中。我们将动口、动手与动脑结合起来，科学地评价学生的综合能力和综合素质，促使学生健康发展。比如在语文学科，结合学校提出的"大阅读、大背诵、大复述、大欣赏、大演讲、大写作"教学策略的实施，将语文能力测评分为"笔试"与"综合素养"两大部分，并采用分项考查、分级评定的办法。在"综合素养"中又设立了"朗读""背诵""书写""积累""口语交际"五大部分。让学生在不同的时间内，以不同的方式接受检测，并分项记录成绩。如"口语交际"的考试在学期中就开始进行，通过自评、同学互评、家长评、教师评确定等级。在"笔试"中，每份试卷的每一种题型都有三级梯度的题目供学生任意选做，基础题做对得满分，学有余力的学生可再做选做题，做对的加分。这样，使每个学生都能体验成功的喜悦，也为智力水平发展较快的学生提供了"挑战"与"冒尖"的机会。

评价时效异步化，发展特色不同一。在学习中，我们允许学生在达到基本教学目标要求的前提下，根据自己的基础和特点，自主制定发展的速度和达到的更高目标，改变了简单的以考试结果对学生进行分类的做法。注重对学生综合素质的考查，努力培养适合时代发展需要的身心健康的、有知识、有能力的创新型个性化人才。特别是在个性化作业设置方面，学校让班主任、任课教师、学生、家长充分沟通，自主选定作业类别，在 A、B、C 三类作业数量不同的类别中选择一种完成即可，当然，随着时间的推移，经过教师批准，家长同意，可以在三者之间重新选择。这样，就能更好地体现学生各得其所的发展，尤其是能让学生在完成基本学业的情况下，钟情于自己乐此不疲的项目，使学生个性特色、优势智能、强势智慧不断丰盈成为现实。

几年来学校坚持"多元异步评价"，坚持"多一把尺子衡量，就多出一批好学生"理念，力争通过评价发展学生各种潜质，激励学生各种优异表现。从不同侧面、不同角度对学生进行鼓励。学校在"星级学生"评选系列中设立了"艺术之星""体育之星""学习之星""成长（进步）之星""演讲之星""管理之星""礼仪之星""阳光（心态）之星""担当之星""创造之星"十大星系，获三星以上另外颁"三星学生""四星学生""十星学生"。倡导学生根据自己的兴趣和自身条件确定自己的最近发展区和荣誉追求，鼓励学生在原有基础上不断提高，不断超越自我。学校和老师为其创造条件，设计个性化的阶段目标，目的就是让每个学生都经历更多的历练过程，得到更多的感悟、感动，享受更多的成长快乐。

"多元异步评价"的实践使我们更加清醒地认识到，每个学生都是不可复制的个体，都有其不同于任何人的生命存在、表现和发展的方式，世界上从来就没有绝对意义上的好学生和差学生，只是在某个阶段和某些方面由于先天和后天的原因产生的差异。对于成长中的初中学生而言，评价是鼓励、期待、点燃、肯定、激荡、丰盈、促进，是基于学生个性社会化发展的理性判断，而非控制学生的僵死教条。等齐划一的标准评价，只能培养平庸的群体，综合性评定也只能削高填洼，破坏生命成长的基本生态。评价不应是千人一面的"套印模子"，更不是束缚学生发展的"套子"，而是引导和培养个性的"催化剂"；不再是分数等级的"筛子"，而是激励学生前进的"动力源"。多元异步评价的实施，为每一个学生找回自信，使每一个学生享有成功，促进了每一个学生全面健康有特色的发展。

（四）破解教师职业倦怠难题

在推进教师多元异步评价的过程中，我们启动了"试用教师、合格教师、教学新秀、骨干教师、研究型教师、首席教师"和"优秀教师、模范教师、功勋教师"等教师成长工程，制定了教师"年度人物"评选方案，增强教师的职业责任感和使命感，引领教师成长。让校内各级骨干、模范教师、功勋教师、首席教师以各种方式发挥他们的引领和指导作用，让青年教师主动乐观地行进在通往名师的大道上，使阶段目标与长期目标高度契合，以此激发教师的进取欲望，提供教师成长的舞台，关注教师的成功进步，满足教师的合理要求，让环境和教师成长实现良性互动。

比如在学校开展的"个性优质课堂"评比中，始终坚持"多元异步评价"的理念，不仅设置综合奖，还设置了诸如最佳教学设计奖、最佳教态语言奖、最佳学生参与奖、最佳教学创意奖、最佳板书创意奖、最佳激情投入奖、最佳教具创新奖等众多单项奖。对在评比展示活动和精品课例评选中获奖的教师，更是不吝溢美之词，为每一位教师撰写了独具特色的颁奖词，充分认定他们的创造性劳动。根据各具特色的课堂教学撰写的这些颁奖词，无不体现出多元异步评价的精妙！

不再年轻的数学教师张夫玲，燃烧的激情映照着灿烂的夕阳，为我们展示了老骥伏枥、志在千里的恢宏与精彩。学校对他的不懈探索和精彩展示，用如下颁奖词做了充分的肯定："新颖的学案来源于长年累月的思考，巧妙的变换得益于孜孜不倦的创造。开放的问题让学生大胆探究，迥异的思维让学生问学求道。从多变中寻求不变的道理，从复杂中探索归一的妙招。饱满的热情带来万千启迪，绚丽的夕阳绽放骄人魅力。"

英语教师朱金欣一直坚信"每一朵花儿都有绽放的理由"，努力开发课程资源，精彩的课堂智慧无限。学校用如下颁奖词给予肯定："'我的一天'不平凡，同伴互助渡难关。夯实表达基础，预设考虑周全。引进'艺术人生'，催生精彩片段。朱军的巧问，成龙的妙答，成功人士的酸甜苦辣，全部化为学习资源。形成表达技能，感悟名人辛酸。教材转为学材，课堂反映世界。简约的过程省却了无谓的华丽，缤纷的生成叙说着智者的豪迈！"

多元异步评价激发了所有教师的发展热情。一位年近50岁的女教师说，为了加深自己对"个性化课堂"的理解，我利用一切时间，克服眼花、力竭、精力差的"后天"不足，开始了新的"长征"。捧起了学校下发的本应该早读多遍的《让教师和学生一起成长——临沂第二十中学教师发展手册》，走进"魏书生"，了解"建构主义"，明了"最近发展区"，参见"多元智能"，清晰"成功智力"，钻研"个性优质课堂"。圈点批注，摘抄复述，对比思考，尝试运用。通过学习、实践、体验才知道，上学期摸索进行的自认为非常"高效"的课堂，只是注重学生识记，只是注重学生分数，用现在的眼光看来，简直太荒缪了。

正是在"多元异步评价"理念的引领下，不同年龄段、不同发展时期的教师，都铆足了劲头，根本没有职业倦怠，也看不到竞争带来的负面影响。我们看到的只有教师们强烈的、自发的、主动的积极进取。看来，进取一旦赋予了主动的概念，其力量就更加强大。

(五)奠基师生人生幸福

实践中我们发现，多元异步评价能引领教师不断寻找到自己的幸福。记得著名作家毕淑敏说过："人生本没有什么意义，人生的意义便在于我们要努力赋予它一个意义。"教师的教育生涯更是如此：不管教师这个职业的取得是偶然还是必然，是主动还是被动，只要你还在从事它，在作为谋生手段的基础上，再把它变成事业，寻求价值和理想，寻求到快乐和幸福是人生的必需。对教师而言，教育工作占据了人生长度和宽度的很大比例，它的意义决定着人生的意义，它的价值决定着人生的价值。在商品经济社会中谋生的手段有千万种，从业的选择的机会有无数次，现阶段，并不存在着过多道德规范的约束。如果教师不从教育本身寻求到幸福，不做一个幸福的教师，那么做教师的精神支柱就坍塌了，整个人生将陷入悲惨之中。而多元异步

刘建宇和高金德在研讨

评价，其价值就在于正视教师的现实，为不同基础和发展阶段的教师提供了恰切的良好发展环境。所以说，教师自身的幸福绝不是靠分数、指标、金钱、待遇来叠加，尽管必要的物质条件是不可或缺的，但幸福却属于灵魂的体验，精神的圆满，是一种通融、豁达、敞亮、满足和感激，是一种物质之上的物质，知识之上的知识，智慧之上的智慧。

对学生而言，学习是奠基人生幸福的重要手段，而教育的魅力在于"唤醒、激励和超越"。传统的单一的大而统的评价是给车装货，而多元异步评价是给车加油。因为，它呼唤学生生命活力在发展中的自由、自然地舒展和生长。因为，它已经能够从学生个性化发展入手，依据学生的兴趣、爱好和个性为学生指明发展方向，日益体现出生活性；能够以学生的发展为本，使学习成为一种自我发展与自我超越的需要，日益体现出发展性；能够充满生命气息，成为升华人格、提升质量的活动，成为生命的自然需要，日益体现出生命性。

(六)收获丰硕实践成果

因为学校对教师劳动属性的恰切把握，实施了多元异步评价，才有了学校教师"各美其美、美人之美、美美与共"之壮观景象，才有了学校教师的精彩纷呈。多元异步评价已经为师生个性化发展和学校特色发展，带来一片亮丽的天空。

教师劳动的个体属性决定了不可能用一把尺子去评价。传统的大一统、一刀切的评价方式，不断蚕食着教师个性的发展，成为横亘在教师个性发展面前的一座大山，不能催生高贵品质。为了培植这种高贵的品质，我们摒弃了整齐划一的综合评价，坚持施行极富挑战性的"多元异步评价"。它不是以奖惩为目的，而是以点燃教师发展激情、提高教师的专业水平、促进教师的专业化成长为目的的一种评价机制，着力于对教师内在情感、意志、态度的激发，其核心是促进教师的自主发展。正是得益于多元异步评价，教师们的各种改革萌芽都得到了无微不至的呵护，造就了一大批有特色的教师。

前面说过的语文教师王丽花，短短几年，就在初中语文"大量阅读和自由写作"方面探出了一条崭新的路子。同样是语文，不同的课改同盟在各自探索着。王晓丹等老师以"文学阅读，传统文化"为主要内容的课改同盟，让语文从生活中来，到生活中去；苗凤珍等老师的"构建简约课堂"同盟，引导学生能味文中之情，想文中之景，悟文中之道，感文中之雅……

不仅是语文，不同学科的教师都在静水潜行：上官景进的国家课程生本化改造、高金德团队的"问题的生发与整合"、张雅文团队的"感受数学思想方法之美"、张娜娜团队的"生命美如斯"、闫翠香团队的"活化道德元素"、王萍团队的"风采展示"，单从这些研究的关注点，就可以感受到勃勃生机。

教育生态，当美如斯。让青松生长出青松的傲岸，让杨柳飘扬出杨柳的柔媚。正如罗素所言的幸福——"参差多态乃是幸福的本源"。那么，若换一种说法，是不是也可以理解为"无视参差多态，乃是对幸福的扼杀"呢？时下，当挂着"幸福"旗帜的教育满天飞之际，却少有人会沉下心来去思考幸福的本源是什么。当幸福被高高地悬挂成巨幅标语之时，或许却少有人能真正沐浴到幸福本身所散发出来的光辉。当教师创造的思维被大一统的模式所桎梏，当教师的个性被一刀切式的冰冷的制度所泯灭，当制度的存在和评价的维度已失去了本应具有的鼓励与促进功能时，教师的职业幸福感又从何而来？

由于教师个体劳动的特殊性，很多时候，他们的幸福是伴随着"苟日新，又日新"的创造性活动而生成的，是在与学生一同获得有价值的成长过程中而悄然生长的，教师创造的灵性和教育的智慧不会诞生在高压与胁迫之下。在临沂第二十中学的词典里，很少见到"幸福"一词，但源自多元异步评价的被尊重、被关怀的幸福，却在教师的心里如潺潺的溪水一样在流淌、在飞扬。幸福不是一件华丽的外衣，可以披在身上向他人炫耀。更多的时候，幸福是一种无声无息的存在，是生命舒展地生长、自在地开花的一种自然状态，看不见，摸不着，却一直源源不断地丰盈、润泽、美丽着心灵。

"暮春者，春服既成，冠者五六人，童子六七人，浴乎沂，风乎舞雩，咏而归。"至圣先师在两千五百年前描绘出了这幅美丽动人的教育生态图，是如此令人心驰神往，心怀理想的追梦者从未停止过追寻的脚步。在临沂第二十中学，正是因为有了如此可以张扬个性、舒展性灵的生态土壤，有了如此高度宽松可自由飞翔的空间，有了如此鼓励追求真理与独立人格的精神氛围，才有了一颗颗个性的种子争相破土、萌芽、开花并结果。

九、营造良好文化氛围

泰戈尔曾经说过，"不是锤的击打，而是水的载歌载舞，使鹅卵石臻于完美"。文化之于教育关键是一个"化"，所谓的以文化人、润物无声，就是要注意到教育的内在逻辑，实现有形的、外显的东西与学生生命的主体性、内在性有机的联系。学校文化必须紧紧围绕为培养什么样的人服务，它不能虚化，也不能矮化和庸俗化，更不能将糟粕垃圾文化引入校园。

（一）软实力就是竞争力

时至今日，借助于互联网等高科技产品的不断普及，多元、多样、多变作为社会发展的总的趋势更加凸显。在变化无所不在的今天，文化越来越成为民族凝聚力和创造力的重要源泉，越来越成为综合国力竞争的重要因素。以育人为根本任务的学校，打造文化软实力就显得更为迫切。

在全省中小学学校文化与特色建设研讨会上做典型发言

软实力是一种赢得人心和人脑的力量，主要表现为说服的力量和吸引的力量。对于一个国家来说，所谓吸引力和凝聚力本身就是一种软实力。哈佛大学教授、软实力理论的创造者约瑟夫·奈说："软实力是通过吸引和劝服，而非强迫或者收买，来达到自己目的的能力。它源于一个国家的文化、政治理念和政策的吸引力。"美国伊利诺斯大学政治学教授道雷斯·格瑞伯认为，一国的软实力是由三样东西构成的：受人景仰的价值体系、受人尊重的对内对外政策、有吸引力的文化。美国雪城大学公共外交教授南希·斯诺说，一国软实力是由三个维度来衡量的：该国文化和观念是否符合全球流行标准；该国是否有能力运用全球传播渠道影响新闻的报道框架；该国是否通过其国内和国际行为赢得公信力。

(二)学校文化建设的应有追求

一所学校，最具有生命力的元素就是文化，而文化的生命力在于传承和创造，而不是一味地模仿。

学校文化，既有形而上的意蕴，又有形而下的要求。虽然，不同的人有不同的思考，不同的人有不同的实践，不同的人有不同的创造……但是，如何理解，如何把握，如何践行，才能最大限度地弥合仰望星空与脚踏实地之间的张力，依然困扰着"身在此山中"的学校管理者。

"学校能否百花齐放、生机勃勃地发展，本质上要看学校文化到底提供了什么样的思想支撑和环境助力。""我觉得，今天的学校文化，尤其需要彰显这样一些因子：善，安静，职业本分，儿童立场……"见多了玄之又玄的文化策划推介后再思考这些文字，心灵的撞击更加激烈。

"人性从古到今并没有太大的变化……变化的是我们的生活……教育要培养一个什么样的人，更重要的还是要回到'人之常情''人之常性'来思考。"

"文化在本质上是一种价值观，学校文化的核心精神体现在学校的教育哲学里。学校文化虽然可以通过学校的建筑与仪式、环境与布局表现出来，但真正催人奋进、真实感人的文化力量，还是要通过日常教育教学，通过大家鲜明的个性与为人来'呈示'。"学校文化就是"为了人、依靠人、发展人"。

学校文化建设，贵在遵道。这里的"道"，就是那些能催人健康发展的亘古不变的教育规律。面对大千世界的纷繁，学校文化建设需要有对教育规律的坚守。教育对象是一个个活生生的生命，他们先天禀赋各异，后天环境不同，充满着各自的新奇、向往、憧憬……但是，他们有一个共同的名字——学生。学生的发展有其固有的规律，教育是有共性存在的。学校文化建设也必须遵循这些规律：秉持儿童立场，坚守职业本分，远离喧嚣浮躁，恒怀善悯之心。唯有如此，才能通过学校文化的浸润，把个性迥异的学生培养成特色鲜明的人才，达成"出窑千彩"的盛景。

学校文化建设，贵在循理。学校文化，博大精深，学校管理，千丝万缕。如何在繁杂的事务中渗透文化的味道，走出一条独具特色的优质之路？众多学校管理者苦苦求索，我在此尝试回答：学校文化建设不能背离"人之常情"，摒弃"口号"，让"符合人性的，更有助孩子生命自然地、愉快地、生动地发展"的文化表述亲吻学生；抛弃"虚幻"，让学校文化建设扎根于学生实际、教师实际，契合学校发展定位，引领学校发展；放弃"功利"，让学校文化建设基于学校，为了学校，在学校中。尽一切努力，使学校文化建设的起点、方向、路径、愿景都始终围绕着学生展开。

学校文化建设，贵在得法。"文化需要漫长的积累，需要缓慢的沉淀，更需要时间的发酵，就像一坛好酒，总离不开岁月的见证和参与。同时，学校文化既需要动态的平衡，也需要相对的安静……"基于此念，我从历史与现实的熔炼与析离中，为学校文化建设提供了众多而优质的"他山之石"：建设"健康第一"的课程文化，建设合作型教师文化，建设民主、尊重、平等、合作的课堂文化，重视学生社团作用……更为可贵的是要有对学校文化建设细节的关注。教室如何布置，班会如何开好，课桌椅如何管理，如此等等，不一而足，但都能透射出文化的光芒。

可见，只要坚持"用纯净的心做教育，用真诚的心对学生"，就不仅能建设好独具特色的学校文化，也能发展好个性鲜明的学生。当然，这需要学校管理者、教师坚守底线，着眼长远，追求真理，崇尚智慧，培育爱心，引领学生焕发生命活力，促使学生成为最好的自己。

(三)学校文化建设的价值

一个优美、洁静、富有人文气息的校园，能陶冶人的情操，对学生良好品德的养成发生润物无声的作用。因此我们在环境文化建设中坚持"文化品位、现代气息、人文精神"的理念，着眼于学校总体布局的和谐统一，着眼于环境文化氛围对学生的熏陶和感染。如今，我们校园的一草一木、橱窗板报，乃至楼梯过道，都是构建人文环境的重要元素。校门口一个敬礼，楼道里一抹微笑，操场上整齐的队伍，课堂中互动的节奏，以及从教室里流淌出来的歌声……一切是那么的自然与和谐。学校持之以恒地开展"形象班级""阳光班级"的评选，制定详细的建设标准和评选办法，以活动促建设。学校精心设计每一处教育景点：古朴典雅的校园文化墙，面向全体师生开放的大型图书阅览超市，定期开展的"走进经典、润泽生命"读书活动，如处处有良师相伴，激励着学生发愤读书、立志成材；校道两旁的宣传牌、主题鲜明的电子屏滚动标语、学生广播站优美的歌声和稚嫩的评论，精美的大师画像、精选的格言警句，告诉学生求学、做人的道理；富有个性的音乐铃声，激活着学生的艺术细胞，让校园的学习更富活力；小桥流水，鸟语花香，游鱼戏莲，草木茂盛，充满生机的校园景观，是学生调节心境、忘记学习带来的紧张和疲劳的一个好去处；文化气息浓厚的广场，法桐伟岸挺拔，雪松粗壮参天，相互辉映，各种花草四季斗艳，清香远溢，培养着学生的现代文明意识；师生书画作品，优秀学生照片，都在潜移默化地陶冶学生的情操，指引着学生努力的方向。高雅的学校环境与心理、精神和谐统一的优质生活空间，环境的人文情调和人文关怀的彰显，自然之美与人文之美的有机结合，让学生时时、处处都感受着学校文化的魅力。

为学生创造随时阅读的空间

十、缔造新的传奇

全人教育最重要的就是必须首先担当起重塑教育使命的历史责任。即使全世界都是凉的，教育也应是热的，有灵魂、有体温的、能自由呼吸的、为人本身的。为了这个伟大的任务，我们一群人来到美丽的沂河西岸，创办一所新的学校——临沂青河实验学校。

(一)让每一个孩子都在青河留下精彩的故事

临沂青河实验学校是一所由临沂市罗庄区政府批准创办的、以"九年奠基一生"为办学宗旨的全日制寄宿式民办公助学校。学校坐落在临沂南部生态新城中心，东临沂河，南接万亩牡丹园，北部、西部与现代商贸休闲居住区为邻，穿校而过的青龙河，清明如镜、波光粼粼，给人无限遐思。

信任无价

学校的创立是各级领导高瞻远瞩的结果。区委区政府为充分发挥名校、名校长品牌的"溢出效应"，凝聚各方积极性，探寻多元办学途径，决定以"股份合作建学校、资深名校带新校"的思路，创办符合国际标准的高档次、优质化的学校，创建个性化、双语化、国际化办学特色，以整合全球教育资源提升域内教育品质。

九年奠基一生，是青河学校的办学宗旨；为学生的终生幸福着想、为学生的持续发展奠基，让每一个孩子都在这里留下精彩的故事，是青河教育的价值诉求。青河实验学校借助民办公助这一灵活办学形式，依托卓越的管理团队，必将成为学生学习的乐园、探索的圣地、求知的殿堂。今日，肩负历史使命，用爱心和智慧点燃希望；明日，缔造时代传奇，依责任和良知，培养具有民族文化根基和国际视野的中国公民。为此，青河追梦人一定会用自己的勤劳和睿智，追寻全人教育的理想，在不断奋进的旅途中让全人教育美梦成真！

(二)卓越管理绽放新校芳容

教育是一项迷恋孩子成长的学问。一位好校长就是一所好学校，一位好教师就是一种好教育。当学校的教育被学生视为一件无比高贵的礼物而欣然接受，并成为他们一生的依恋和一世的拥有时，教育就真的成功了。正因为如此，学校特别重视人力资本的价值，特别强调人力资源的作用，努力建设卓越的管理团队和教师团队，努力为培养具有民族文化根基和国际视野的中国公民提供最强有力的保障。

学校将充分发挥全人教育实践中发展壮大的管理团队的卓越才能，充分发挥灵活办学机制的作用，秉承"让教育滋养生命"的办学理念，以培养具有民族文化根基和国际视野的中国公民为目标，以"基于主体参与、多维互动的小班额课堂教学"为基础，以"课程的多元选择、分级选择"为依托，为每一个儿童提供个性化、综合性、实践性的课程体验，努力让每一个青河学子都能享受最优质的教育，成为最优秀的自己，实现"教育一个孩子，引领一个家庭，影响整个社会"的学校使命，缔造懵懂少年向"大气、大雅、大才"龙门一跃的传奇！

(三)多样化课程搭建学生发展立交桥

课程，是学生接受教育的最基本载体，是贯彻教育方针、实施全人教育最主要的途径，是培养学生适应未来、创造未来的重要手段。一所特色鲜明的学校，必定是培养目标和育人体系独具特色的学校。创建特色鲜明的学校，需要适切、丰满、个性化、多样化的课程。

今天的学生，明天的主人，需要契合万众创业、人人创新的社会特点，需要满足创新、创意、创造的社会要求。这就决定了学生今天的学习必须多元化、个性化、综合化。青河学校灵活的办学方式决定了它必定能构建出人人适切的课程组合和课程体系。

青河学校课程体系包括核心课程、通识课程和特色课程。核心课程人人必修，在达到国家基本要求的前提下鼓励学生不断超越自我。通识课程强调广而浅，目的是让学生发现自己的独特潜能，独特兴趣，独特天赋，为有意识地学习特色课程找到方向和目标。特色课程是体现教师鲜明个性风格、契合学生个性发展需要、促进学生个性特质形成的选择性课程，是学科课程的拓展、延伸、升华，是教师特长的展现，是学校、社区资源的充分利用。特色课程的开设，将为学生嵌入终生发展的"永动机"，以帮助学生按照自己的兴趣与本性去学习、去生活、去成长为独特的"我"。

青河学校将采取"校本化开发、个性化选择、走班制运作、学分制管理"的课程实施方式。

青河学校特别强调国家课程的学本化改造，即依据学生学习的本质和规律改造核心课程中的学科课程，依据学生当下的学习需求和发展的需要实施课程，目的是让"天书"落地，让"枯知"复活，让学科逻辑变为认知逻辑。

青河学校特别强调通识课程的博览性，即人人参与、个个明白，找到自己的发展方向，明晰格局，扩展视野，提升境界。

青河学校特别强调特色课程多样性，即丰富多彩、独一无二，供学生选择适合自己的课程套餐。

这些课程套餐也许会包括国学课、国际课、创意课、话剧课、戏曲课、电影课、形体课、茶艺课、手工课、拉丁舞、篮球、跆拳道、演讲与口才、阅读与写作、影评、剪纸、创意黏土、摄影、花卉养殖……在这里，也许一个孩子就能影响一门特色课程的开设，因为每一门特色课程的开设都将是学生爱好与特长的展现，都将为学生的特色发展打开一扇门、提供一方沃土。

青河学校课程体系的建设与实施，将为学生从"有学上"到"上好学"提供有力支撑，将为一流教育从"理想梦"到"现实景"提供坚实保证。

（四）体验性课堂演绎学生多彩人生

课堂，既是学校教育的大平台，也是教学的常用地。课堂所发生的一切，敏感而又微妙，细小而又深远。

课堂是所有课程的汇集地，又是所有课程的整合、创生地。任何一个学生，都有着多样的色彩，都值得被善待和挖掘，都可以绽放耀眼的光芒。需要教师走进学生的内心，读懂学生的故事，把静态的预设性课程进行动态的创生性实施，以适应每一个学生的天性。需要教师深深地沉下去，倾听学生内心的声音；高高地昂起头，仰望教育发展的未来。

　　青河教师深知，教育的真谛不是让人们知道一个先验的结论，而是要面对当下和未来的问题，找到分析问题、解决问题的方法与路径，需要教师创造适合每一个学生的学习方式，让每一个孩子在这里自由呼吸，把快乐的触角伸向每一个神奇的角落。

　　青河教师明白，带着深情播种，带着喜悦收获，唤醒生命，点燃智慧，找到专业尊严，形成万千气象，是自己的天职与使命。

　　青河教师懂得，优秀教师的成长需要揣着梦想、带着感恩、携着激情起航，因为值得梦想的地方没有捷径，只有永远的征途。

　　基于此理念，学校针对自身办学特点、资源优势和学生实际，决定从两个方面积极构建学校课程实施特色。

　　一是进行"基于主体参与和多维互动的小班额课堂"创新。它将会吸引每一个孩子参与其中，相互碰撞出智慧的火花，激发出流动的思维。主体参与、多维互动课堂，是在开放的教境下，把教学活动看作是以教师和学生为主体、以学生发展为中心、以有效启用各种教学元素为习惯的课堂。在这样的课堂中，学生要在师生之间、生生之间、组组之间、自我之间，相互交流、相互影响、相互启迪，形成多元的、多情境的、多内容的、多维度的、多形式的全方位立体式的互动体验，使学生的思维张力、攻坚魄力、智能威力得到最大限度的爆破，把学生的生命活力、个性魅力引向极致。这样的学习才是从已知世界出发，探索未知世界之旅；是超越既有的经验与能力，形成新的经验与能力的一种坦途。

　　二是建立在走班制基础上的课程的多元选择和分级选择制度。所谓"走班制"，就是在行政班级不变的情况下，让学生根据自身的知识基础、能力水平、认知方式、兴趣爱好、智力与非智力因素等，自主选择不同层次的教学班，以及不同领域的特色课程，使基于"我"的学习得到最大程度的实施，使学习的过程变成一个快乐的过程，使每一个学生找到最适合自己的发展之路。"走班制"教学将为所有的孩子创设适合自我发展的学习平台，让小草郁郁葱葱，让树苗长成参天大树，让每一个孩子都能最大限度地成为最好的自己。

(五)君子之风美哉青河

壮观雅致的青河实验学校，不再是美丽的传说。大楼已就，大师将成，期待更多学子来这里为梦想起航！她能给善学者以智慧，也能给勤奋者以收获。只要你懂得她的珍贵，不怕山高，不怕路远，来到这里，总能体验到成长的快乐！山，不怕高，我们将协力攀登；路，不怕远，我们将共同前行。

因为，我们坚信，心怀生命发展梦想，前方必定洒满阳光！

社会反响

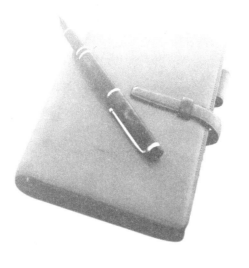

一、姜怀顺：做逆风而行的理想主义者

《人民教育》　李　帆

临沂，已是冬季。

接受采访的姜怀顺，在会议室里大踏步，走来走去，高声讲述着自己对教育教学的理解和思考。谈到教师培养，激动处，他一个转身，甩掉身上的西装，白色的衬衫映得他脸更红了。

《人民教育》记者李帆来校采访

"我们不能天天在政策和机制上发牢骚，应该从能改变的地方做起。"做了多年的校长，对教师队伍存在的问题，姜怀顺心里跟明镜儿似的。

现在，教育教学都讲究个"模式"。有模式，是学校改革成熟的标志，更是教师成名的旗帜。许多人对"模式"顶礼膜拜，期盼"把别人的玫瑰移栽到自己花园里"。所以，学校热衷于让教师盲目地学习、模仿别人的模式，教师们也投入精力和热情，去研究模式、打造环节，甚至详细到导语怎么说，后边结论怎么讲，中间怎么弄"花花肠子"，在细枝末节上打转转。

姜怀顺特别不赞同这种做法。他说："没有任何模式可以通吃所有学科。那套路子，是引着教师往匠师的路上走啊!"思考经年,他为教师成长设计了自上而下的"六级之路":教育价值观—学科思想—把握学习规律—教育教学策略—教学流程—专业技巧。

在他那里,教育价值观就是教师成长的方向。方向错了,越努力就会离目标越遥远。

姜怀顺对价值观这类基本问题看得特别重。临沂二十中倡导教师创设"个性优质课堂",相应地提出了"三四四"策略。一次,有位专家听完课,评价说:"你们的三四四模式非常好!"

私底下,姜怀顺对他说,能不能纠正一下?因为"三四四"不是一个模式,而是一种策略、原则,或是一种价值引领,它解决的只是方向性的问题。

在这个方向下,姜怀顺把教学权完全放给了老师们,让他们的个性想怎么张扬就怎么张扬,特色想怎么打造就怎么打造。他理解教师劳动的个体属性,到处张扬"自由,才是教师创作的力量"。

刘建宇刚参加工作时,做法得不到大家的认可。一位教研员在听完他的课后,勃然大怒地训斥说:"这上的什么数学课,简直是瞎胡闹!"再听说,他还从不布置作业,从不写备课教案时,教研员拍着桌子,愤怒至极。和他一道听课的姜怀顺,却冷静得多。他从刘建宇看似信马由缰的、大跨度的教学中,看到了一个教师追寻教学规律的奇思妙想的萌芽。

"此时,他教学生命中那种很光彩的东西已经呈现出来了,你再用那种综合的、传统的评价来套他,不是在叫他平庸吗?"

姜怀顺当即拍板,给刘建宇量身定制了"三免"政策:免参加综合评估、免备课、免修改作业。受到保护的刘建宇,快速成长,先后被评为"山东省优秀教师""首届沂蒙名师""山东省十大教育创新人物"。

与教研员的评价背道而驰,对一个校长来说,需要极大的勇气。其实直到今天,姜怀顺也仍然面临着方方面面的压力。可姜怀顺站在那里,厚重得像沂蒙山一样,给愿意改革的老师们撑起了一片天空。现在,学校有志于改革的老师,都可以申请享受"三免"政策。

"很多时候,校长以领导的认可为目的,所以领导怎么说,就怎么做。还有许多校长,充当着制度的'卫道士',他们不去研究制度本身的科学性,却做着坚定的执行者。人们把改变当目的,把领导的决策和评价当目的,把维护制度当目的,却从来没有把老师和学生的发展当目的。"

"老师无法张扬自己生命的权利，也就无法给学生发展生命的自由空间。这个时候，工具论便大行其道。看看当今的学校，有多少学生成为老师的工具？有多少老师成为校长的工具？又有多少校长成为教育行政部门的工具？"

姜怀顺说，我就是要打破这些充满了伪科学的条条框框！

前不久，有一位校长带队到临沂二十中参观交流。他们提出来，能不能看一下学校管理制度方面的文件？姜怀顺双手一摊，诚恳地对他们说："我们没有啊。"原来，在临沂二十中，教学也好，管理也罢，核心都是价值引领，对教师的具体行为并无多大的约束。

"学校是一个文化场、一个学术场，不能单靠行政来解决问题。"姜怀顺解释自己的做法时说，当校长，他的胸襟、气度是第一位的。

在临沂，姜怀顺对老师的宽容是出了名的。曾有老师犯倔脾气和他大声争吵，到了评优的时候，和这位老师有过冲突的人都投反对票，唯独姜怀顺力排众议。他说，要看到这位老师的长处，我们评优，不是在评圣人和完人。还有老师因待遇问题给他难堪，姜怀顺也只是一笑而过，并不放在心上。

结果，在他的手下，吸引了一批性格迥异、思想独立的老师，即使有的人古怪执拗，也都对他信服尊重。

地处农村，让姜怀顺至今不为多少人所知。

他带领着一个普通的、无名的教师团队，无拘无束、泼辣恣肆地进行着教育教学改革。他们在现实中依凭理想而生，哪怕有时需要逆风而行——这是理想主义者的生活状态，他们为波澜不惊的教育注入一丝灵气，以它的卓尔不群证明着理想的高贵。

教育，本来就是理想主义者的事业。

二、转身，从走近他开始

临沂第二十中学　苗凤珍

细细想来整个世界就是一棵故事树，每个人都是这棵树里讲故事的人。每个人都在编织、讲述自己的故事，人们就是在创造、聆听故事的过程中成长起来的，所以我也是如此。

十年前在实验小学工作时，虽然我已经是一个小有点"名气"的老师，但我知道自己离真正的教育的距离还很远。我知道靠热情，靠苦干，靠年轻的体力，靠严格的管理，靠各种各样的奇思妙想干出来的"政绩"，并不完全能够证明我就是个好老师、好班主任……这些，都是在进入临沂第二十中学之后慢慢反思领悟出来的。

进入现在学校的十年来，在我的成长和改变中，姜校长是起了很大作用的。

虽然在中学读书时代，姜校长曾是我的老师，但那个时代的机制给了人很多的束缚，加之学生时代特有的胆怯和女生的羞涩心理，除了在课堂上的聆听之外，我也没有和作为老师的姜校长有太多的交集，只是私底下和同学们一起把三十出头的他戏谑地称为"姜老"，这个称谓也一直用到"姜老"真能称得上姜老的现在。

进入现在的学校后，姜老的许多言论，在最开始的时候，我并不能完全接受。

第一次遇见被学生顶撞的事情时，我自觉一腔热血不被学生理解，自认为在面子上和感情上说不过去，气急败坏地找他倾诉。他却说："一个只关注自己现实需要的老师是教不出胸怀远大的学生的……"

有一段时间，班里纪律不好，学风不正，学习效果甚差，加之我深感班主任工作的疲惫与烦琐，我心情烦躁地向他诉苦，大有不想继续之意。他却说："一个没有灵魂追求的老师是教不出有生命质感的学生的……"

兄弟学校到我校参观学习，我执教了一节自认为很精彩的公开课，气氛热烈，讨论顺利，总结有力。评课的环节，我的耳朵听了一堆好话，这时主持人请他做总结。他却说："你是一匹马！你是一匹很卖力的马！你以每小时百里的马力在跑，学生远远地跟在后面，望尘莫及……"

期中竞赛之后教务处组织召开教学成绩分析会，逐项分析教师和学生的成绩。请他做总结，他却说："一个拘囿于考试成绩的老师是教不出有创造力的学生的……"

我看不惯上课时学生懒懒散散的样子，于是我向他抱怨，我的学生不爱学习，上课不端正身子听讲。他却说："一个出色的学生，从某种意义上讲，就是他的个性被张扬到了极致……"

在一次语文组全体教师的座谈会上，老师们谈到"我们最初为什么学习语文"这个话题时，我侃侃而谈："语文嘛，就是读读书，写写字……"他却说："像你这样一个思想肤浅的老师是教不出有深度思维的学生的……"

还有，他批评我在家长会上要求家长做这些做那些，说我给家长提这样那样的要求简直是不能理解，说我没权利这么做，还说家长也没义务去做……

还有，他一语中的地指出我在课堂教学上是一个"挖坑""设陷阱"的高手，说我这样做永远没有教师和学生的长远发展，不能为学生的终身发展奠基……

还有，他指出我在做人做事上太过急躁，生活中要像徐志摩诗里写的那样，"轻轻地来，轻轻地走，不带走一片云彩……"

还有……

跳出成绩排名，跳出纪律约束，跳出教师讲解……他口中的这些教育境界，我觉得太过理想化，太难以实现了。但是现在想想，一个中学的校长，有所思考有所行动，不管结果怎样，其智与其勇都是让人感慨，其人更是受人尊重的。而姜老在他力所能及的范围内，也确确实实为我们全体师生营造了一方乐土，让我们全体师生都感到美丽的校园是我们温暖的家园和成长的乐园。

姜老是个了不起的人。从他那里，我明白了很多道理。

2010年的春天，刚刚做了妈妈的我，对未来的职业发展感到很迷茫。我渴望进步，却完全不知道方向在哪儿，其实也就是不知道自己的特质和专长在哪儿，但是却按捺不住想表达自己对于教育、语文教学和文本解读的看法。在这种情形之下，姜老指导我开始学习王君老师的《青春之语文》、学习孙绍振教授的《名作细读》、研究余映潮老师的课堂实录、对每一期《语文教学通讯》等刊物的内容进行专项学习、研究，边看边记录或直接勾画标注……就这样，慢慢的，我找到了突破口，我发现自己的课堂教学正如姜老所言有一个明显不足，那就是关键时刻的深化和提升不够。不能在最要紧处精进一步，让人颇感惋惜。而王君老师、余映潮老师的课堂被许多名家认定是"朴素的、本真的"，是"最具有课程意识"的。这也就是我一直在朦朦胧胧中依稀看见，却始终无法准确表述的理想境界。这些名师所批判的其实就是我的课堂。我的教学思想是落后的、陈旧的。所以，我感谢姜老曾经各种委婉的或不委婉的鞭策之语，的确这正是他的高明之处，这高明是一种大智慧！

我注定是驽笨之人，到现在之所以还能有一点个人的东西，恐怕与思考和智力都无关，只是情感能量苏醒的必然结果。听他的教导多了，内心就特别容易被感动，大约这样的次数多了，心也就柔软了，也就特别能嗅见文本里那些细微的气息和灵感了。

姜老说，一个没有研究意识的教师，不但称不上优秀，甚至还会成为时代的落伍者。于是，在他的带动下，借助学校"名师成长"工程——青蓝工程、理论培训工程、龙头课题带研制度、走出去与请进来结合机制、自我反思机制、创造引燃机制、风格凝练机制……我启程了。慢慢地，这一切让我成长起来，慢慢地，让我感受到在我的职业进程中，正是由于他的引领助推使我对自己的职业信念、专业精神和教学思想产生了很大的改变，走上了专业化成长之路。而在最近的一年里，我更是沉浸在文本里，出生入死；有太多太多的夜晚、太多太多的灯光下感慨唏嘘，或者是热血沸腾。

姜老一直都是一个有大气派大境界的人。

他说："语文是人文，也是工具；语文里有道德，但不能充塞政治；它有综合的一面，但不是泛化的公民课；它兼容了文学的功能，但也不是独立意义上的文学课。"他说："苏格拉底的'精神助产术'以崭新的思想定位了老师的作用，真正意义上的教师是精神的航标、点燃火炬的火种、唤醒学生生命自觉的灵魂……"

他说，"教育的真正意义是人的变化和发展的意义。人在学校接受教育不是单纯接受知识，更是在接受一种文化精神的教育。"

他说："一花一世界，一叶一菩提，穷其一点，放大其余。每一堂课不要面面俱到地对课文做完整的分析，但在情感孕育处、思想升华处、语感培养处要让学生做一次又一次的配乐诵读；在价值生成处、问题质疑处、能力形成处要让学生做一次又一次的辨析、研讨、表达；经典片段坚定不移地让学生背诵；情感萌动之处及时让学生写作倾诉。一个活的语文，可触摸、可运用又可创造的语文展现在我们面前。"

……

要说姜老的教诲给我提供了技巧和方法层面的支持的话，那么在我的觉醒发展过程中这种情商上的促进，更有实际意义，更值得我去感激他。动情与用心，这是"不是方法的方法""不是技巧的技巧"啊！工作实践告诉我真是这样的！不管你信不信，反正我是彻彻底底地信了。

教育这条路，我走得很艰难，但慢慢走下来，确有如释重负的感觉。在姜老的引领下，我在一定程度上解放了自己。因为我知道，教育首先就应该是一种解放。作为教师，必须首先被解放，然后才有可能去解放学生。而获得解放的前提是拥有观察这个世界、感知这个世界的新的角度。

我用了近十年的时间，来慢慢地走近姜老，慢慢地理解姜老，自然也慢慢地悟出一点个人的心得，世间万事万物，换一个角度，换一种思维，图像就会完全改变。教师的心智模式，决定了教师的生命状态，也决定了教育的状态和学生的状态。于是我在慢慢地矫正自己的教育心智模式，这样我也慢慢地重新拥有了一个新的教育价值体系。这个新的教育价值体系，不是为了自己的荣誉和绩效，而是为了学生的持续发展奠基，对学生的终生幸福负责。

可以说，在姜老的引领下，我的教育生活回到了最初的原点，让我从一个自觉或者不自觉的有些功利的教育者，逐渐向教育的人道主义者转身。因为我感觉真正读懂了姜老在《永远与童年在一起》这首诗中写下的这样一段话：

> 童年
> 是一棵长满各种可能的树
> 他不仅是未长大的人
> 而且有其独特的人生价值
> 他不只是会做作业的人
> 还是会唱歌的人
> 会写诗的人
> 会讲故事的人
> 会发明创造的人
> ……
> 不管成人同他们相处有多么困难
> 他们都有自己的思维方式和语言
> 他们不只是承受大人所给予的那些任务
> 还有许多更重要的角色只有他们才能够担当
> ……

三、是谁赐予我成长的脊梁

临沂青河实验学校　高金德

2015年12月26日，第四届全国教育改革创新典型案例推选颁奖暨创新成果展示活动在北京隆重举行。我作为受到表彰的一员，心情是无比的激动和自豪。当朋友们、同事们在向我祝贺的时候，当他们竖起大拇指谈起我教育教学改革成功做法的时候，我是那样的欣慰，但是有多少人知道，今天的成果，是与一位重要人物分不开的，那就是我们的姜怀顺校长。在我成长的每一个瞬间，都深刻地印记着他对我无微不至的关怀和教导，正是他赐予我成长的脊梁，正是他赐予我飞翔的双翼，才让我赢得今日的硕果。颁奖的时刻即将到来，我思想感情的潮水开始放纵奔流……

未相识却被关注，闻其声知其情怀

我2000年大学毕业之后在一所农村中学任教，农村中学的硬件、软件相对来讲是非常薄弱的。当我看到一双双求知的眼神盯着我的时候，教育的神圣使命便压在了我的肩上。我非常明白，农村的孩子需要教育，更需要良好的教育。面对这一切，我想做的，就是搞好自己的课堂，就是要让学生在健康和谐的环境中学有所成。然而我个人能力非常有限，对教育教学理论的认识还不是很深刻，又没有太多的教学经验。于是，我除了在闲暇时间不断学习之外，我南下洋思、北上杜郎口，当然去过最多的地方就是临沂第二十中学……

永远不会忘记，那是2011年8月下旬，在即将秋季开学的日子里，我骑着自行车又一次来到临沂二十中偷偷地参加教师培训活动。这个地方需要和大家解释一下，临沂二十中在姜怀顺校长的带领下，每学期的开学初都要聘请全国教育界的大师们云集于此、传经送宝。这些精彩的报告对我们一线教师的专业发展非常有帮助，是非常宝贵的精神财富。对我来讲，那更是求之不得的。可就是这一次活动，让我迎来了我人生中的第一个想不到。

那天是姜校长的一个报告，我听得如痴如醉，突然，姜校长话题一转："大家能否想到，有这样一位老师，为了让自己的专业知识更丰富，教学理论更丰厚，教学基本功更扎实，为了让农村中学的孩子接受更好的教育，他不远百里按时到达我们的培训会现场。大家知道吗，农村教师的待遇不怎么好，他为了给自己省点路费，每次都是骑着自行车来的啊；为了节省伙食费，他竟然带了点食物来解决午餐问题。同时，为了能够让自己的收获更多一些，他不仅把我们的报告整理在好几个日记本中，还在会后和我们二十中的老师交流。这位老师，我已经关注他好长时间了。他，就在我们中间……"

此时此刻，我全身的血液沸腾了。姜校长竟然谈到了我！竟然对我是如此的关注！竟然对我的行踪了解的如此清晰！竟然还把我当作一个正面案例！……真是万万没有想到啊！

此时此刻，我百感交集，虽然眼泪没有留在脸上，但已经浸润了心灵。

一名校长，对外地的普通老师都了解的如此细致，那还用问对本校的老师吗？对外地的老师都如此的关怀，那还用问对本校的老师吗？一名校长，为什么对一个素不相识的农村中学的普通老师有如此深刻的认识？我想其背后恰恰折射出一位校长关注农村教育、关注教师成长、关注教育发展的伟大情怀。

为了探索课堂发展之路，我去过好多地方，我不能说那些领导不怎么关注我，对于我课堂教学的设计与想法，我不能说他们听后嗤之以鼻。但是我却敢说，姜校长是我遇到的所有校长中最关注教师成长的校长。到后来我调入二十中工作之后，更印证了这一点。无论哪一位老师，只要谈到姜校长总有谈不完的激动人心的话题。

听姜校长一语破多年迷惑，乘课改东风立个性课堂

在没有来到临沂二十中工作之前，我对于课堂教学及其改革一直都是很迷茫、纠结的。课堂教学到底需不需要模式？各级各类评比出来的优质课除了让参赛的教师获得一张获奖证书之外，对参赛教师以及其他教师能否起到专业发展引领的作用？我在农村工作12年，在此期间虽然考察、学习过许多地方的教学模式，可是我的教学并没有按照严格模式嵌套。在优质课的评选中，我也一直没有按照模式的要求嵌套，虽然每次都失败而归，可我依然坚守着自己的想法。为什么？因为我的课堂学生喜欢，在这样的课堂中，学生的生命像花儿一样绽放。正是如此，我才感到前所未有的迷茫与纠结。

所有的迷惑和纠结，在聆听姜校长的指导之后顿时烟消云散。对教学模式的看法，姜校长的"教学有模，模无定模，无模之模，乃为至模"十六个大字，打开了我多年的心结。对于课堂教学的认识，姜校长告诉我："课堂教学要有自己的价值取向。一切教学行为、一切课程资源的组织实施要为学生知识的建构、方法习惯的养成、态度情感的生成服务。"对于学习活动的认识，姜校长告诉我："学习是一项有生命感的活动。学生学习的真正障碍并不在于知识基础，而在于学生的学习态度、学习品质、学习习惯、学习方法；教师教学的最大助力并不在于教学技术，而在于教师的人格魅力、师生关系、教学理念、教育视野。"……这里我不再一一举例。从这些话语中透射出的姜校长的教育思想中，我为之震撼的并不单纯是消除了我的迷惑、打开了我的心结，而是他高屋建瓴的教育教学的思想体系，恰恰为我、为那些勇于改革创新的老师提供了理论根据，恰恰让我们更多的教师发现了自己的优点，不断地开发这些优点，从而成功地打造属于自己的个性优质课堂。

我们学校的每一学科没有固定的几环几个流程的模式。我们有的是"三四四"教学策略，即"遵循学生成长规律、认知规律和学科规律，依据以学定教、独立思考、多维互动、展示评价四项原则，把握情感孕育、方法生成、知识建构、习惯培养四个标准"，体现了比较前沿的教育思考和课堂教学的本质要求。姜校长反复强调，"三四四"教学策略，它不是一个模式，而是一种思想，更是一种引领。在这样一种教学的引领之下，我们的教师可以大胆地建设自己的个性课堂。

"海纳百川，有容乃大。"正是姜校长具有像大海一样的教育情怀，正是姜校长具有深远的教育视野，才让二十中沐浴在教育改革的春风里，才为我们的老师提供了迅速成长的舞台。于是乎，"千帆共进，百舸争流"，课堂成为教师生命绽放的场所，讲台成为教师个性张扬的舞台。同一个课题，不同的教师有不同的解读风格，你一言我一语滔滔不绝；一节课的评价，不同的老师有不同的欣赏观点，你一言我一语互不相让，正是一幅百花齐放、欣欣向荣的景象。

关键时愚我痛淋及时雨，清醒后方知姜校为人梯

关于数学课堂教学，我在农村工作的 12 年时间里，确实也积累了一些教学经验。来到二十中工作之后，在"三四四"教学策略的基础上，我开始尝试数学课堂教学的新一轮实验，并提出了"根系化"教学的设想。在这一轮三年的实践中，每一个阶段都离不开姜校长的亲切关怀。

由于新的一种教学策略改变了传统的以知识为核心的教学方式，学生不能在很短的时间内顺应，导致在实验初期学生的成绩很不理想，甚至产生了不良的社会反应。这时姜校长告诉我："金德啊，你一定要开几次家长会，把你的教学构想向所有的家长解释清楚，务必要让他们知道你这种做法的价值，要赢得更多家长的认可。"同时还告诫我："一定要顶得住压力，慢慢来，不着急。"一席话，如春风化雨，让我顿悟，让我又重新振作起来，继续征程。

到了八年级，我们班的数学成绩有了明显的提高，我感觉肩上担子的分量轻了一些，自己不由得松懈下来。姜校长再一次把我叫到他身边告诫我："金德啊，要多读书啊。作为一名数学教师，不了解数学史，怎么知道教材中每一个知识点背后的历史形态？作为一名数学教师，不了解上百个数学家的故事，又怎能知道他们探索知识的奋斗历程……'三四四'教学策略当中明确提到，要遵循学科规律搞课堂建设，如果连学科发展的历史规律都把握不清，又怎能谈遵循学科的规律教学呢？"一席话醍醐灌顶。啊！作为一名数学教师，原来还要跳出课堂研究课堂啊！

九年级的时候，我们班的数学成绩已经名列前茅了。此时的我心情是非常激动的，总有一种成就感涌上心头，总感觉两年的努力没有白费。姜校长认清这一点后，又一次把我叫到办公室告诫我："金德啊，你要明白，我们的教学所形成的所谓经验，本身没有太多的价值。在全国的范围内，我们做到的，其他各地的很多教师都是可以做得到的。沾沾自喜要不得，浮躁心理要不得。不能静下心来研究西方的教育思想史，不能静下心来读一读教育哲学类的书籍，又怎能认清教育的真面目呢？以你现有的水平离真正的教育是有很遥远的距离的……"一席如雷贯耳的话语，让我更清楚地认识到，不能在学科教学的范围内搞纯学术的研究，要跳出这个圈子，要在立足于教育的前提下搞好学科的研究，要从教学走向教育。

中考结束之后，我对三年的教学进行了总结，并形成了一套相对比较完整的"根系化"教学的理论体系。于是我兴致勃勃地找姜校长汇报，这次我相信，姜校长肯定要好好地表扬我一次。可是，我万万没有想到，在我向姜校长汇报完所有的想法之后，姜校长严肃地告诫我："这能算教育理论吗？这顶多是个基于经验基础之上的设想而已。真想建构自己的一套理论，以你现有的水平是无法做到的。《西方教育思想史》这本书你从前到后读完一遍了吗？要对每一位教育家的教育理论进行认真的学习与研究，要在继承汲取的基础上勇敢地推翻某些不适合现代教育发展的理论体系，要对其中极其重要的理论进行重复的揣摩、提炼，并结合教育的现实需求才能尝试建构自己的理论体系。当然，这仅仅是建构教育思想体系的第一小步而已，这本书你恐怕要不止一遍地读。接下来你还要读更多关于教育书籍以及哲学类的书籍。就是你的教育设想形成了，都需要再次放到新的环境中进行不断地验证……"

这一席话，如同当头棒喝，以前，姜校长每指导我一次，我都有非常清晰的思路，我很明白我将怎样进行下一个环节的工作。每当阶段性的工作之后，我都有一种完成任务后的满足感。可现在来看，那个时候我是多么的幼稚可笑啊。现在我才明白，对教育的探索是无止境的，只有将自己的一生倾注于教育的探索，才能离真正的教育更近一些。

回首成长之路，在我迷茫之时，是姜校长为我拨开迷雾；在我低落之时，是姜校长为我鼓起勇气；在我得意之时，是姜校长一语中的指出不足；在我感到对教育的认识已经成熟的时候，是姜校长及时地告诫让我顿感无知……

"认识你自己"是大哲学家苏格拉底的座右铭，多少年来我一直读不懂这句话究竟是什么意思。回首姜校长多年的教诲，我才发现，其实像我们这些年轻教师，对自己的认识是远远不够的。在教育的问题上，我关注的仅仅是一种教育现象，仅仅以自己的感官为依据，所以在成长的历程中，就出现飘忽不定的现象，出现无所适从的现象，出现自以为是的现象。从自己的经验出发，从自己的主观意识出发来认识教育的世界，以至于文人相轻、互不服气，根本不会考虑"认识我自己"这句话的内涵。如果教师都陷入这种认知的泥泞而不能自拔的话，那将是多么悲哀的事情啊。可是我是幸运的，临沂二十中这个教师的群体是幸运的，因为我们遇到了姜怀顺校长。我们曾经因为幼稚而忘掉自己，可是姜校长却时刻惦记着我们，他敏锐的眼光总是能够看到我们在哪一个角落失足了，他开拓的视野总是为我们指引前行的方向。渐渐地，我们不再彷徨，我们目标明确；我们既关注教育的现实，又不断地反思自己、认识自己，使对教育问题的研究上升到哲学层面。我想，所有这一切的发展和变化，如果没有姜校长，是不可能发生的。

"曾经沧海难为水，除却巫山不是云。"在中国的大地上，中学的校长千千万，可我要说，姜怀顺校长则只有一个，一个情系教育、坚守基层的校长，一个视野开拓、眼光敏锐的校长，一个胸襟坦荡、包容万物的校长，一个俯首大众、甘为人梯的校长，一个上施下效、长善救失的校长……他渊博的学识、厚道的人格、富有磁性的演讲深深地影响着我们。学校因为他而蓬荜生辉，教师因为他而斗志昂扬，学生因为他而感受到教育春天般的温暖。今生能够在姜校长的关怀中成长是莫大的欣慰之事，如果还有来世，但愿还能追随其左右。

2015年12月26日上午8点，全国教育改革创新典型案例推选颁奖暨创新成果展示活动即将隆重举行的时刻里，我百感交集，这个大奖虽然属于我，但是在背后培养我的人永远是姜怀顺校长，正是姜校长赐予我成长的脊梁，才让我具有这坚实的双翼，在更深远的教育蓝天展翅翱翔。今天的累累硕果，都是姜校长多年辛勤培育的结果。激动的心情无以言表，仅以此表达我对姜校长的感激之情。

四、人生路上的关键几步

临沂第二十中学　　上官景进

俗话说："三百六十行，行行出状元。"在平凡的生活中，的确存在令大家折服的行家。他们或者品高，或者学高，或者思想深邃，或者坚定执着，或者专业突出，或者技术精湛。总之，他们在自己的工作领域内，达到的高度和境界，展现的人生风采，常人难及。姜怀顺校长就是这样的人。我们非用虚心，无以见识，非用胸怀，无以领略。

从教二十多年来，我见识过无数的校长和教师，可谓形形色色，千人千面，而真正能给我们的思想观念产生震动冲击，进而深刻地影响和改变我们的教学行为和教学境界的人却并不多。如果正好在你的教育生活中遇到了，当是我们教育生涯中的幸事。因为，他们的出现之日，可能就是我们走上教师专业发展之路的开始。我有幸遇到的姜怀顺校长就是这样的人。

平凡的他在我心中无比伟大。他的平凡，正证明了他存在的真实。中国教育的改变更多的还是需要这样的真实与平凡又不失为伟大的活生生的中坚力量！只有这样的中坚力量，才能扛起中国教育的重担，奋力前行。

姜校长最令我折服的是，他全然走出了一般庸俗意义上的校长的常态，他拥有了更赤诚的教育情怀和更高远的教育追求。姜校长首先把学校管理赋予了新的功能：管理首先是一种思想观念的引领。

他常说：一个校长对老师的管理绝不是普通的行政管理，而更应该是一种思想的引领。简单地说，管理即引领。

学校管理首先是思想引领，为了实现对教师的思想引领，姜校长首先改变了行政会议的实质，真正赋予了会议培训和激发教师交流思想的功能。

很多人谈到开会就脑大，参加会议就头痛。因为，他们参加的会议都是文件的下达，领导的强调，无关痛痒的冗长的假大空。而对于我们的思想的激发和长进，却并无多大的益处，甚至会有很多的害处。让教师厌倦疲惫，更加快了教师职业倦怠的步伐。而我们参加学校会议听他讲话，如沐春风，发人深省，会议时间再长也不反感，时不时还产生挑战自我的冲动。

1997 年大学刚毕业的我被分配到偏远的农村中学，凭着初为人师的热情，同时采用了一些顺口溜和歌诀记忆的方法，我的地理教学成绩非常出色，学生也比较喜欢地理课。我初次感受到作为一名教师是多么的幸福。只要学生成绩优秀，就是好的教育，这是我当时对教育的理解。在这里，我遇见了姜校长。在他亲自主持举办的每周一次的教师教育视野拓展例会上，我了解了苏霍姆林斯基，了解了皮亚杰，了解了布鲁纳，了解了杜威，了解了魏书生……见到了丰富多彩的教育世界，同时也感觉到自己的渺小和肤浅。于是我开始了大学毕业后的再次学习。

为了开拓教师的眼界，他带领我们年轻教师南到洋思、徐州，北到烟台、济南等地考察学习，让我们感受到了什么是优秀的教师，什么是优秀的课堂，什么是真正的教育。在他的影响和带领下，我进行了《构建开放型地理教学》的探索与尝试，走在了新课程改革的前列，得到了市区领导的极大关注，并多次召开研讨会予以推广，对临沂市的地理课堂教学产生了深刻影响。我又一次感到了作为一名教师是多么的幸福。

几年后，姜校长调走了，物是人非，我的教育教学也逐步进入高原期——对教育的追求动力和激情渐渐消退，陷入了吃老本、重复经验、工作仅为生存的庸俗生活的泥沼。了解到这种情况，他专门找到我进行了一番语重心长的谈话："人啊，要干点事啊。""不要这山望着那山高啊，如果你能走出教师行业找到更好的人生归宿，我祝福你，但是，这可能吗？既然不可能，为我们的心灵找个归宿吧！其实，教师行业的价值是很大的，是我们漠视了教师本身的价值。如果你能让你的心灵不在彼处，而活在当下，享受在当下，让我们的人生幸福与我们的职业幸福统一起来，我们活得何其有价值？又该何其幸福啊！人生最大的悲哀是追求自己永远也得不到的东西，心灵永远在漂泊啊。"

于是，2010年我追随他来到了临沂第二十中学，主动与他交流沟通，积极参加学校组织的寒暑假教师培训会议，聆听名师报告会，我的思想再一次发生了质的提升。这些培训和报告让我见识了不一样的教师状态，提高了教育教学的境界；净化了物欲的思想，纯净了心灵；走出了井底之蛙的骄傲自大和故步自封，认识到了自己的渺小、浅薄和学养的零根底。

虽然，这种变化别人看不见，但是，却真实地改变了我的思想和观念，而这种观念的改变进而改变了我的教育生活。我发自内心地感受到了自己的故步自封、平庸渺小。同时，我还深切地感受到，在应试教育的现状下，有很多教师是在奋力抗争，尽自己的所能和努力在向理想的教育靠近，相比之下，我为自己以前的怨天尤人而感到羞愧。这时，才幡然醒悟姜校长曾经语重心长地对我们所有老师说过的话："牢骚太盛防肠断，风物长宜放眼量。"

紧迫感、焦虑感促使我开始了踏实而疯狂的阅读书籍、研究学生、改革创新之路。在参与学校个性优质课堂研究中，我的课堂又一次焕发出了生机，我的思想再一次得到提升，我的潜能得到了爆发。我从学生心理特点和认知规律出发，在透视原有教材的基础上，遵循五位一体原则：自然地理和人文地理融为一体；地理常识和地理前沿信息融为一体；历史知识和地理知识融为一体；知识性和趣味性融为一体；情感孕育和科学探究融为一体。据此进行了"国家课程生本化的改造与实践"的研究，期间写成了《课程资源的有效利用和本土性生成》《增强现代公民的海洋意识》《让学生的思维再次在迷雾中起航》《让地理课堂充满育人魅力》《雅鲁藏布江调水引发的思考》《让"坎儿井"成为一道"坎"》《在平等对话中提升团队素养》等十多篇文章。先后被《创新教育》《教师月刊》《人民教育》等报刊重点采访，并为多家省内外同人执教示范课、做经验介绍。我再次找回了曾经作为教育改革者的激情和职业幸福！

回顾过去，我感觉到今天之所以有点成绩，能不断获得专业发展，一切都离不开姜怀顺校长的鞭策和鼓励。我之所以把鞭策放在前面，是因为我这个人有惰性，首先最需要的是鞭策。刚调入临沂二十中后，他对我的几次谈话，至今记忆犹新。他知道我有惰性，所以多次提示我要多看书，我逼着自己一直在看，不过现在看书已经有点成了习惯，不再是自我逼迫。他告诫我要多积累教学案例，我的硬盘里真存了不少，他告诫我要多积淀，所以我边读书边实践边总结，我已经写了几十篇文章……

今天，当我平静而又理智地回望自己曾经走过的迂回曲折的地理教学改革之路，我的心中唯有感谢！感谢生活，让我没有泯灭梦想之光！感谢姜校长，让我重拾信心！

而我，也不止一次在黎明或黑夜里，坚定而执着地对自己的心承诺："既然选择了远方，只能风雨兼程！"

论文、专著及科研成果

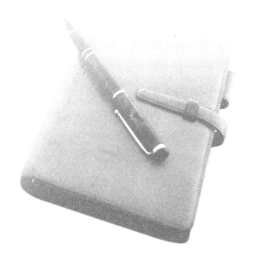

一、教育文章

1.《分层的立足点应当放在哪里》,《现代教育导报》2003 年 5 月 5 日。

2.《漫谈学校精细化管理》,《现代校长》2007 年第 5 期。

3.《打造学生和谐成长的人文校园》,《中国教育与社会科学》2008 年第 1 期。

4.《促星星之火成燎原之势》,《创新教育》2008 年第 6 期。

5.《改革集体备课流程，提高集体备课实效》,《中小学电教》2008 年第 9 期(下)。

6.《夯实基础聚焦课堂，努力促进学校内涵发展》,《中国基础教育研究》2008 年第 12 期。

7.《给习惯嵌入"责任"基因》,《创新教育》2009 年第 5 期。

8.《立足内涵发展，打造精品教育》,《现代教育报》2009 年 6 月 26 日。

9.《让德育沐浴人文的阳光》,《教育文摘》2009 年 6 月 29 日。

10.《"有担当的新生活教育"的德育理念与实践》,《当代教育科学》2009 年第 22 期。

11.《教育：贵在燃起学生发展激情》,《中国教育学刊》2010 年第 12 期。

12.《教育因追逐理想而精彩》,《当代教育科学》2010 年第 16 期。

13.《多元异步评价：让师生个性灵动发展》,《当代教育科学》2011 年第 6 期。

14.《发展教师方能成就学生》,《山东教育报》2011 年 8 月 29 日。

15.《担当教育：让学生自煲心灵鸡汤》,《中国德育》2013 年第 19 期。

16.《为了一个生命，还是为了一个符号》,《创新教育》2013 年第 1 期。

17.《永远和童年在一起》,《教师月刊》2013 年第 5 期。

18.《毫厘之间——由几个概念引发的思考》,《人民教育》2014 年第 3 期。

19.《教育改革需要制度智慧》,《人民教育》2015 年第 6 期。

二、教育专著

1.《追求卓越》,主编，东北师范大学出版社 2010 年 6 月出版。

2.《个性优质课堂建设的理论与实践》,主编，国家行政学院出版社 2013 年 9 月出版。

三、研究成果

1.《基于教师专业发展的个性优质课堂探索》，山东省首届基础教育教学成果一等奖。

2.《农村初中发展性教学质量保障体系建构与实践创新》，教育部教科研成果二等奖。

3.《追求卓越》，山东省教科研优秀成果二等奖。

4.《多元异步评价》，临沂市教科研优秀成果一等奖。

5.《自主—体验式英语教学研究》，全国教科研成果二等奖。

6.《传统文化与语文教学研究》，中央教科所评为"优秀实验校长"。

7.《基于研究性学习的校本资源库建设实践与探索》，山东省教科研成果二等奖。

四、媒体报道

1.《个性化课堂：让教师迅速成长》，《创新教育》2009 年第 12 期。

2.《为师生生命成长铺路》，《创新教育》2009 年第 4 期。

3.《创新扬帆，担当先行》，《中国教师报》2009 年 6 月 17 日。

4.《一位校长的"个性"追求》，《山东教育报》2010 年 12 月 22 日。

5.《行进在理念与自由之间》，《创新教育》2011 年第 12 期。

6.《离真正的教育近些、再近些》，《人民教育》2012 年第 11 期。

7.《姜怀顺：做逆风而行的理想主义者》，《人民教育》2012 年第 11 期。

8.《姜怀顺：办学就是要让人真实成长》，《中国教育报》2012 年 2 月 21 日。

9.《办有担当的教育》，《山东教育》2011 年第 32 期。

10.《为了一个生命，还是为了一个符号》，《创新教育》2013 年第 1 期、第 3 期。

11.《临沂二十中的课程生本化之道》，《教师月刊》2013 年第 5 期。

12.《揭开"软腰"不软的奥秘》，《当代教育家》2013 年第 10 期。

13.《个性优质课堂：职业幸福之道》，《创新教育》2015 年第 4 期。

后 记

　　时光荏苒，白驹过隙。千祥云集，涌起万端思绪。30多年的教育生涯，20多年的校长经历，有过多种角色，任职不同单位，但"为了人、依靠人、发展人、成就人"的信念依然，对全人教育的追求依旧。

　　我始终认为，一个人，如果守住了自己的核心价值观，就能以不变应万变，以静制动。当他人飘忽不定的时候，自己始终有坚强的定力，就会有一个更加开阔的胸襟和看透许多事物本质规律的智慧，就会感觉到自己是最幸福的人。这些年来，我一直沉浸在这种幸福之中，在奋进中前行，在前行中奋进。

　　我始终认为，一所学校，虽然工作千头万绪，但最重要的是选好出发点，确立好目的地。所以，我每到一所学校都要结合学校的具体情况和发展时空条件，认真思考学校工作要从哪里出发，到哪里去，怎么去。这不仅仅是一个哲学问题，更重要的是我们教育工作者的职业良心和处世原则。道路虽长，但办学人不能迷茫，不能徘徊，更不能停止前进的步伐。教育者的良知促使我时时在信念的坚守中向着理想的学校目标逼近。

　　我始终认为，一个团队，需要共同的愿景凝结在一起。团队成员可以没有相同的利益，但需要有共同的愿景。在美好愿景感召下，各美其美，美人之美，美美与共，才能将团队成员的光和热发挥到极致。这也促使我每到一个学校，都下大力气抓班子、带队伍、推名师。正是在这日复一日看似重复的劳作中，自己和团队成员的创造性不断转变为现实的生产力，促进教师快速发展，促进学生茁壮成长，促进学校日益壮大。每每回忆起与班子成员研讨管理的精彩瞬间，每每看到老师们忘我教学的精彩表现，每每看到学生在学习工作中取得的累累硕果，我都幸福无限。

正因为如此，我要借此机会感谢我的学生，他们的孜孜以求使我实践全人教育有了最重要的意义。我要感谢我的同事，他们的兢兢业业使我实践全人教育有了最重要的伙伴。我要感谢我的领导，他们的鞭策鼓励使我实践全人教育有了最重要的载体。同时，也要感谢多年来关心我、支持我、激励我的众多专家学者，他们的高瞻远瞩使我实践全人教育有了十足的底气。特别是天津教育科学研究院陈雨亭博士多次来校指导，对实施全人教育提出了宝贵的意见和建议。如此厚爱，不胜感激。

本书的顺利出版，倾注了中国教育报刊社创新教育研究院张新洲院长的很多心血。他的鼎力支持，是书稿尽早问世的关键一着。

当然，我要感谢的人还有很多，很多，虽无法一一列举，但我会默念在心。众人的支持，必将成为我进一步实践全人教育的无限动力。

路漫漫其修远兮，吾将上下而求索……

姜怀顺

2016 年 6 月 6 日于临沂青龙河畔